高飞 王亮 陈纪元◎著

山猫特卫术

北京科学技术出版社

图书在版编目（CIP）数据

山猫特卫术 / 高飞，王亮，陈纪元著 . -- 北京 ：
北京科学技术出版社，2024. -- ISBN 978-7-5714-4111
-1

Ⅰ . G852.4

中国国家版本馆 CIP 数据核字第 2024AN4425 号

策划编辑：胡志华
责任编辑：胡志华
责任校对：贾 荣
责任印制：吕 越
封面设计：志 远
出 版 人：曾庆宇
出版发行：北京科学技术出版社
社　　址：北京西直门南大街 16 号
邮政编码：100035
电话传真：0086-10-66135495（总编室）
　　　　　0086-10-66113227（发行部）
网　　址：www.bkydw.cn
印　　刷：雅迪云印（天津）科技有限公司
开　　本：710 mm×1000 mm　1/16
字　　数：277 千字
印　　张：15
版　　次：2024 年 10 月第 1 版
印　　次：2024 年 10 月第 1 次印刷
ISBN 978-7-5714-4111-1
定　　价：159.00 元

前言 1

1971 年，我出生于北京的一个军人家庭，5 岁起就被送到东城区体育运动学校学习游泳，自此与体育结下了不解之缘。少年时期，我曾获得北京市少儿游泳比赛冠军、第四届全国中学生运动会第二名，以及 1988 年全国青少年游泳锦标赛冠军。大学期间，我屡次获得北京市高校游泳比赛的冠军，并打破高校纪录，还参加了国际铁人三项的比赛。我还在北京体育大学门惠丰教授的启蒙及指导下，系统学习了中国武术。运动习惯保留至今。

在我的青少年时期，就体育和健身而言，国际上的主流项目都是由西方主导的，这体现在从训练方法到比赛规则、从器械装备到场馆运营的各个方面。如今，改革开放取得了伟大的成就，我国的综合国力大大提升，我们生活的方方面面都发生了翻天覆地的变化，我国的体育事业和产业也正在蓬勃发展，我们的民族自信心和自豪感也日益增强。

2000 年以后，随着全民健身活动的持续深入普及、北京奥运会筹备工作的全面展开，中国体育产业的发展正式拉开序幕。从那时起，商业健身房在中国落地生根。作为国内最早投资运营连锁健身房的人之一，我经历了中国健身行业到目前为止的整个发展历程：从无到有，从弱到强，从完全照搬西方的管理模式到自主创新并成为全球连锁健身房领域投资运营的引领者。

这期间，热门健身项目也随着时代变迁不停地变换。初期参加健身训练的是追求时尚的年轻人，他们热衷于模仿西方主流的健身方式，追求身材塑形，追求肌肉发达，所以器械训练和健美操非常受欢迎，来自欧美的莱美课程和动感单车课程也非常火爆。随着国内经济水平的提高、个人健身意识的提升，运动和健身项目逐渐多元化。近年来，徒手对抗课程，如拳击、综合格斗（MMA）、自由搏击、马伽术、巴西柔术、西斯特玛格斗术等训练课程，在国内也有了很多的受众，安全防卫课程正逐渐成为当下的时尚潮流。

山猫特卫术，是我与王亮先生、陈纪元先生以中国文化为根基，融合当代世界格斗术发展的趋势与方向共同创编完成的综合防卫特训体系。该体系所用的是中国人的思维逻辑、与西方不同的观察视角和解决方案，更符合中国国情，更适合中国人练习。

最后，我诚挚地希望体育健身行业及其他相关行业的朋友能携手合作，大力推广我们中国人原创的这套综合防卫特训体系。我们也希望能有更多有实践经验、研究成果的同行共同推动和完善具有中国特色的防卫体系。

高飞

2023 年 6 月

前言 2

  竞争无处不在，无时不有。不同层次、不同领域的竞争，所表现出来的形式也各不相同。不管是良性竞争还是恶性竞争，都存在于生活的方方面面。有的人感到生活充满挑战，被激发了动力；有的人则感到扑面而来的压力，心中不安，甚至为此烦恼。然而，很少有人探究烦恼究竟从何而来，幸福的生活又该怎样获得。为什么有的人能享受工作，享受生活，感受世间美好，而有的人却很难体验人生的美妙，大多数时候感受到的是命运的艰辛，更有甚者，遭遇侵扰却无力抵抗，受到伤害却不能自保？如果没有足够的技能、健全的心理，就容易产生偏见，错知错行。

  如何避免遭受侵扰和伤害？在遇到侵扰、伤害的时候，如何有效地保护自己？怎样才能行稳致远，达成目标，同时拥有幸福自在的生活？也许我们换一种视角，多一种认知事物的方法，就能更好地明白人生真相，感受生活的美好。

  我18岁当兵入伍，这也是我成长的分水岭。当兵之前，我青涩懵懂，年少轻狂，还有一些叛逆，不愿听从父母之言；当兵之后，我学条令、守纪律，磨思想、铸志气，练身体、练毅力……部队的思想教育、训练管理把我这个叛逆少年锻造成一名特战精英。从战士到班长、排长、副队长、队长、大队长，我在部队一待就是18年。

  这18年中，我一直在反恐突击队，先后参加"长城"3号、4号、6号国家反恐演习。我创新了直升机突击自由式垂降法，破解了反恐突击的难题，参与完善反恐作战基础理论和应用理论。我还 3 次带队参加中俄联合反恐演习任务，曾被派往土耳其进行点对点反恐作战培训，参加中国武警部队四级反恐指挥员培训和中国人民解放军全军特战骨干城市反恐作战培训，2 次带队完成武警部队跨区作战能力评估与比武。2007—2009 年，我与战友圆满完成阿富汗使馆的警卫任务。我还完成多次全国两会、国庆、亚洲太平洋经济合作组织（APEC）会议、上海合作组织成员国政府首脑（总理）理事会会议、"一带一路"国际合作高峰论坛、金砖国家峰会等重大活动的安全保卫任务。

在我印象中，生活总是过得很充实，任务总是接踵而至。要完成一个任务，特别是高标准完成任务，不是轻松的事，会遇到许多困难和波折，但我从来不低头，我在部队接受的教育，就是想尽办法解决困难、克服困难，直到完成任务。我们把这个称为"作风"。一个兵能不能打得赢，一支队伍能不能打得赢，关键看作风。我们总结了三句话："肩扛红旗不放，永争第一不让，傲立潮头不晃！"就是要在竞争中锻造自己的实力、巩固自己的地位。

队伍的战斗力如何提升，个人的能力就如何增强。从军 18 年，我一直思战、谋战、备战、训战，特别是担任队长以后，带领队伍树正气、建正规、走正道，在任务历练中强基固本，在比武竞赛中增智强能。突出用全心投入、使全劲训练、拼全力打赢的思想，锻造样样成精品、事事成经典、人人是精英的集体意识，最终达到能打仗、打胜仗的根本要求。我所带的队伍中，先后有 30 余人立功、13 名战士被保送入学并提拔为干部。我所带领的连队，2016 年初被武警总部评为"基层按纲建队标兵中队"。我个人先后荣获三等功 1 次、二等功 2 次、一等功 1 次，获得中国武警部队二级勇士勋章、俄罗斯一级勇士勋章、俄罗斯特别荣誉勋章，被评为中国武警总部优秀教练员、优秀共产党员，并于 2004 年被评为第七届"中国武警十大忠诚卫士"。

我个人在部队的经历，从某些角度看，不是特别突出，但我自己觉得，也足够精彩，是我人生历程中的一笔宝贵财富。部队塑造了我忠诚的品质，让我磨砺出坚韧的意志，锻造出刚强的体质，这就使得我有了直面困难的底气、勇气和信心。这也让我深刻地体会到，部队文化的魅力就在于通过日常制度、管理规定、训练工作等百千种方法引导我踏上探究人生的意义、实践成功的奥义之路。而我希望能把我的所感所得传播给更多有需要的人。在一次机缘巧合下，我结识了高飞院长和陈纪元老师，交流过后，我们认为可以在这方面做些工作，于是，就写了这本书。

本书以日常生活中的危险事件为切入点，以特种兵搏击技能为基础介绍防卫动作、讲解防卫理念，通过对防与卫这组对立统一的概念的阐述、对进攻与防守时理念和动作之间关联性的分析、对具体动作变换与不变的演示等，展示搏击技能与训练体系。

如果您想学习切实有效的防卫技能，本书一定可以帮到您。在极度危险环境里使用的搏击技能，包括徒手和利用枪支、刀具等几种形式，也包含攻击与防卫两个方面。本书主要选取特种兵搏击技能中防卫方面的技能，并将其转化成普通民众的防身技术，军为民用，是特别实在、特别有效、特别易学的防卫技术。在生活当中，出于自我保护而使用这些技能，只要不是在特别极端的环境里，那是够用的。

按照本书讲解的内容，坚持有计划、有规律、有节奏地训练，不但可以强化技能，也可以磨砺精神，特别是徒手搏击部分，很多特种部队都把徒手搏击训练当作训练勇气的最佳方式。有一句话讲："上不了擂台就上不了战场。"因为上擂台打对抗拼输赢，有裁判，有规则，若是技不如人，可能会鼻青脸肿，但如果上了战场，一个闪失就可能丢了性命。如果不敢承受疼痛，又如何能直面生死？所以练搏击、打对抗是一种很好的勇气训练进阶方式。我们将这个观念运用到生活中，就是要敢于直面问题、勇于战胜困难，虽然难免会受伤、会淤青肿痛，甚至骨折，但这些经历会让我们变得更加坚韧、更加强大、更加勇敢。在跌倒中学会平稳落地，能给我们跳得更高的勇气！

王亮

2023 年 6 月 6 日

前言 3

现如今，能否在精彩刺激的搏击比赛中获胜，已经成为大众衡量一种武术能不能"打"的唯一标准。无论是国内日渐提高的赛事水平，还是中国选手在国外高水平比赛中取得的优异成绩，都在深化这一误解。

1999 年，初中毕业的我和同学一起，学习了当时最流行的竞技项目——跆拳道。此后，在武术的道路上，我几乎学习、接触了所有传播到中国的国外武术：合气道、巴西柔术、泰拳、马伽术、菲律宾短棍等。同时，我也踏入了中国传统武术的大门，修习至今。

我自 2007 年从事武术搏击赛事业以来，先后参与组织了国内的康龙武林大会、全国武术俱乐部联赛、武林风，国外的 Road FC（路德综合格斗赛事）、UFC（终极格斗冠军赛）、ONE（冠军赛）等众多武术搏击赛事；在 2015 年的赛事潮中，我目睹了高水平赛事对大众认知的冲击，同时也见证了泰拳、巴西柔术、马伽术等外来武术健身项目的崛起；如今，我更是感受到短视频对人们的深刻影响，对武术项目的用途也有了更进一步的思考。

在自媒体发达的今天，普通大众学习武术的目的到底是什么？很多人会说"能打"，而"能打"的标准则是能参加擂台比赛或能在短视频中进行表演。但是在日常生活中，"能打"其实应该定义为能避免各种冲突，在无可逃避的冲突中能全身而退，在极端冲突中能最大限度地保护自己和家人的生命安全。

而要达到这种标准，最高效的方式显然不是进行擂台竞技训练或武术表演训练，针对各种场景的国内外的格斗防身术项目的训练才是首选。2020 年，我有幸在高飞老师的介绍下认识了我国雪豹突击队的王亮老师，经过几次交谈，大家一致认为，应该把部队中经过实践检验的格斗防身技术和防卫理念公之于众，为大众的日常生活保驾护航。

另外，在本书中我也看到了中国传统武术的未来。中国传统武术现在就像是未经提炼的原油，可以向多种方向发展并细化，现在开发得比较充分的是文化、健身方向。

在实战技击方向上，传统武术都在向擂台发展，而传统武术诞生于江湖，行走于社会中，无论是江湖经验还是踢打摔拿的综合技术，从现代视角来看都属于防身术范畴。所以，希望本书在普及日常防身术的同时，还能给中国传统武术发展提供一个新的思路。

陈纪元

2023 年 6 月

目　录

第一章　安全防卫从思想开始

第二章　安全防卫知识储备——了解人体

第三章　安全防卫基础——徒手搏斗

第四章　安全防卫具体场景应用

第五章　极端场景下的安全防卫

安全防卫从思想开始

退役以来，我一直在思考，在雪豹突击队所学所用的格斗技术，能否在社会上有用武之地。当代社会是法治社会，我国已成为世界上犯罪率最低、安全感最高的国家之一，但人们在日常生活中仍需要一些防身技术来应对各种突发情况。

然而，很多人想学防身技术而无门，错把搏击运动当成了首选。

于是，我与几位经验丰富的业内友人一起，根据大众的需要，结合多年执行任务所获得的经验，以突击队内部所用的格斗技术为蓝本，开发出一套适应人们日常需求的防身技术。

在命名上，雪豹突击队的"雪豹"突显了部队的神秘、神气、神勇，以此为参考，我们选择了"山猫"来为这套技术命名。

山猫作为猫科动物，是一种自适应性极强的猛兽。它不畏严寒，既可以孤身蛰居于一处，数日不动，也可以连续奔跑数千米而不停歇。它擅长攀爬及游泳，耐饥性强，既喜欢突袭野兔、野鼠等小型动物，也可挑战体型更大的鹿科动物。遇到危险时，它会迅速逃到树上躲藏、隐蔽起来，有时也会倒地装死，从而躲过敌人的攻击和伤害。

山猫善于蛰伏隐蔽，既能突然袭击比自己体型大的猎物，也能用各种方式逃脱敌人的攻击，符合我们这套特卫术低调内敛、简洁高效、以弱胜强的特征。

之所以把这套防卫技术定名为"特卫术"，是因为它原本是特种部队练习和应用的格斗技术，现今将其转化成普通民众可用的技术，是特别实在、特别有效、特别易学的防卫技术。

所以，我们将这种防卫技术命名为"山猫特卫术"。

安全防卫理念与安全意识

安全防卫理念

安全，实际上是相对于具体环境下的危险而言的。评估一件事、一个环境、一个人是安全的还是危险的，要由不同环境下承受方能够抵抗的程度来判断。比如，一个没有练习过搏击技术的普通人，登上擂台与职业拳手对抗，很容易被打倒或击伤，他面临的情况是相对危险的；而对职业拳手来说，此刻的情况就是相对安全的。

安全和危险的关系是运动、发展、变化的，是可以通过改变前提条件而进行调整的。

普通人经过一定时间、相当量的专业性刻苦训练，也是可以依据比赛规则同职业拳手进行对抗的。此时，普通人已经转变成了专业选手，能扛得住对方的攻击，抵抗能力提高了，相应地，对他来说，搏击的危险系数就降低了。

另外，如果在街头突发事件中，职业拳手戴着拳套，而普通人却手持利刃，那么相对来说，职业拳手就处于危险之中。

所以，不存在一成不变的绝对安全，也没有始终不变的绝对危险。

安全防卫的理念与搏击类体育运动不同，需要进行安全防卫的环境不是有规则可循的擂台，而是危险系数不确定、任何情况都有可能发生的日常生活环境。在此前提下，研究在各种情况下如何保护自己，使训练有更强的针对性，并且不局限于肢体技术，就成为大众日常防卫技能的出发点。

山猫特卫术针对生活中可能发生的危险事件，具体情况具体分析，提供有针对性的技术练习，可以在短期内提高练习者的街头防卫能力。应对日常突发事件的能力提高了，危险系数也就相对降低了。

所以，在日常安全防卫领域，山猫特卫术是比搏击技术更为高效的防卫技术体系。

安全意识

在实际生活中，我们常说，安全是底线，是木桶的底板。底板一破，再多的水也会漏掉。如果不及时修补破损之处，漏掉所有的水，只不过是时间问题而已。这提醒了我们安全意识的重要性。

我们应辩证地看待安全与危险的相互关系，因为这是可调控的——

要么改变所处环境的客观条件，提高安全系数，即"防"；

要么提高自己的抵抗能力，降低相对危险系数，即"卫"。

把危险降低到自己能承受的范围内，即是相对安全。

如果我们把"防"的设施设备和运行机制与"卫"的技术和使用原则视为对安全与危险的信息处理，则必定会得出一个安全程度（或危险程度）的判断。当我们理解了这个转化过程之后，就可以根据自己能够接受的安全程度倒推回去，思考自己应当输入怎样的防卫信息。

防：提高安全系数——选择安全场所，进行安全活动，评估安全系数。

卫：提高抵抗能力——规范安全制度，准备安全器材，落实安全措施。

意识决定语言和行为。有了安全意识，就会表现出选择安全场所、进行安全活动、评估安全系数、规范安全制度、准备安全器材、落实安全措施等具体的行动，这样的行动汇集起来，就筑成了实实在在的安全防护墙。

从"防"的意识出发，我们应当提高预见风险、识别风险的能力，从而提高对环境安全程度的评估能力，然后采取在所处环境周围安装监控设备、报警装置、安检门、防火防盗器材，与邻里和周边人群处好关系，以及记住最近的公安机关、医院的位置等方法，提高安全系数。

我们所处的环境是不断变化的，比如日常休息是在家里，工作要到公司，还会去饭店、酒吧、商场、影院、景区、公园等场所消费娱乐。因此，要确保自身安全、预防危险，我们无法改变所有的客观环境，而应学会依据自己预见风险、识别风险、抵抗风险的能力，接受风险的程度，以及其他相关条件，去选择环境。这也是提高安全系数的一个办法。

我们不能因为流行的"反对'受害者有罪论'"的观点，就对深夜独自出行、去治安不良的地方等行为中能够预防的风险视而不见，把自己的安全寄托于一时难以改变的客观条件。

预防是必要的，但不是万能的。一旦发生意外，遭遇了危险，那我们就该毫不犹豫地进行自卫。

"卫"的临场反应快慢、效果好坏，是由"卫"的能力高低决定的。而这个能力，需要一个储备过程才能积聚起来。有很多"卫"的技能，不去学习，就不知道自己不知道；就算学习了，头脑知道了，但因为没有练习，拳脚也做不到。所以，储备"卫"的能力，是一个"养兵千日，用兵一时"的事。要想具备相当程度的"卫"的能力，就要养成锻炼身体、精神、技术的习惯。所以，山猫特卫术的课程体系由精神意志磨炼、体能锻炼、户外运动等多个板块组成，不局限于防卫技术本身。

整个技能储备过程，就如同给自己买保险。木桶底板不破，这个技能就一直存续，它能使我们身体强壮；而木桶底板一旦受损，用防卫技术抵抗风险、快速修补，就能够有效止损。

简单来说，"防"，就是我们在危险发生之前采取的安全举措；"卫"，就是我们在危险发生当时采取的安全行为。在"防"与"卫"两个方面都下功夫，是我们应有的安全意识在行动上的体现。

自身防卫第一选择——储备技能

古人云："凡事预则立，不预则废。"事情成与败的关键是看事前的准备情况。这就是说，事物发展的因果之间存在着必然联系。什么性质和层次的因，就必然导致什么性质和层次的果。

我们已经明白，"防"，就是在危险发生之前采取的安全举措；"卫"，就是在危险发生当时采取的安全行为。防与卫的能力，就是安全结果和安全境况的因。危险情况出现，已经是一个果的呈现，这个时候单凭在果上做功，只是临时抱佛脚，收效甚微。要想获得理想的安全结果和安全境况，应在因上下功夫，如此才能事半功倍。

要拥有防与卫的能力，只需要经历一个学习、了解、练习的过程。居安思危，有备无患，储备防卫技能，是自身防卫的第一选择。

预判与预知

建立起安全意识以后，我们就要采取行动，进行准备，预防危险发生。然而，绝大多数人却忽视了这一点，只是在危险来临时，甚至是受损后才感叹："早知道，我就……"实际上，人的确有"早知道"（即先知先觉）的能力，只不过，这个先知先觉有"大智大觉"和"小智小觉"之分。从某种角度来说，一个人拥有先知先觉能力的前提是他有智慧、有知识，也就是他拥有把握规律的本领。把握了规律，就可以预判，就具备了先知先觉的能力。

比如，深夜、独行、嗜酒、飙车、财气外露、涉黄、涉赌、涉毒、霸道、遇事易怒、骂脏话等，当这些因素中的两三种甚至更多种同时出现的时候，我们就可以预判，危险系数在增高，安全系数在降低。

而严格自律、热爱运动、学习安全知识、练习防卫技能、不过分好奇、乐善好施、广结善缘、遵规守纪、家庭和谐等生活状态和行为，一定是安全系数高、危险系数低的。

预备与预防

据说在春秋战国时期，魏文王问扁鹊："听说你们家兄弟三人都精通医术，谁的医术最好？"扁鹊回答："大哥最好，二哥次之，我最差。"魏文王疑惑："那为什么你的名气最大呢？"扁鹊解释道："大哥治病于未发，重在增加人们自身的体质，让人不生病。二哥治病于萌芽，小病即治，让人不生大病。与两位哥哥生活在一起的人不生病、不生大病，所以两位哥哥就没有名气。而我治病时，病人的疾病已经发展起来了，正是病情严重的时候，我把他们治好了，所以我才有名气。"魏文王大悟：事后处置不如事中控制，事中控制不如事前防治。

安全问题也是如此。早预防、早准备，就是给木桶的底板加固加厚，当遇到问题时才能轻松应对。

学习与练习

学习防卫知识、练习防卫技能就是一种准备。军人常讲，"不打无准备之仗""宁可备而不用，不可用时无备"，所以就有了"养兵千日，用兵一时"之说。这个"养兵千日"，就是把应对打仗的准备化作日常的学习和训练，练就本事、储备能力，一旦打仗，就"用兵一时"了。

最好的管理在军队！

通过为战争做准备这件事，我们就能感受到"把最终目标化作日常必做的点点滴滴，形成生存模式、生活模式"的重要性。而生存模式、生活模式浸润并决定了思维模式，思维模式决定最终行为。这就统一了思想、统一了行动，最重要的是，激活了内在驱动力，使整个人全身心向着统一的目标奋进。

同样的道理，我们只需把防卫知识与技能的学习和训练化作日常生活的一个个微小的组成部分，变成像刷牙洗脸一样的日常习惯，常学常练，既能强身健体，又能滋养生活，由内而外，安乐自在。

我们建议，每天早上或者晚上做半小时基础运动，每周进行1~2次2个小时左右的专项训练，因为防卫技能是一项操控身体的专项技能，需要专门的指导和训练。

应用与发挥

既然"防"是在危险发生之前采取的安全举措，"卫"是在危险发生当时采取的安全行为，那么我们可以说，防是卫的准备，卫是防的应用。因为事物是发展变化的，所以即使准备期间做到了万全，在危险发生时，也可能出现万一。

在部队近20年的一线经验告诉我，即便预案做得十分完备，真正行动时也会出现意料之外的情况。这样的例子，古今中外不胜枚举。闻名世界的"海神之矛"行动，准备时间大约为1年，为此进行的战术演练不仅模拟了1∶1的建筑结构、材料、设施摆放、人员活动，就连门把手的转动方式都经过了全真模拟，各类可能发生的情况都预想到了。然而，长达38分钟的实际作战行动一开始，就有一架直升机在降落时出现意外，坠落于目标墙外，原作战行动的步骤和节奏因此全部被打乱，全靠队员们日常训练所习得的素养，临机决断，相互配合，整个任务才得以完成。

这就是说，卫是防的应用，更是防的发挥。时间、时机、时势、空间、环境、对象等客观条件在变化，观念、立场、地位、身份、技术、方法等主观因素也在变化，所以我们不能教条地运用某一种观点、技术或方法，而应当在变化的过程中，应时应运地针对变中之"常"进行发挥。这就提醒我们，要把防卫技术化作生活模式，常学常练，最终达到"成法非法，法会于心，心融于法，法忘其法，法无其法"的"大法"状态，使得举手投足都成为最好的防卫。

自身防卫第一动作——克服恐惧

面临危险情况时，人自然会产生恐惧。恐惧主要分为两种：一是遭遇突发情况，受到惊吓，人的深层意识会释放自我保护的信号，体现在逻辑意识层就是恐惧情绪；二是因心理活动产生的念头，体现为人们对信息进行分析和判断，不能理解，无法控制，预测未来会遭受威胁、痛苦、死亡而不能接受，等等。一旦产生恐惧，就会出现反应迟缓，身体僵硬或酥软，声音颤抖、哆嗦，甚至小便失禁的现象，这对应对和处理危险非常不利。

克服恐惧的方法与步骤

人之所以会产生恐惧，究其根本，是因为经历少、想象多。克服恐惧，实际上就是战胜自己，最直接的做法就是丰富经历、增强能力、管理念头、专注一域。

丰富经历、增强能力要放在预备阶段来进行，其方式包括以下几点。

（1）要与同水平的队友竞技，积累经验。

（2）要与比自己水平高的队友切磋，学习成长。

（3）要练习攻防技术，增强自信。

（4）要练习抗击打能力，夯实心理基础。

其实增强心理素质跟强化肌肉力量一样，需要持续练习，所谓"艺高人胆大""见多不怪"就是这么来的。

在进行日常防卫训练时，我们要把管理念头、专注一域的思想融入其中，不要一味追求技术动作发出之后产生的效果，应该专注于技术动作本身，比如速度、力度、准确性、节奏等，培养思维模式。在产生恐惧的时候，思维惯性和思维定式能够帮助我们快速做出调整。

管理念头是一门大学问。我们每天都会产生上万个念头，只有把念头管理好，才能专注一域，否则，就会杂念纷飞。念头决定了意识、语言和行为，管理好念头，就掌控了情绪的总开关。管理念头最直接高效的办法就是用念头管理念头，也可以将其当成心理暗示——用意念给自己定位，来增强自信、提升气势，削弱主观上的恐惧感。比如，泰森把自己想象成能撕碎一切的猛虎，梅威瑟天天对着镜子练拳，边练边告诉自己"我是冠军，我是冠军"，UFC 的综合格斗选手都有响亮的绰号，这些都是心理暗示、心理定位的体现。

接受恐惧

"一念出即是行"，一旦产生恐惧，我们是无法直接把这个念头从头脑中清除的。它的出现是因为我们的大脑在进行自我保护，我们要克服的是因恐惧心理而产生的生理反应。

我在部队时，有过一些这方面的经历，比如，展开房间突入清理行动时，需要在狭小空间内近距离作战，因此对死亡的恐惧就会强烈一些。我们的做法是，因死亡而恐惧，就去面对死亡。为此，我们去太平间感受氛围、观看交通事故录像等，有过直面死亡的经历之后再做心理评估。接受了恐惧之后，就能克服生理上的反应，更好地专注于积极想法："我要活命，我要反击，我是最强的，我能行！"于是我们就能更好地掌控和调度身体，应对危险和恐惧。

自身防卫第一策略——攻心为上

人们日常遭遇的危险大体上可以分为天灾和人祸两大类，在本书中，我们主要探讨的是人祸——由人造成的危险。

如果深入分析，我们就会发现，"心—念—想—行—事"是人、事、物发展的总规律。心，体现在起心动念，起心动念决定了思想、言语和行为，思想、言语和行为决定了事物，所有的事物汇集起来就是人生。心是一切事物的源泉，是人、事、物在发展变化过程中产生因果之间必然联系程序的总开关。制造危险的人，就是起心动念处出现了偏差，致使其作恶。因此，遭遇危险时，自身防卫的第一策略就是——攻心为上。掌握了总开关，化险为夷自然就不是问题。

而身处危险之中，针对危险分子的攻心之法，就是与其对话、谈判。因为口是心之门户，心是神之主使，所以，说人之法为万事之先。与对方对话、谈判，就是要"守司其门户，审察其所先后，度权量能，校其伎巧短长"，这样可以克服自己的恐惧，查探对方的动机，找出对方的真实需求与心理弱点，判断事物发展过程中的可变因素和不可变因素，再根据现场情况，有的放矢。

诸多案例显示，反劫持谈判的对象多数是弱势人群中采取极端手段的个体，这说明，在寻常百姓的生活中制造极端祸险的人，多数是弱者，这类人不同于恐怖分子，他们需要的是同情和理解，这些人是可以引导的，他们制造的险情是有可能通过谈判来解决的。

需要把握的环节

谈判时有 4 个环节需要把握。一是平心静气地平等对话，不挑衅、不侮辱；二是完全站在实际生活的角度去拟订谈话内容，不蔑视、不否定；三是以对方现在和曾经的感受作为谈话基调；四是提出合理化的建议，吐字要清，说话要温润而有力量，神态要"和"，真诚且严肃。

总而言之，在谈话中要体现出理解与宽容，给对方心灵以震撼，说到对方的心坎上。

谈判攻心的原则

谈判攻心的原则如下：一是自身防卫能力要强（谈判攻心的能力也是防卫能力的一种）；二是心理上拉近，身体上拉开，保持安全距离，内紧外松，沉着稳重，可进可退；三是不执着于说服对方，因为人的经历不同、观念不同，认知上有差距，对于固执地抱守自己观念、想法的人，可先顺从他的意志，不露声色，再因势利导；四是依据"生命 > 名誉和健康 > 钱财"的次第关系来处理危机。

要知道，钱财的损失只是暂时的，可以在日后挣回来，或者通过公安机关找回来；名誉和健康，则需要时间积淀才能拥有；但生命仅有一次，且十分脆弱，遇险而须有所取舍时，当舍财保命。

特卫术搏斗原则

山猫特卫术不只是简单地教会练习者用技术防身，它还在更高的层面上向他们传递一种意识——生活习惯健康、生活理念健康的意识。有了强健的体魄、强健的精神，才谈得上用技术防身自卫。

生活中可能会有惊喜，也可能会遇到意外。如果我们建立起正确的安全理念、安全意识，养成了健康的生活习惯，那么在遭遇意外时，我们就不会慌张，因为我们已经具备了应对意外的能力。当生命安全受到严重威胁时，我们首先要做的是尝试与对方谈判。如果没有谈判的机会，或者谈判无果，则需要当机立断，快速转移。如果连转移、撤离的机会和路径都没有，那么为了保护自身的生命安全，我们就只能背水一战、奋起反击了。

以最终脱离险境为目标，山猫特卫术主要有以下4个搏斗原则。

加一原则

面对危险，假如对方徒手，我们就要考虑他可能随手就能拿到木棍；如果他持有木棍，我们就要考虑他可能会掏出刀；如果他持刀，我们就要考虑他可能会掏出枪；如果对方是一个人，我们就要考虑他可能是团伙行动。加重一级来考量对方可能对我们造成的威胁等级，然后把我们放到"加重一级"的等级上采取应对措施。简单来说，就是采取等级更高、更占优势的应对措施。比如，对方赤手空拳，我们就持器械，如战术笔、掌棍、扳手、锅铲、剪刀、螺丝刀等；对方有短刀，我们就持短棍、长棍（棒）、铁锹等。经过训练，这些器械都可以发挥出很大的威力，让我们的防卫技术上升到更高等级。

速度原则

快速反应，快速决断，快速行动，快速制敌。这一原则包含节奏和态势两个要素，体现在以下三个方面：根据现场态势，该快的时候快起来，抢先一步，先发制人；该慢的时候，迅速慢下来；该稳的时候，迅速调整到稳的状态，"守司其门户，审察其所先后，度权量能，校其伎巧短长"，以待时机。训练时以最终化解危机、脱离险境的总用时来衡量对这一原则的掌握程度。

准确原则

准确判断形势，准确把握时机，准确实施打击。对形势的判断主要依据对方的思想和意志，对时机的把握则要依据自己的状态和周边环境，通过这些来判断是要被动还击还是主动反击。被动还击，多在第一时间凭借日常训练中习得的技术临场发挥；主动反击则会有一个思考的过程，包括反击的时机、方法（动作）、效果等。准确打击，就是要一招制敌、解决问题。

强悍原则

发挥优势，敢出重拳，直击要害。要么至少攻击两处要害，要么针对一处要害攻击至少两次。制伏对方是解决问题最有效的办法。用对方意想不到的方式，在对方意料之外的突破点突然发起攻击，攻其不备，出奇制胜。

正确判断危险级别，避免触及法律底线

我国是社会主义法治国家。在社会生活中，我们行事要以法律为准绳。根据历年来的案例，我们建议，日常生活中一旦发生冲突，要尽量寻求警方帮助，用法律的武器去解决。不能以防身为由触犯法律，而应该运用法律，在法律允许的范围内防身。

面对日常生活中的普通冲突，比如街头和公共场所的骚扰，我们应该尽可能选择规避和退让，如果无法规避，也要尽力控制冲突不升级。

在摆脱麻烦之后，可以向警方反映相关情况，警方会进行相应处理。如果留有确实的证据，警方会根据对方的行为给予相应的惩戒。例如，在公开场合辱骂他人，那么根据《中华人民共和国治安管理处罚法》第四十二条第二项：公然侮辱他人或者捏造事实诽谤他人的，可以处五日以下拘留或者五百元以下罚款；情节较重的，处五日以上十日以下拘留，可以并处五百元以下罚款。

面对盗窃或抢劫这类侵犯财物的事件时，如果我们判断出形势对自己特别不利，可以通过谈判等方式，暂时答应犯罪分子的要求，同时记住犯罪分子的体貌特征、逃离方向、所乘的交通工具等，以便于帮助警方破案，尽可能挽回经济损失。即便未来可能无法挽回经济损失，也要有生命大于财物的观念，为了财物而将自己置于危险之中绝不是最佳选择。

当我们面对直接的人身侵害，需要放手一搏时，除了使用徒手技术尽全力保护自己，还要正确选择防身器械，尽量不要选择管制器械。原因有二：一，管制器械不宜随身携带；二，在某些人身侵害案件的事后认定过程中，使用管制器械会产生难以确定的法律问题。所以，推荐携带日常工具作为防身器械，比如铅笔、三角板、螺丝刀、扳手、锤子、按摩棒、剪刀等。

通过多种运动方式磨炼精神意志

在部队中，很多训练都具有两面性，这些训练在提高战士的专项技能的同时，也在磨炼他们的意志、培养其良好的运动习惯。所以，训练不仅仅是训练本身。

如果要把特卫术定义为一种运动类型的话，那它与综合格斗有许多相似之处，二者都要通过体会练习、模仿练习、递招练习、对抗竞技，最终达到能够实战的目的。所以特卫术本身就包含着技法、力量、速度、柔韧性、耐力和心理素质的训练。通过练习特卫术，我们不仅可以掌握安全防身的技能，还可以养成良好的运动习惯，强身健体，锻炼坚强的意志力。

建议每天保持一定的体能训练，不需要很高的强度和很长时间，重要的是无论什么情况下都要坚持。比如，每天坚持做 12 个 ×4 组俯卧撑、20 个 ×3 组波比跳、2 分钟 ×2 组平板支撑。刚开始，完成训练任务可能要多花一点儿时间，但只要每天坚持，用不了一个星期你就会发现这其实并不难。这项训练对体能和时间的要求并不高，但贵在坚持，所以在身体得到锻炼之前，意志力首先得到突破。形成习惯之后，无论是身体素质还是心理素质，都会有相当大的提升。

在部队时，我们会定期进行魔鬼周极限训练，即全副武装，穿行于山河丛林之间。这项训练除了锻炼我们在野外的生存能力、提高我们的技战术水平，还极大地磨砺了我们的意志力。在现代社会，大多数人穿梭于都市楼宇之间，奔波于繁忙的生活之中，极少去到丛林山巅感受自然的壮美。为了缓解紧张工作给练习者带来的压力，我们定期组织特卫术练习者离开城市，亲近大自然，做户外运动，将体能锻炼与意志力锻炼相结合。比如每月安排一次徒步登山或户外攀岩，既能对身体进行综合锻炼，也能在征服一座座山峰的过程中提升自信心和意志力。

所以，除了技术练习外，基础运动训练也是必不可少的。

第二章

安全防卫知识储备——了解人体

　　人是由肉身和精神两个部分组成的，从安全防卫的角度来讲，无论是肉身还是精神受到创伤，都会对人的生命、生活造成一定的影响。如果要追溯源头，一定是先有物质再有精神。作为物质的肉身需要补给和锻炼才能强大，精神也需要学习和磨砺才能坚韧。因为精神世界是对物质世界的反映，精神世界的规律必然与物质世界的规律相同，所以在这里，我们主要对肉身的安全防卫进行探讨。

　　世上万物都是阴阳和合的。有无相生，难易相成；取舍相较，因果相循；攻防相守，安危相易。人体的许多部位都坚硬锐利，可以当作武器，同时也有诸多部位是痛点和要害，不能被重力击打或者挤压，否则就会受到创伤。所以，要做到安全防卫，我们首先要了解人体。

人体要害及痛点部位

要害部位

人体要害部位，就是指人体遭受打击时，最容易造成伤残、昏迷甚至死亡的部位。痛点部位指人体痛感神经比较集中的敏感部位，一旦遭到击打，会产生剧烈疼痛、痉挛，甚至晕厥。只有了解了人体要害及痛点部位，才能在遭遇攻击时有目的地加强对这些部位的防守，并能根据现实情况，采取有效的技术手法，快、准、稳、狠地打击或制伏对方，从而化解危机，脱离险境。下面简要介绍人体要害部位及其可能被攻击的方式。

头部

头发

揪头发是简单易行且有效的制敌术。

如果我们被对方揪抓头发，那么他很可能配合膝击，把我们迅速拽至地面，然后用脚攻击我们的头部、胸部、腹部和裆部。

后脑

后脑属于致命部位，承受外界击打的能力很差。如果暴力击打后脑，会造成颅内损伤、出血，极易导致脑震荡，使人昏迷，严重时会使脑实质在颅内移位，造成死亡。

在徒手搏斗中，后脑可能会遭遇肘膝冲击、高位腿法击打，还可能因后倒撞击地面或后仰撞击墙面而受伤。

太阳穴

太阳穴在眉梢和外眼角延长线的交点上，这是颅骨最脆弱的部位，骨板厚度最薄处仅为 1~2 毫米，且太阳穴下方有大脑中动脉。暴力击打太阳穴，易使大脑受到强烈震动和刺激，造成被击者短时间内丧失平衡，同时刺激皮下神经，使血管壁膨胀，进而导致被击者血流不畅、大脑缺氧而头晕目眩，还可能造成血管破裂大出血，或引发颅内血肿，使人陷入昏迷甚至死亡。

在徒手搏斗中，太阳穴可能会遭受拳击、肘击、膝击以及高位腿法的击打。

眼睛

眼睛受到强烈刺激，可导致心跳减慢、血压下降，甚至心搏骤停。

眼部若遭受拳击，因有眼眶保护，眼睛不会受到太大伤害；如果被掌插或手指戳击，眼睛会严重受伤。

鼻子

鼻骨比较脆弱，鼻腔内动脉血管丰富，没有脂肪，也没有丰富的肌肉，一旦遭受打击，鼻骨易碎，轻则鼻出血、鼻酸痛、泪流不止，重则会使鼻内出血流入呼吸道，阻碍呼吸，或鼻骨碎片揳入大脑，导致死亡。

在徒手搏斗中，鼻子可能遭受拳、掌、肘、膝的攻击。

耳朵

内耳有骨迷路和膜迷路，主要起到维持身体平衡的作用。如果耳朵受到外力打击，会出现疼痛、耳鸣、鼓膜破裂，造成被击者恶心、眩晕、休克，甚至死亡。

耳朵最常遭受的攻击方式是揪，以及拳击或掌击。

下颌

下颌骨是颅骨唯一可活动的骨头，也是头部最突出的骨头，小脑处于其受力延长线上。所以，如果下颌遭遇重力击打，会引起小脑震荡，致使被击者头晕目眩、休克，甚至死亡。

格斗选手在擂台上被击倒，几乎全是下颌遭受拳、肘、腿、膝的突然重击所致。

颈部

咽喉

咽喉位于颈部前面，两锁骨内侧，包括呼吸道及膈神经、迷走神经分支。如果攻击者以手指用力戳击、卡捏，或砍掌击打被击者的咽喉，那么被击者的膈神经和迷走神经就会被刺激，从而引起呼吸困难，甚至窒息昏迷。如果咽喉处的血管被刺破或者捏破，使大量血液流入胸腔，则会造成血胸和纵隔气肿，压迫肺和心脏，短时间内会致人死亡。

颈外侧

颈部两侧为颈动脉，颈动脉内有颈动脉窦，在颈动脉窦的血管壁上有大量密集的压力感受神经末梢，它们对外界的压力十分敏感。当受到拳击、掌劈、指压的时候，颈动脉承受的压力就会超过循环血压，从而抑制心跳和呼吸，造成供血供氧不足，使人昏迷或死亡。

颈后侧

颈后侧是指颈后颅骨与颈椎连接处。颈椎由 7 块椎体组成，受到拧、扳、挫、折时，轻则颈椎韧带撕裂，重则椎体脱位，造成高位截瘫。另外，颈后有 2 条重要的动脉血管，其中的椎动脉是心脏向大脑供血的重要通道，椎动脉受损会使大脑失去一条重要的供血渠道，进而造成大量失血而死亡。

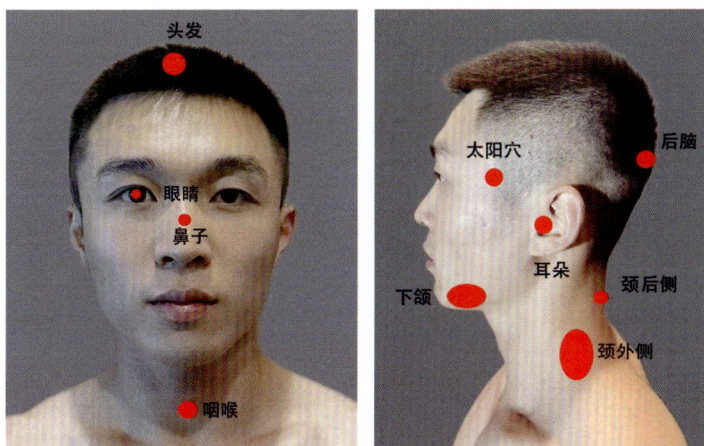

腋窝

腋窝下有一条粗大的神经，暴力击打此处会使人感到疼痛难忍，甚至造成局部瘫痪。

在徒手搏斗中，腋窝容易被勾拳击打。

胸部

心脏

它是人体的"发动机"，如果遭遇重力击打，会造成心慌、气短、心脏跳动急促或骤停。

心脏最可能遭受直线型拳法或脚法的攻击。

巨阙穴、鸠尾穴

巨阙穴在上腹部前正中线上，当脐中上 6 寸（本书中均为同身寸）处，是任脉的主要穴位之一。鸠尾穴位于巨阙穴上方 1 寸处，胸骨剑突下。

这两处穴位容易遭受膝冲、拳击，甚至是点穴手法的攻击和踢蹴，从而导致内脏和横膈膜受损、痉挛致人昏厥，甚至死亡。

腰部

肋骨

人体共有 12 对肋骨，骨细且长，左肋保护脾脏，右肋保护肝脏。第 4~7 对肋骨弯曲度大，又缺乏肌肉保护，遭受暴力击打时易折断。若断骨扎破脾脏，会造成严重腹内出血，导致休克，危及生命；如果断骨扎入肝脏，则会导致腹内出血，人体缺氧，并因为肝脏损伤而无法分解、排除体内的毒素，导致"肝昏迷"或者中毒性休克，甚至死亡。

后腰

腰部是连接上下肢体、维护正常姿态的重要部位，起着传导重力的作用。后腰处主要有腰椎和双肾。腰椎受损可能造成腰部以下截瘫；肾脏受到重击，会导致人体酸软无力、尿血，重则危及生命。

后腰容易遭受腿击和膝击。

腹部

腹腔内有肝、脾、胃、肾、膀胱等重要器官，腹内神经非常敏感，一旦有外界冲击，就会立即引起强烈的神经反射，造成腹痛、胃部痉挛、呼吸困难，甚至器官出血。如果肝、脾、肾等器官出血，则容易导致死亡。

腹部容易遭受拳击，以及冲膝和蹬腿的攻击。另外，胸部和腹部最怕受贯穿伤，因为贯穿伤可能会造成人体内部器官受损、内出血，甚至死亡。

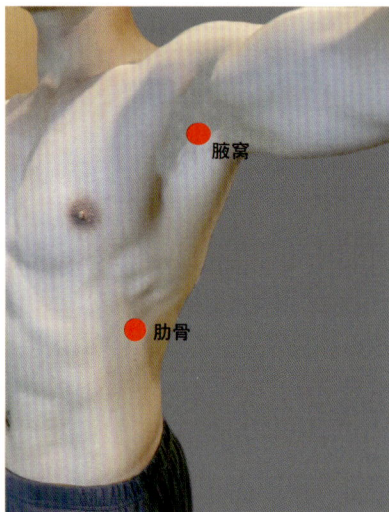

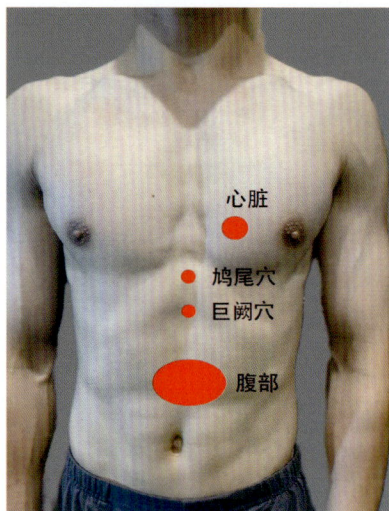

裆部

裆部有人体的生殖器官，是痛感神经和血管分布最为密集的地方之一，对外界的反应特别敏感。男性生殖器指阴茎和阴囊，阴囊内容纳着一对睾丸和附睾。裆部若受到弹踢、顶撞和揪抓，会造成阴囊挫伤和睾丸破裂，使人疼痛难忍，重者休克、死亡。

痛点部位

除了要害部位，人体还有许多痛点部位，一旦遭遇暴力击打，就会疼痛难忍。

大腿外侧风市穴

风市穴在大腿外侧的中线上，腘横纹水平线上 7 寸。也可用简易取穴法：直立，手自然下垂于腿外侧，中指贴于裤线，中指指尖处即为风市穴。风市穴被强力击中，会造成短暂的下肢麻木。

胫骨

胫骨是小腿的主要长骨，前面附着的肌肉很少，如从前侧击打，轻则皮破血流，重则使胫骨折断。

在徒手搏斗中，胫骨可能会遭受截腿和前蹬腿的击打。

足背

足背上有跗骨、跖骨和趾骨 3 种短骨，主要的关节有踝关节、跗跖关节等。直接打击足背可导致跗跖关节脱位和跖骨骨折。

足背可能遭受的击打方式主要是被对方用足跟向下踩踹。不要小看这一招，它可是 UFC 次中量级的王者卡马鲁·乌斯曼的独门绝技。

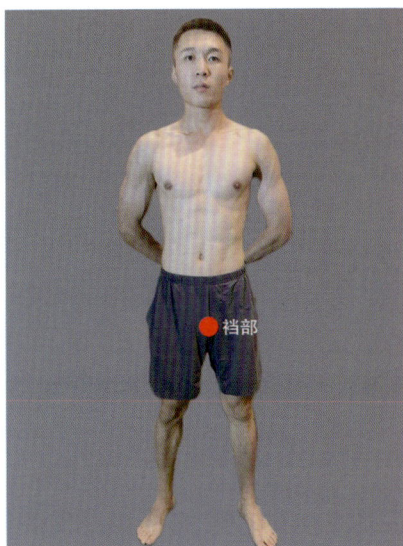

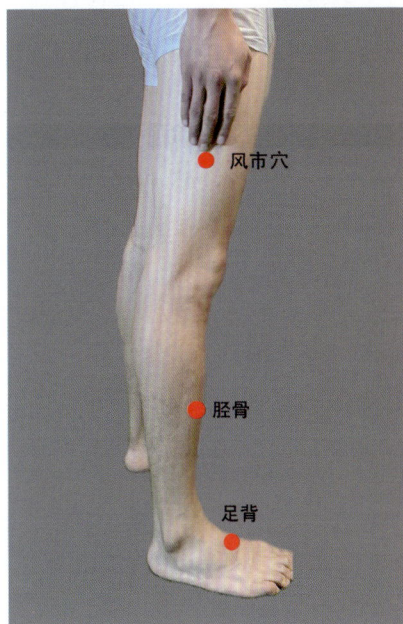

人体易控关节

关节主要由关节面、关节软骨、关节囊、关节腔组成，包含关节韧带与辅助结构，且有血管、神经、肌腱穿行跨越其间。各个关节不同的结构及生理状态决定了其运动形式和运动幅度。将关节固锁、扭转到最大限度，会使关节锁定，再扭拉韧带和挤压神经，则会造成剧烈疼痛。若关节运动范围超过其自身极限，会造成整个关节的破坏性损伤，重者会造成终身残疾。因此，我们要尽力防止他人对我们的四肢进行反关节控制。反过来，了解和掌握了关节控制技术，我们就可以进行有效的自我防卫。人体主要的易控关节有颈椎、肩关节、肘关节、腕关节、指关节、膝关节、踝关节等。

颈椎

颈椎是大脑与身体的连接部，是人体血管、神经、穴位最为集中的部位之一，骨骼少且不粗壮，肌肉不丰富，很容易遭受创伤。针对整个颈部的绞、锁、拧、折，不但会造成难忍的疼痛，而且会很快让人窒息、休克，甚至死亡。

肩关节

肩关节由肩胛骨、肱骨和锁骨连结而成。它是人体

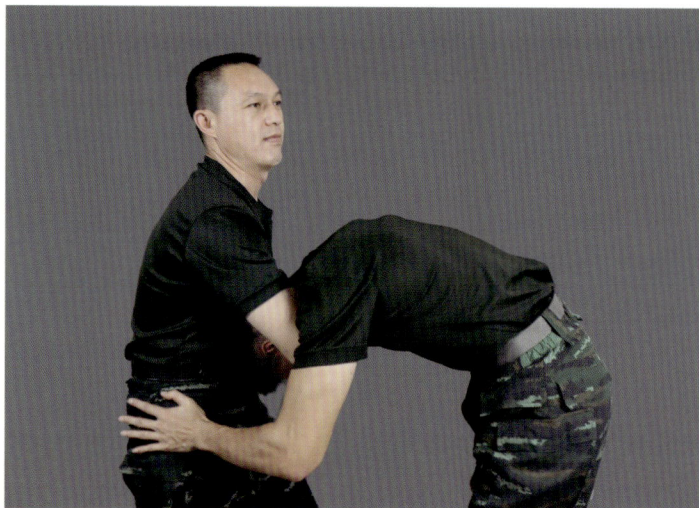

活动范围最大的关节，能前屈、后伸、外展、内收、内旋、外旋。因此，它的关节囊松弛，韧带和肌腱薄弱，是最不稳固的关节。如果用力将肩关节左右拧动或向前、向后扳至极限，则容易造成关节损伤和脱臼。此外，猛烈拉扯肩关节还会使韧带和肌肉撕裂。

肘关节

肘关节是由桡骨、尺骨和肱骨连结而成的。它的活动范围较小，是一个比较脆弱的关节。它只能屈伸和旋转，如果用力压迫肘关节至超过它的活动范围，则很容易使关节错位脱臼、丧失运动功能或韧带撕裂。在反击时，我们也可通过锁定对方的肩关节、肘关节来制伏对方。

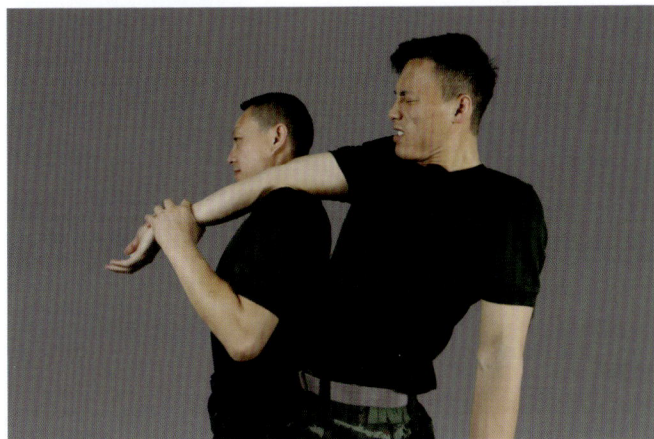

腕关节

腕关节由 7 块腕骨组成，结构相对复杂。腕关节十分灵活，活动范围也较大，周围的肌肉和韧带比较薄弱。如

果用力后折、内扭、折压腕关
节至超出其活动范围，则易造
成韧带撕裂、关节脱臼或骨折，
使腕关节丧失活动能力。

指关节

除拇指骨为两节外，食指、
中指、无名指和小指均由3根
短小的指骨连结而成。指关节
只能弯曲和伸直，活动范围较
小。用力向后折或向两侧拧扭
指关节，很容易造成关节脱臼
或骨折。

膝关节

膝关节是下肢的中间关节，
它由髌骨、胫骨、半月板及股骨
连结而成，是人体最复杂、损伤
概率较大的关节。膝关节只能做
屈伸运动和小幅旋转。膝关节伸
直后，若受到踩、蹬等外力攻
击，轻则使人倒地，重则使半月
板撕裂、侧副韧带损伤，造成
关节脱臼或骨折，使人丧失运动
能力。

踝关节

踝关节由腓骨、胫骨和距骨
连结而成，能做屈伸、内收、外
展运动。踝关节活动范围较小，
如受外力扳、拧，易造成韧带撕
裂或关节脱臼等损伤。此外，距
骨由骨松质构成，在跗骨中位置
最高，且没有肌肉附着，受暴力
击打易骨折。

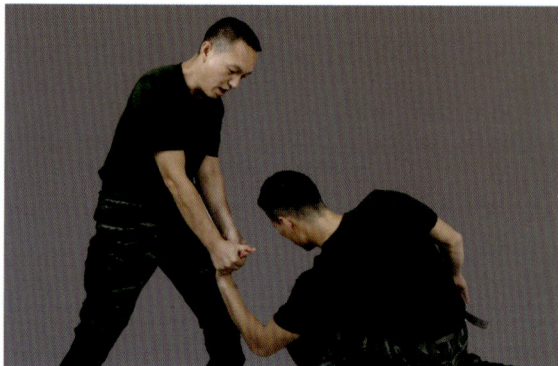

人体武器

我们在遭遇危险时，为了快速化解危机、脱离险境，应将身体的诸多部位当作武器，进行自我防卫并攻击对方。拳谚有云："人身有七拳。"人身上可以当作拳来进攻他人的部位有很多，包括头、手、肘、肩、胯、膝、脚。此外，牙也可以作为武器来进攻敌人。

在体育运动的擂台上，双方运动员都要依据规则，使用规定的身体部位击打对方，但在日常防卫情境中，我们的依据是法律，只要法律没有不允许，我们就可以灵活运用身体部位，用恰当的技法、以最快的速度、在最短的时间内制伏对方，脱离险境。

头

头部虽然是人体的要害部位，是自身防卫的重点区域，但头部的额骨比较坚硬，可以用来顶、撞对方面部等薄弱部位，且往往会取得意想不到的攻击效果。

手

拳

拳的手形为四指并拢紧握，拇指紧扣在食指和中指的第二指节上。拳心朝下为平拳，拳眼朝上为立拳。也可以在平拳的基础上，食指或中指突出成尖，拇指紧扣在食指和中指的第一指节上。

拳法主要包括直拳、摆拳、勾拳、鞭拳和弹拳等。使用时要求腕关节挺直，在与击打目标接触的瞬间，握拳要紧，拳心要实，否则容易伤及腕关节和手指。

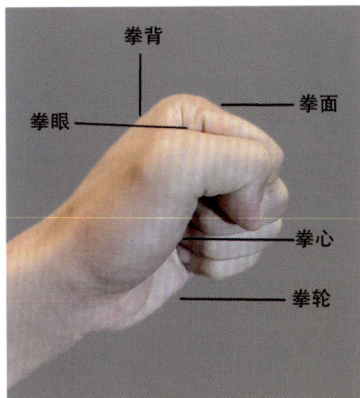

拳背

拳面

拳眼

拳心

拳轮

掌

掌包括掌指、掌心、掌背、掌根、掌外沿。

根据掌形，掌可分为立掌、直掌、八字掌。掌可进行面状打击，使用手掌面和手背面，主要击打面部、外耳、胸部及裆部；也可进行线状打击，用掌外沿，主要击打颈部、鼻部；还可进行点状打击，用掌指，主要击打眼部、喉部。掌法主要包括推掌、砍掌、插掌和撩掌等。使用时，立掌和直掌多用于劈、砍、推、撩、穿、插、切、摔等掌法，八字掌多用于卡、按、压、扼等掌法。

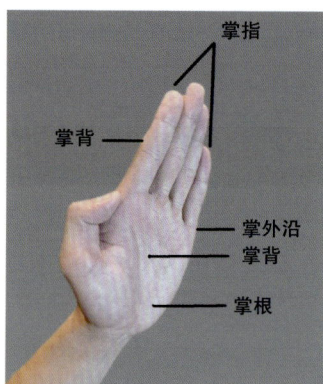

爪

爪是在八字掌的基础上，五指弯曲，虎口张开，成凹状，似鹰爪。

爪是运用拇指和其余四指的合力进行攻击，主要用于攻击喉部、颈部、裆部，是擒拿术的基本手形之一。

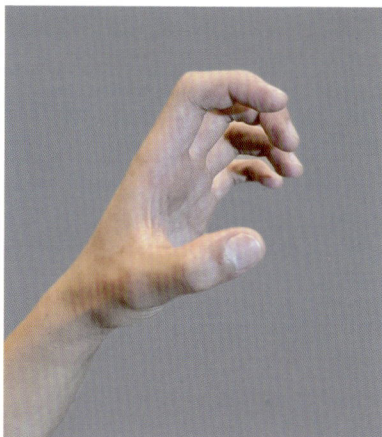

肘

肘部骨头坚硬，肘击强度大，近战时可用肘顶、撞、砸、压，杀伤力极大。拳谚云："宁挨十手（拳），不挨一肘。"肘法主要包括横肘、顶肘、挑肘、砍肘等。

肩

肩部主要用于在近战时撞击对方胸腹部，也可在缠斗中绞窒咽喉，比如肩绞。

胯

胯主要用于靠、撞对方的腹部。在徒手搏斗中，胯部虽不能直接打击对方，但在摔法中是必然要用到的部位。

膝

膝主要指膝关节前部。由于膝关节坚硬，膝法击打路线短、速度快、力量猛、接触面积大，因此重创效果好。膝部的主要击打方法有跪、压、顶、撞、砸等，攻势凌厉，杀伤力极强。若使用得当，以膝顶撞对方胸腹部，可令其窒息、昏迷，甚至死亡。膝法主要包括顶膝、横膝和飞膝等。

脚

在徒手搏斗中，脚是使用得最多的部位，击打效果也最好。用脚击打时，可以以脚背为着力点做弹踢或横踢，也可以以脚跟为着力点做蹬腿，还可以以脚底为着力点做踹腿，另外还能做铲、踏、踩、扫、钩等。

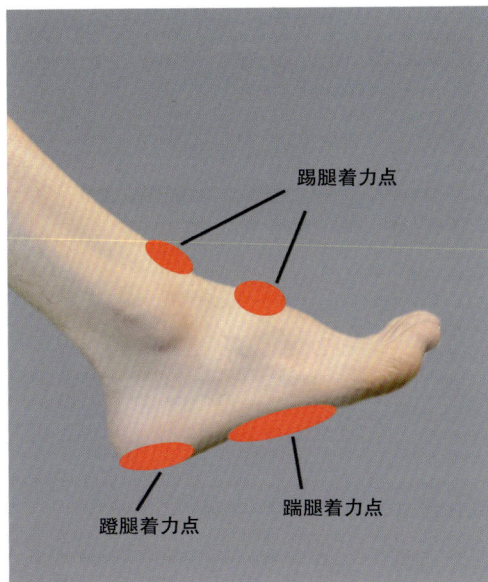

牙

当我们被对方死死抱住又无计可施时，看准他距离我们嘴部较近的部位，用力地咬他一口，可以变被动为主动或找到逃脱的机会。

第三章

安全防卫基础——徒手搏斗

　　我们已经知道，"防"，是在危险发生之前采取的安全举措，"卫"，是在危险发生当时采取的安全行为。防是卫的储备，卫是防的应用和发挥。也就是说，我们需要把危险发生时要采取的安全行为放在危险发生之前来练习。

　　这其中有一个绕不开也避不了的话题，那就是徒手搏斗的防卫能力。它是防身自卫最基础的能力。我们练习特卫术的搏斗技能，不是为了擂台竞技，也不是为了在别人面前炫技，而是为了在遇到危险又无法退避的时候，防身自卫，解除危险，脱离困境。山猫特卫术具有高度的专业性，必须利用拳、腿、肘、膝等部位，对摔、别、锁、控等技法进行系统、科学、完整的训练，不断提升练习者的身体素质、技战术水平和心理素质，为实际应用与发挥奠定扎实的基础。

徒手搏斗基础技能

"千里之行，始于足下。"万事都有一个开始，徒手搏斗要从基础技能开始，主要包括预备姿势、基本步法、攻击技术、防守技术、倒功等。

防卫搏斗技能之所以包含攻击技术，是因为万事万物皆为一太极，攻和守是对立统一体。正因为有攻击，所以才有防守。不存在只有攻击而没有防守的拳术，也不存在只有防守而没有攻击的拳术。攻击和防守就如同阴阳两仪，合于拳术这个太极。也只有了解和掌握了攻击技术，才能更有效地掌握防守技能；掌握了防守技能，才能更好地提升攻击能力。因此，攻防兼备，才称得上具备真正强大的搏斗能力。

预备姿势

预备姿势也称格斗势，是格斗所采用的临战动作姿势。它的正确与否直接影响到进攻与防守技术的发挥。好的格斗势不但有利于抓住战机，攻击对方，而且有利于做好严密的防守。格斗势是徒手搏斗中不可缺少的一部分，各流派武术都有自身的技术特点和不同的格斗势，而最佳的格斗势应具备以下特点：身体自然协调，步法移动方便，进退迅速灵活；重心稳，有利于进攻与防守技术的发挥；暴露给对方的打击面积小；各种动作和姿势变化速度快等。山猫特卫术格斗势采用军队擒敌术实战中的准备姿势，根据实际情况，它可有多种表现形式。在此，我们只把具有普遍适用性的姿势作为范例来讲。

戒备姿势

在防卫时我们通常会先有一个戒备姿势，该姿势既不暴露防卫的势态，又可以快速转换成格斗势，以随时进入搏斗状态。

戒备姿势

格斗势的架势

在戒备姿势的基础上，双手握拳，置于身前，与下颌同高，即为格斗势。格斗势的架势分为正势和反势。正势为左拳左脚在前，我们所说的格斗势通常是指正势。

格斗势的反势是在正势的基础上左脚后撤一步或右脚上前一步，右拳右脚在前，左拳左脚在后，其他动作要领与正势相同。反势有利于左拳左脚进行重力击打。

正势　　　　　　　反势

格斗势的架势

格斗势的动作要领

立正姿势上身半面向右转的同时，右脚向右后撤一步，与左脚距离约同肩宽，两膝微屈，两脚尖朝向右前方，左脚尖与右脚跟在左右方向上相距约15厘米，左脚全脚掌着地，右脚脚跟稍提起，身体重心落于两腿之间。同时，两手半握拳自然上提，拳眼向内并稍向上；左手臂弯曲，肘关节夹角约为 100°，拳面约与下颌同高；右手臂弯曲，微贴右肋，右拳护于颌前；下颌内收，口齿闭合；沉肩垂肘，含胸收腹；头部正直，目视前方。

注意事项

身体自然放松，注意力高度集中，沉肩含胸，重心适中，腰活步稳，防守全面，可随时运用各种步法移动。

应用与发挥

格斗势是一个标准的准备动作，是每位特卫术练习者都必须学习和掌握的基本动作，它是实战姿势变化的基础。实战姿势是在经过一定时间的训练之后，在标准动作基础上根据个人特点（如练习者擅长拳、腿还是摔；是控制中长距离能力强，还是控制短距离能力强；是突出主动进攻，还是表现防守反击等）适当变化后的格斗势。由于结合了个人技术特点和具体形态，因此实战姿势是因人而异的。这就是格斗势的应用与发挥，也是各流派武术都有自己特点鲜明的格斗势、擂台上的选手会根据需要随时调整格斗势的原因。

实战姿势的练习，关键是要掌握它的精髓，能很好地为防身自卫实战服务的姿势就是合理的。因此，为了更好地应用与发挥，在防卫对抗中根据需要适当调整格斗势是很有必要的。

基本步法

步法是调控敌我双方有效距离的关键，也是在进攻和防御中抢占有利位置、发挥优势的基础。步法的快慢和移动距离的长短直接影响着攻防效果。在防身自卫搏斗中，只有借助敏捷的步法移动才能接近对方，近身施技，或者避开攻击、摆脱困境。"有招必有步""步动招随，招起步进"就是这个意思。甚至有人说："步法，才是搏斗技术的灵魂。"

进退步

进退步主要用于在防卫搏斗中向前、向后以及斜向移动。以正势为例。

动作要领

在格斗势的基础上，上身保持原来的姿势，进步时右脚掌蹬地，身体重心前移，左脚微离地面，向前蹬出约一步距离，右脚随之跟进相同距离；退步时左脚掌蹬地，身体重心后移，右脚微离地面，用脚掌向后蹬出约一步距离，左脚随之跟进相同距离。进退时左右脚之间的距离基本保持不变，整个动作完成后仍成格斗势。

注意事项

格斗姿势始终保持不变，身体重心落于两腿之间，前后移动幅度适中，动作连接灵活轻快。

应用与发挥

在实际搏斗中，根据自身的技术特点，进退步可以连起来并结合拳法使用，也可以拆分为进步和退步，并结合攻防技能使用。

横移步

横移步主要用于横向躲闪和环绕移动。

动作要领

以格斗势为基础姿势，左横移步时，右脚掌蹬地，身体重心左移，左脚微离地面，向左前侧移动，右脚随即跟进相同距离；右横移步时，左脚掌蹬地，身体重心右移，右脚微离地面，向右前侧移动，左脚随即跟进相同距离。移动完成后，仍成格斗势。

注意事项

控制好距离和角度，两腿应一虚一实，侧身角度通常不超过 45°。

垫步

垫步一般直接用于配合腿的进攻动作。

垫步分为两种，一种是垫一步，一种是在垫一步的基础上再接一个进步。这里主要介绍垫一步再接一个进步的技术。

动作要领

以格斗势为基础姿势，向前垫步时，右脚先向左脚跟后进步，左脚随即向前进一步；向后垫步时，左脚先向右脚处退步，右脚随即后退一步。

注意事项

启动突然，快速连贯，保持重心，勿向上跃。

其他步法

在实际搏斗中除了使用上述基本步法外，还有些有助于提高实战能力的步法，下面简要列举。

纵步

纵步主要是用于在远距离时迅速接近对方，或在中近距离时迅速摆脱对方的一种步法。

以向前纵步为例，从格斗势开始，两脚同时蹬地向前纵出约一步距离，在动作过程中始终保持格斗势。注意：①启动前不宜过分降低重心，不然容易暴露动作意图；②不宜腾空过高。

向后纵步的动作要领与向前纵步相同，但方向相反。

交换步

交换步是正反格斗势交换时使用的一种步法。

动作要领：从格斗势正势开始，前后脚同时蹬地，稍离地面，同时左右脚、左右手体位交换，正势变反势。

注意事项：转换时要以髋部力量快速带动两腿交换，同时身体不能腾空过高。

步法的训练方法

步法是徒手搏斗的基础技术之一。拳谚有"先看一步走，再看一伸手""步慢则拳慢""练拳容易练走难"等说法，都说明了步法在实际搏斗中的重要性。步法在具体运用时应做到快、稳、准、活。步法练习的方法有很多，一般采用如下方法。

（1）单独步法反复练习。

（2）器材辅助练习。

（3）步法组合练习。

（4）结合攻防技术练习。

（5）对抗练习。

攻击技术

攻击技术包括拳法、掌法、肘法、膝法、腿法等，能直接击打对方的头、颈、腹、肋和裆等部位，易于组合起来进行连击。

拳法

拳法是搏斗中最常用的一种攻击技术，使用最多的三种是直拳、摆拳、勾拳。仅靠这三种拳的组合，加上身形和步法，就演绎出拳击这项风靡世界的运动，足以证明拳的威力。

直拳

直拳是指直线击打的拳法，主要用来攻击对方的头部、胸部。

在摆出格斗势正势的情况下，左直拳距离对方最近，击打最直接，可轻可重、可真可假，灵活，速度快，可以扰乱、迷惑对方，破坏其防御，为主动进攻创造条件，还可以在时机恰当时重创对方。右直拳攻击距离长、力度大，多在左直拳突破对方防御或进攻后使用。

直拳基础动作

左直拳　　　右直拳

右下闪
左直拳击腹

左下闪
右直拳击挡

摆拳

摆拳指的是由外向内、从侧面横向攻击对方头部和两肋的拳法。

摆拳基础动作

摆拳的击打力源于转腰带动肩臂的合力。在连击或防守反击中运用摆拳效果最佳，但由于动作幅度大、暴露的空当多，所以要把握好时机，在出拳击打后快速收回。

左摆拳击下颌

右摆拳击太阳穴

勾拳

勾拳指的是由下向上攻击的拳法，主要攻击对方的下颌、腹部、肋部。

这种拳法需要贴近对方近距离使用，再配合肘、膝连击，能在瞬间制伏对方。

勾拳基础动作

左勾拳击右肋

右勾拳击下颌

鞭拳

鞭拳指的是借助身体转动的惯性，甩拳鞭击对方头部、颈部的拳法。

鞭拳基础动作

鞭拳动作幅度大、路线长，但由于是转体击打，仍然具备隐蔽性和突然性，最适合防守反击。

掌法

在徒手搏斗中，掌法也是最常用的攻击技术之一，比如扇耳光和推搡，其实都是掌法的运用，只不过易被大家忽略。掌法的威力也很大。

推掌

推立掌主要攻击对方的下颌、鼻梁，着力点为掌根。推八字掌主要攻击对方咽喉，着力点为虎口。

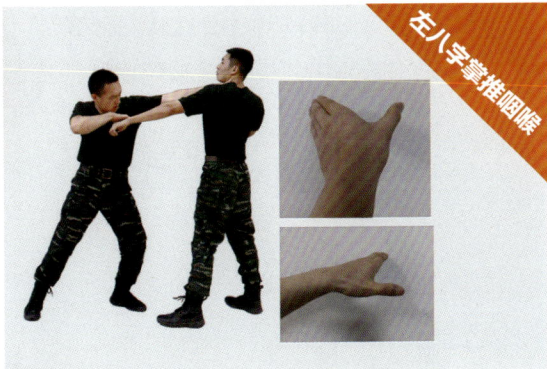

砍掌

砍掌主要用来攻击对方的颈部两侧和颈椎，一旦命中即可令对方昏迷。砍掌的着力点在掌外沿与掌根连接的部分。

插掌

插掌主要用于攻击对方的眼睛和咽喉。

左插掌击眼

右插掌击喉

托掌

托掌是由下向上攻击的掌法，常常用于防守、反击比自己个子高的对手。一般为双掌齐出，主要攻击对方的下颌，其攻击效果不比摆拳差。被卡喉时，可双托掌击对方下颌。

托掌基础动作

双托掌击下颌

拍掌

拍掌主要用于攻击对方头部、耳朵和裆部。用拍掌拍臂、拍裆可解单手锁喉。

拍掌基础动作

肘法

拳谚有云："宁挨十手，不挨一肘。"肘法动作短促、力度大、速度快，呈"米"字形全方位攻击，路线变化多，在近距离内极易发挥攻击和防守的效用，使对方防不胜防。被锁喉顶墙时，可以用右砸肘、左横肘击颈部解脱。

横肘

横肘类似于摆拳，由外向内，主要用于攻击对方的头部、颈部。

横肘基础动作

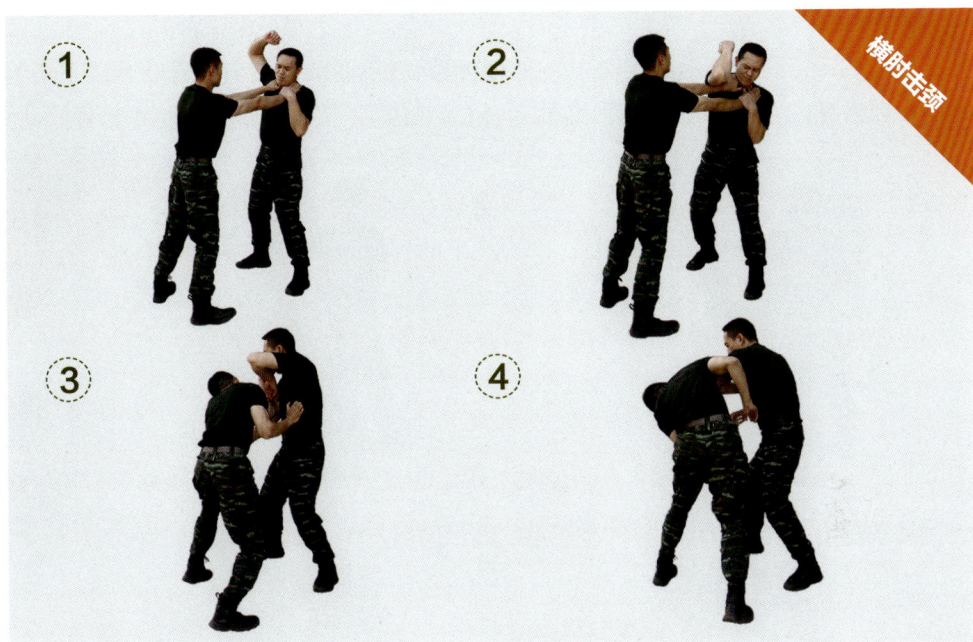

横肘击颈

挑肘

挑肘是指由下向上肘击，主要用于攻击对方的下颌和心窝。

挑肘基础动作

格挡挑肘击下颌

挑肘击胸

砸肘

砸肘通常与其他技术配合使用，由上向下，主要攻击对方的头部、颈部、锁骨等。砸肘同横肘一样，可解单手锁喉。

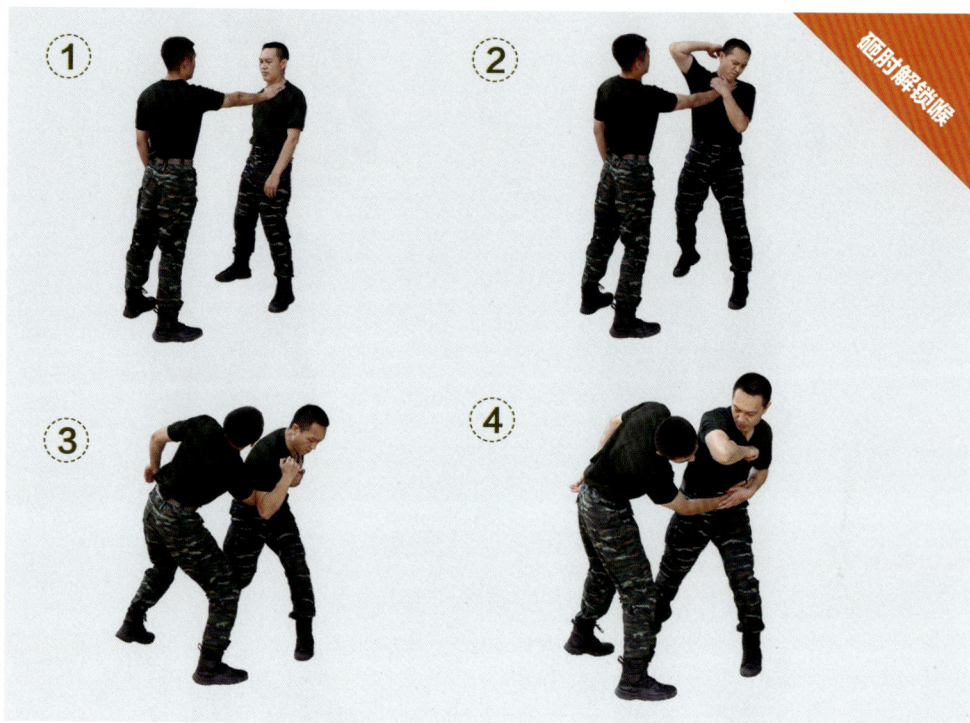

砸肘解锁喉

砍肘

砍肘是指从上向下或从斜上向斜下肘击，主要攻击对方的头部、面部、背心。

砍肘基础动作

砍肘击面

后顶肘

后顶肘主要用于攻击对方的胸、腹、肋等部位。被人从后面搂肩或抱腰时，可使用后顶肘解脱。

后顶肘基础动作

① ② 后顶肘解脱

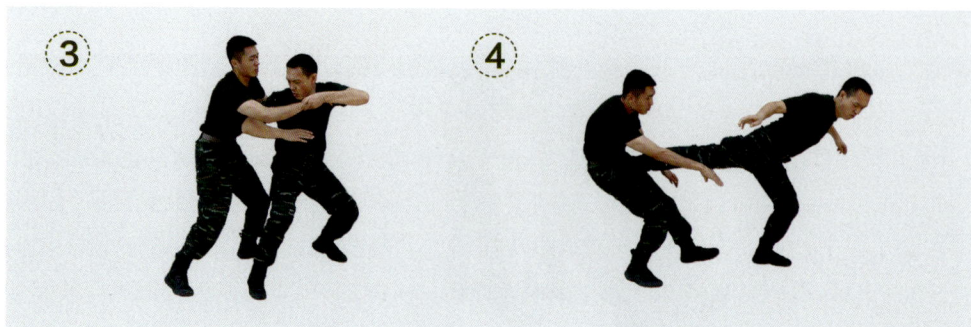

③

④

膝法

膝法，是利用膝尖和屈膝时的腿部进攻或防守的方法。膝法力度大、速度快、攻击面广、隐蔽性好，近距离杀伤力极强。如果能配合手法控制对方的头或肩，膝法就能发挥最佳效用。

冲膝基础动作

冲膝

冲膝分为前冲、上冲、斜冲等，主要用于攻击对方的裆部、腹部、头部。冲膝的击打力量来自挺腹、送髋与冲击的合力。被人抓住前胸衣领时，可扣肩冲膝。

扣肩冲膝

横膝

横膝是由外向内的侧向性攻击方法，主要用于攻击对方的肋部、头部及大腿外侧风市穴。横膝技术通常在缠斗过程中使用，其击打力量来自身体拧转、合髋，以及向后拽拉对方肩颈的合力。

横膝基础动作

横膝击肋

飞膝

飞膝是指在中远距离时，突然快速接近对方，以膝击其面部、下颌、胸部、腹部。也可以在对方下潜，正面对我实施抱腿袭击时，运用此技术击其头部。

飞膝基础动作

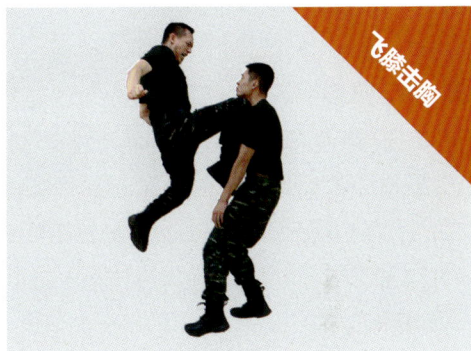

飞膝击胸

腿法

腿法种类非常丰富，分为屈伸性腿法、直摆性腿法和扫转性腿法三大类。拳谚有云："手是两扇门，全凭腿打人。"这说明了腿法在众多攻击方法中的重要性。腿法掌握得好，能给对方极大的杀伤力，获得良好的攻击效果。但是"起腿半边空"，在运用腿法时，要注意自身防御并保持身体平衡，以免给对方可乘之机。我们可以根据实际搏斗需要，选习几种便捷实用、易学易练的腿法。

弹踢

弹踢属于直摆性腿法，主要用于攻击对方的裆部，着力点在脚背。如，避闪对方的右直拳，然后弹踢击裆。

弹踢基础动作

弹踢击裆

横踢

横踢又称鞭腿，多用于攻击对方的头、颈、腹、肋、大腿外侧等部位。横踢在进攻中多用连击，或作为佯攻，以配合其他打法；在防守时多配合步法，避开对方攻击后以横踢进行反击。

横踢基础动作

高位横踢

侧踹

侧踹是屈伸性腿法的典型代表，攻击范围广，头部、躯干和下肢都可以作为攻击目标。

侧踹基础动作

侧踹击肋

前蹬

前蹬腿可攻可守，主要用于攻击对方的头部、胸部、腹部及腿部。前蹬的力量源于送髋、送胯和蹬腿的合力。

前蹬基础动作

前蹬阻击对方腿法

后蹬

后蹬腿隐蔽性强，主要用于攻击对方的腹部及裆部。

后蹬基础动作

后蹬敌腹

勾踢

　　勾踢主要用于攻击对方的踝关节，破坏其支撑稳定性，使其倒地。勾踢通常配合步法使用，在缠斗中配以手的搂拨之力，效果最佳。

勾踢基础动作

跺脚

跺脚主要用于在缠斗中攻击对方的脚背、脚趾，着力点在脚跟。

跺脚基础动作

① ②

踩脚趾

攻击技术的训练方法

攻击技术的训练，应当遵循由简至繁、从易到难的循序渐进原则。常用方法有以下几点。

一是原地体会练习。根据动作要领练习，或经教练讲解示范后进行模仿练习，重点是体会、揣摩动作的要领和路线，并严格按要领施训，防止动作走样变形，不过分追求动作完成的力度。动作训练时，我们要：先分解，后连贯；先单个，后组合；先慢速，后快速。有条件的还可以对着镜子边练习边校正，不断强化和巩固正确的动作。

二是结合步法空击练习。在基本掌握了动作要领后，要结合步法进行练习，重点是提高在移动中出拳、出腿时身体的协调性，力求步到拳（脚）到，发力顺畅完整，移动迅速及时，击打准确有力。

三是击打固定靶练习。以手靶、脚靶、沙袋、木桩等为击打目标进行练习。可以有针对性地提高击打的速度和力度，增强耐力，把握击打距离。

四是喂递练习。由教练或辅助者使用手靶、脚靶给受训者喂递动作，提高受训者快速反应、控制距离、把握时机，以及在移动中快速、准确出拳、出腿的能力。教练或辅助者在递招喂手的同时，还可用靶不断干扰和回击受训者，使受训者在进攻的同时练习防守，提高受训者防守、反击的能力。

五是条件对抗练习。在限制条件下进行实战。此练习具有较强的针对性，比如拳战攻防对抗，一方攻击，另一方只能防守与躲闪，又如拳战、腿战、肘膝战、拳腿战等。对抗的条件应当根据练习目的和受训者的水平进行设置，遵从由限制多到限制少的逐步放开原则。

需要说明的是，没有任何搏击运动是没有限制的，即便是不设规则和条件的实战，也有法律和道德的约束。

防守技术

防守技术是为了遏止或削弱、破坏对方的进攻，有效地保护自己，并为反击创造有利的条件。防守分为接触性防守和不接触（躲闪）性防守两类。

在运用防守技术时，要根据不同的情况灵活应变。要善于观察对方的意图和进攻招法，准确判断，敏捷反应，才能有效地防御对方的进攻，然后再寻找有利的战机去反击。

接触性防守
拍挡

拍挡主要用于防守直线型手法或腿法对我们头部、颈部、胸部的攻击。拍挡时机要恰当，在将要被对方击中时，可运用拍挡改变其攻击路线或减弱其攻击力。通常，拍挡防守后要迅速反击。

拍挡基础动作

格挡

　　格挡分为左上格挡、右上格挡、左下格挡、右下格挡。上格挡主要用来保护头部，抵御摆拳、高鞭腿等的攻击；下格挡主要用来保护肋部，抵御中位鞭腿的攻击。

格挡推掌

格挡挑肘

提膝格挡

前蹬击腹

抄抱

抄抱俗称"十字手"，根据所抄抱的对方腿的位置，有内外之分。内抄抱保护胸、腹，主要应对直线型腿法的攻击，比如前蹬；外抄抱保护头、颈、肋，主要应对弧线型腿法的攻击。抄抱常结合摔法使用。

抄抱基础动作

接腿涮摔

① ② ③ ④

阻挡

阻挡也称"迎击"，是来不及做其他防御或防守动作时，用手心阻挡对方拳法攻击，或以臂与背阔肌阻挡对方腿法攻击的防守方法。使用时要注意边阻挡边退步，缓冲受力。阻挡是抗击打训练的必要内容。

阻挡基础动作

阻挡前蹬腿

阻挡横踢腿

不接触（躲闪）性防守

后闪

上身略向后仰，用于躲闪对方的拳、腿对我头部、颈部的攻击。后仰幅度不宜过大，重心落于右腿，支撑要稳。

后闪基础动作

侧闪

侧闪是上身前倾，并配合步法向左侧或右侧躲闪对方的直线型攻击的防守方法。侧闪后，要迅速以拳、肘、膝反击。

侧闪基础动作

侧闪拍裆

潜闪

身体下潜，躲避对方高位攻击技术对我头部、颈部的攻击。潜闪多与抱腿摔结合使用。

潜闪基础动作

潜闪击裆

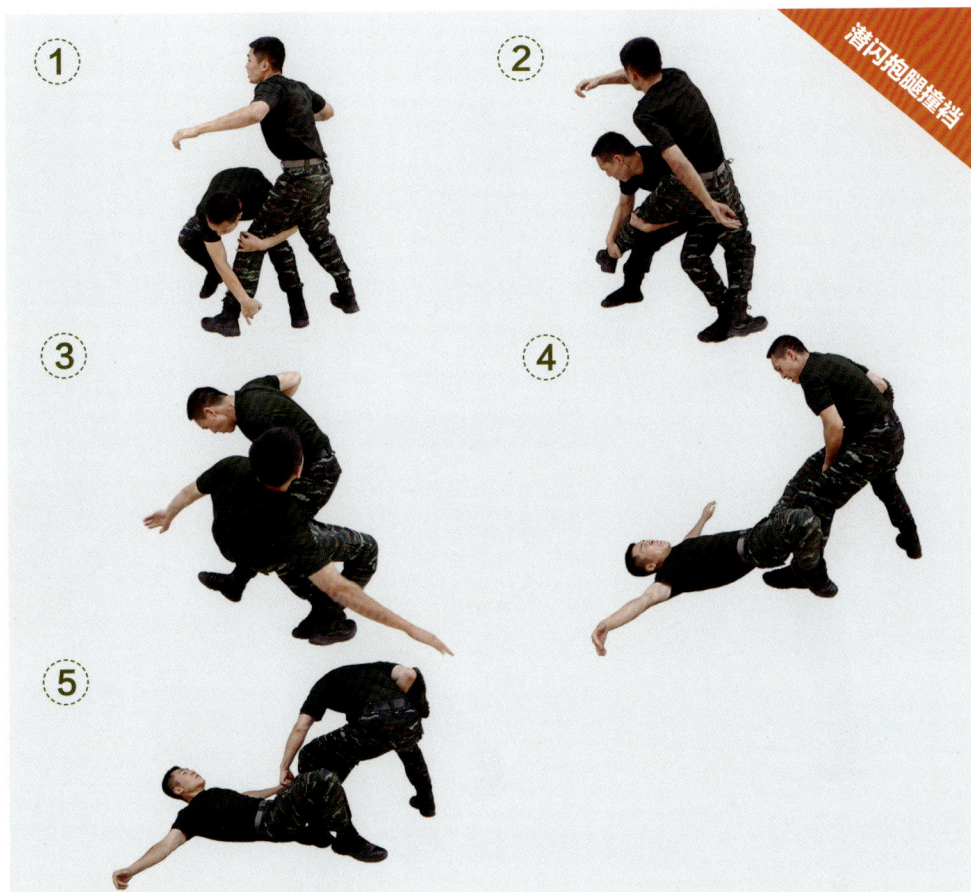

潜闪抱腿撞裆

防守技术的训练方法

防守技术是山猫特卫术体系中不可缺少的内容。防守技术运用得好，一方面能保护自己，另一方面能为反击提供机会。科学的练习步骤与方法是掌握防守技术的重要条件。

（1）个人模仿练习。在教练讲解示范或个人自学教材之后，自己模仿、体会动作。

（2）假设性练习。自己想象有对方进攻，练习相应的防守动作。经过反复强化，建立正确的条件反射，形成稳固的动力定型。

（3）喂递练习。两人一组，一方进攻，另一方防守。为提高防守训练的效果，进攻一方的力度、速度以及招式运用，都要根据练习者的实际能力来调整。

（4）限制条件下的进攻与防守反击练习。掌握防守基本动作后，就应当把防守和反击结合起来训练。防守只是途径，反击才是目的。

倒功

倒功是在倒地时进行自我保护，避免摔伤，增强防护的技能。

前倒

动作要领：在立正姿势的基础上，身体自然前倒，同时两臂屈曲置于胸前，掌心向下，腿挺直，抬头收腹，两手主动拍地，以两掌及小臂着地。

倒地后，迅速翻身，以背着地，勾头屈膝，成地面防备势，做好地面缠斗准备。

前倒基础动作

后倒

预备姿势：在立正姿势的基础上，左脚向左跨一步（约等于肩宽），屈膝半蹲，两臂后摆，五指并拢，四指微屈，掌心向后，上身微向前倾。

动作要领：在预备姿势的基础上，两臂前摆，上身后倒，同时起右（左）腿，挺腹勾头，两手及小臂主动拍地（臂与身体约呈 90°），以臂、背部着地。

倒地后，勾头屈膝，成地面防备势，做好地面缠斗准备。

后倒基础动作

还有一种后倒为进攻性后倒。将两手环抱于胸前，上身后倒，以左肩或右肩着地，倒地后用脚蹬地，挺腹仰头，迅速转身。

侧倒

以向左侧倒为例。在后倒预备姿势的基础上，左腿向右上方踢出，上身后仰，拧腰转体带动右腿向左抢摆，以右脚全脚掌、两手、小臂及身体左侧着地，右腿在上，两腿弯曲成剪式。

向右侧倒时，动作相同，方向相反。

倒地后，迅速摆头屈膝，成地面防备势，做好地面缠斗准备。

侧倒基础动作

醉倒

在后倒预备姿势的基础上，右脚向前向外滑步，身体向右转，上身后仰，右臂弯曲，由内向外画弧线，小臂拍地，同时左手撑地，小臂前伸，身体右侧着地，左腿弯曲，脚尖着地。

起立

在侧倒后地面防备势的基础上，身体前倾，左手撑地，右腿屈膝，臀坐于地，右臂上抬成格挡势，利用左臂的撑力快速起立，成格斗势。

起立基础动作

徒手搏斗重点技术

基础动作训练的是基本功。在徒手搏斗中，根据攻防意图，针对人体要害与易控关节，应时应运地把基础技术组合起来使用，虚实结合，就构成了各种应用招式。而这些招式中，最为突出、最具特点的就是摔法、缠斗与降伏技术。

摔法

摔法，是指在近距离或贴身搏斗中使对方倒地的技术。俗话说："三年把式不如一年跤。"一方面，练习摔法会使核心力量、爆发力等能力得到全面提升；另一方面，摔法使用得好，不但能给予对方沉重打击，还能使其惊慌失措，承受巨大的心理压力，进而有利于我们制伏对方，化解危机。

摔法既能运用于主动进攻，也能运用于防守反击，内容丰富，技法繁多。但不管招式怎么多、怎么变，所遵循的都是"道之阴阳，变中有常"。"变中有常"，意思是有变就有不变，变的是招式，不变的是根据对方的力道及其走向，顺摔反别，破坏或控制对方的重心，从而将其摔倒的原则。如果我们还能配合踢、打等多种技术，摔打结合，就能让对方防不胜防。

本着防身自卫的目的，在摔倒对方之后，要么努力使自己保持站立，迅速离开，要么与对方一起倒地并争取占据一个好位置，以便于在缠斗中使用关节技制伏对方，化解危机。我们在此介绍几种最常用、最简单易学的摔法。

抱臂摔

抱臂摔是最常用的一种摔法，简单易学，效果很好。

抱单臂

抱单臂是抱臂摔的基础动作。其他抱臂摔都是在抱单臂动作的基础上，在局部的动作和力道上做出些许调整而来的。抱单臂是典型的顺摔动作。图示中，绿色箭头表示步法，橙色箭头表示动作方向或用力方向，橙色圆圈圈出部分为重点部位。

抱单臂

①
a. 抓住对方一只手臂

b. 上身前倾，重心前压

c. 右脚向斜前方上步

②
b. 身体继续向前抵近对方，重心向右脚移动

c. 侧身，双手抓住对方一只手臂

a. 右脚从之前位置迈到对方两腿之间

③
b. 抱紧对方手臂，迅速转体俯身，将身体重心放在右肩，使右肩向地面下压，直至将对方带入地面

c. 摔的过程中将对方手臂拉向自己，紧紧控制住

a. 随转身，左脚前掌向外旋转，右脚移向右前方

④
单膝跪地，保持重心稳定，上身下压，用肩部压住对方肋部或胸部，下一步可击打或降伏对方

　　所谓顺摔，就是顺对方力道走向突然发力，同时在对方必经的施力路径上，"造"一个"支点"或"绊脚石"，将其摔倒。顺摔包含 4 个要点：①顺着关节屈曲的方向做动作；②顺着对方的力道发力；③顺摔的力量主要源于转腰、转肩、转髋、转身的合力；④要有"支点"或"绊脚石"。这里说明一下，"力道"也称"劲道"，指对抗中主要力量的做功方向和位置。

抱臂背摔

　　很多时候，仅仅使用一次摔法是不能克敌制胜的，即便已经把对方摔倒了，他还是可以爬起来继续战斗。为了在摔倒对方后做出后续动作，可以在抱单臂的基础上加上过背的技术。这样不但能使自己处于站立姿势，还使得摔法中的支点变高了，对方会摔得更疼。

① a. 一只手抓住对方一只手臂，另一只手击打对方腹部

b. 上身前倾，重心前压

c. 右脚向斜前方上步

② a. 迅速侧身前冲，抵近对方

b. 继续控制对方手臂

抱臂背摔

③ a. 右脚、左脚先后快速落地，膝盖弯曲，胯向后顶住对方

b. 迅速完成转身，背对对方，重心放在两脚之间，以肩关节为支点，扛起对方

④ 保持重心稳定，抓紧对方手臂，臀部向后发力，弯腰，将对方从背部向前、向下掷向地面

⑤ 摔倒对方时，控制好自己的重心，完成摔倒动作后，可以放开对方手臂，也可以不放，继续控制动作

⑥ 左手拧腕，以左大腿为支点，别住对方手臂，右膝跪压对方肋部，右拳击头

抱臂夹颈摔

抱臂夹颈摔是在抱臂背摔的基础上调整了右手搂抱的位置，其他动作不变。这个动作的改进可以增加摔倒对方的概率，更重要的是，在摔倒对方之后能占据有利位置，以便顺势做肩颈肘关节技，完全降伏对方。

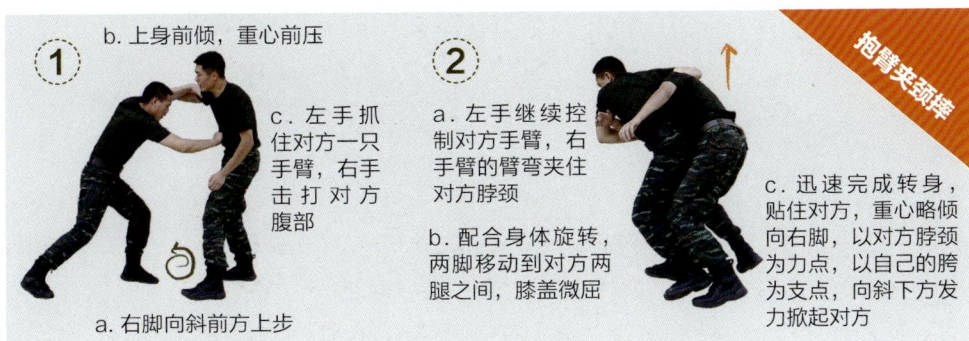

① b. 上身前倾，重心前压

c. 左手抓住对方一只手臂，右手击打对方腹部

a. 右脚向斜前方上步

② a. 左手继续控制对方手臂，右手臂的臂弯夹住对方脖颈

b. 配合身体旋转，两脚移动到对方两腿之间，膝盖微屈

抱臂夹颈摔

c. 迅速完成转身，贴住对方，重心略倾向右脚，以对方脖颈为力点，以自己的胯为支点，向斜下方发力掀起对方

③ 转身拧腰，将对方砸向地面，身体重量压在对方胸口，加强伤害

④ a. 落地后，用身体重量继续压制对方，为下一步制伏动作做准备
b. 右手臂继续夹住对方脖颈，左手控制其手臂

c. 右腿蜷缩，顶在对方后背，左腿立起

⑤ a. 用身体重量压住对方脖颈和胸部，控制对方，不让其起身反击

b. 右腿移动到前方，用腘窝夹住对方右小臂

c. 左手抓住对方右手的腕部和前臂，压到小腿下

⑥ b. 左右手搭扣收紧，夹住对方颈部，身体后仰，向上提拉对方头部，别锁其肩肘，达成制伏对方的目的

a. 小腿回收夹紧，锁住对方手臂

c. 继续用体重压制对方，根据动作调整重心，始终压住对方胸部

抱臂架梁脚

　　这是在对方防止我做抱臂背摔的时候，向我右侧躲闪，我顺其躲闪方向和力道的转向做出的应对动作。因为不能以胯、臀为支点做过背摔，所以出脚阻绊。

① a. 双手抓住对方手臂

b. 以右腿为原点，身体向左旋转带动对方重心

c. 右脚从僵持位置踩到对方两脚之间，重心移向右腿

② a. 双手紧抓对方手臂，配合身体旋转

b. 利用身体旋转的力量，使对方失去重心，被迫跟随我向左移动

c. 重心放在右脚，左腿抬起扫击对方腿部，使对方失去重心而跌倒

抱臂架梁脚

③ a. 对方倒地后，我左脚落地

b. 调整重心，身体转向对方

c. 一只手继续控制对方手臂，另一只手准备击打

④ a. 左脚后撤，成弓步，以配合身体动作，重心略向前

b. 面向倒地对方，用拳法击打其面部，彻底制伏对方

拉臂手别

对方防止我做抱臂背摔，向我右侧移步闪身时，我顺其躲闪方向和力道，顺势做崴桩，利用拉臂、手别的合力将其摔倒。

崴桩：是指利用身体猛然旋拧的力量带动步型转换，气往下沉，劲聚膝下的动作。

手别：指用手或手臂固定对方的某一个身体支点，从而阻止对方移动。

① 双方成僵持状态时，通过两臂控制对方，重心保持稳定

拉臂手别

② a. 双手控制对方一只手臂

c. 身体贴住对方向左旋转，带动对方重心

b. 右腿插入对方两腿之间

③ a. 一只手继续拉住对方手臂旋转，另一只手按住对方膝盖或抓住对方腘窝，阻止对方向我左侧移步

b. 崴桩变左弓步，带动对方向左旋转

c. 右腿从对方两腿间向后蹬地伸展，重心移向左腿

④ 双手位置不变，身体继续发力旋转，使对方由于腿部被控制无法移动而摔倒

⑤ 对方倒地后，调整步伐使重心稳定，用膝盖压住对方，一只手继续控制，另一只手进行击打

抱臂切摔（脑切子）

抱臂切摔，是抱单臂的又一个变形技术。对方防止我拉拽而向后用力时，我顺

其力道，突然贴近，以一手抱住对方手臂，另一手大臂切脖，脚下绊腿，加上身体旋转的合力摔倒对方。这个摔法也使我占据了顺势做肩、颈、肘关节技的好位置。

① 两人僵持状态下，保持重心稳定，左脚在前

② a. 身体重心前冲，压迫对方，使对方腰部后折

b. 左脚向斜前方上一小步；右腿绕到对方身后，别住对方的腿，以防对方后撤

c. 左手将对方拉向自己，右大臂切撞下压对方脖颈，配合转体，将对方向我左前方切摔

③ 身体继续前压，重心下沉，与对方同时倒地，继续控制对方

④ a. 右手勒住对方脖颈，左手控制对方手臂

b. 左腿支撑立起，配合身体压制对方

抱臂切摔

抱臂绊摔（大外刈）

抱臂绊摔与抱臂切摔动作相近，但动作过程中的小细节和力道不同，因而摔倒对方后的控位也不同。抱臂绊摔以站立位结束，可衔接跪锁喉压制对方颈部、拧臂的控制动作。

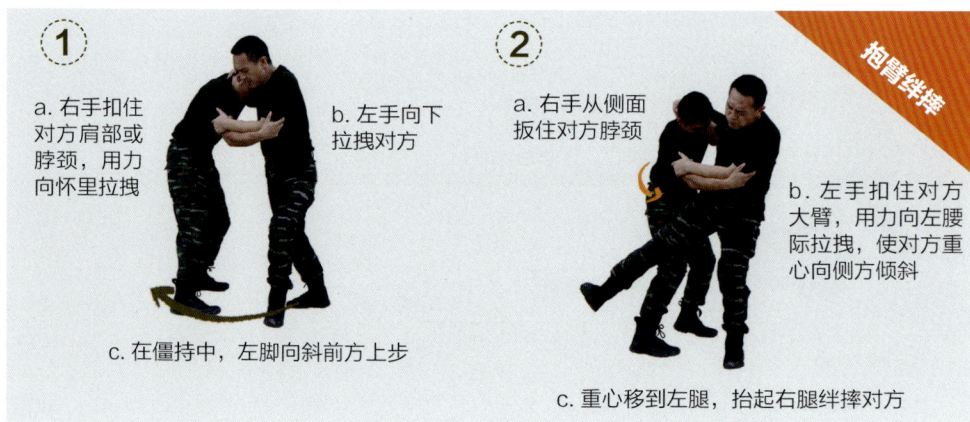

① a. 右手扣住对方肩部或脖颈，用力向怀里拉拽

b. 左手向下拉拽对方

c. 在僵持中，左脚向斜前方上步

② a. 右手从侧面扳住对方脖颈

b. 左手扣住对方大臂，用力向左腰际拉拽，使对方重心向侧方倾斜

c. 重心移到左腿，抬起右腿绊摔对方

抱臂绊摔

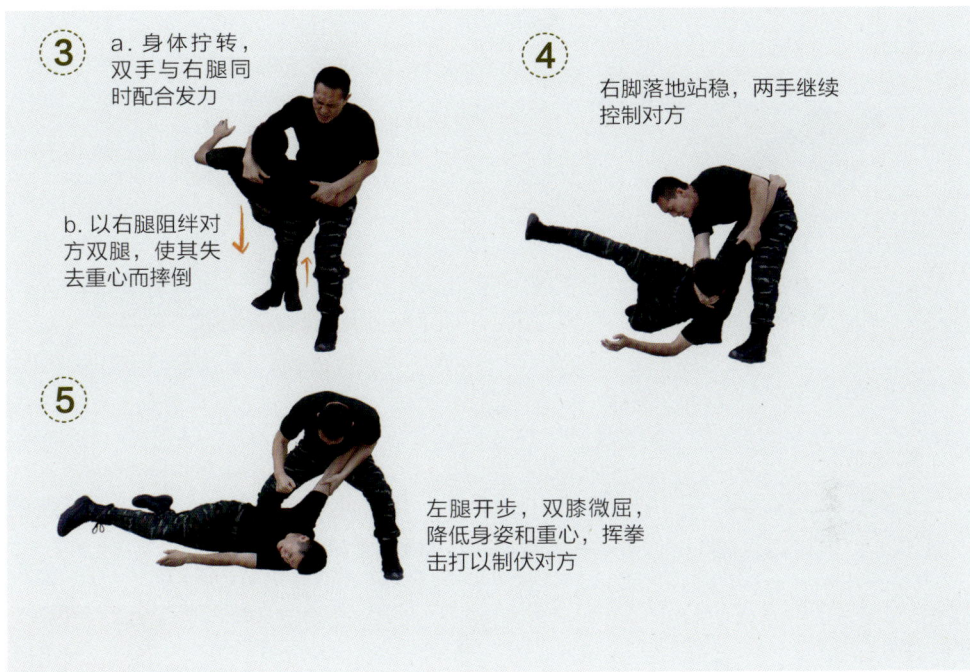

③
a. 身体拧转，双手与右腿同时配合发力

b. 以右腿阻绊对方双腿，使其失去重心而摔倒

④
右脚落地站稳，两手继续控制对方

⑤
左腿开步，双膝微屈，降低身姿和重心，挥拳击打以制伏对方

抱腰摔

抱腰摔是典型的控制对方重心的摔法，所以对力量的要求相对要高一些。

合浦搂

合浦搂是抱腰摔中少有的对力量要求不高的技巧型摔法。从正面抱住对方向后推的同时，用脚阻绊对方准备后撤的一条腿，顺势将对方摔倒，而我处于站立位。

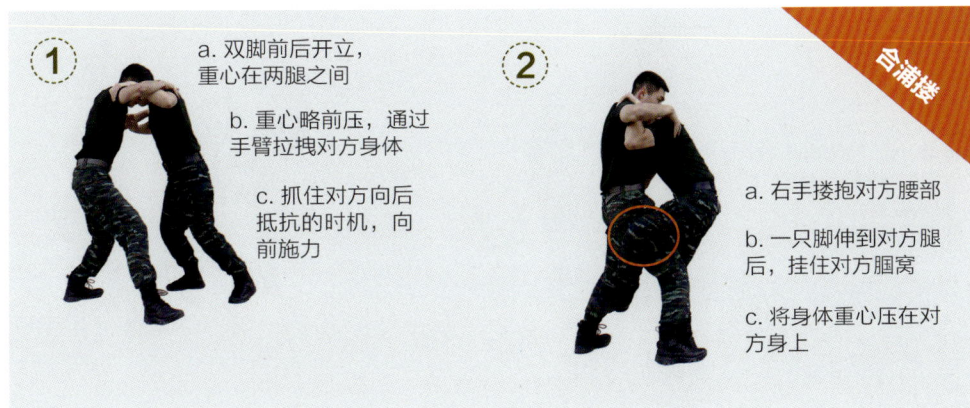

①
a. 双脚前后开立，重心在两腿之间

b. 重心略前压，通过手臂拉拽对方身体

c. 抓住对方向后抵抗的时机，向前施力

②
合浦搂

a. 右手搂抱对方腰部

b. 一只脚伸到对方腿后，挂住对方腘窝

c. 将身体重心压在对方身上

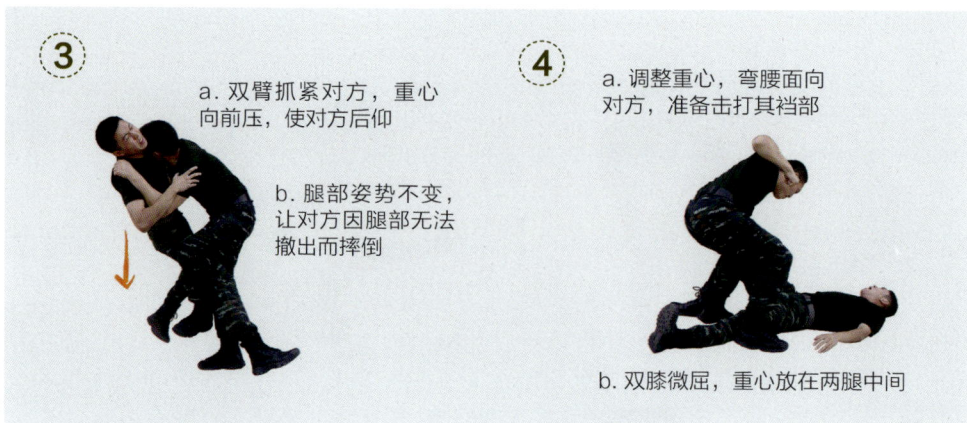

③
a. 双臂抓紧对方，重心向前压，使对方后仰

b. 腿部姿势不变，让对方因腿部无法撤出而摔倒

④
a. 调整重心，弯腰面向对方，准备击打其裆部

b. 双膝微屈，重心放在两腿中间

抱腰折

抱腰折是力量型摔法。在与对方的缠斗中，重点是形成折腰合力。如果折腰的力量不足，也可以做崴桩，右弓步变左弓步，摔倒对方。

①
a. 缠斗时，身体前倾，重心落于两腿之间

b. 用额头顶住对方右胸，左手推其右臂，右手从其左腋下穿过，搂住其腰部

抱腰折

②
a. 右手持续搂对方腰部，上右脚，置于对方两腿之间

b. 继续用额头或下颌顶住对方右胸，使其重心不得前移，只能向后

c. 左手搂住对方腰部

③
以头顶住对方上身，向前发力，抱腰搭扣的双手用力往自己怀里搂，形成折腰合力，使对方彻底失去重心

④
继续施加力量，使对方向后摔倒

⑤ 重心下降，随对方倒地，用肩顶其巨阙穴，随后进入地面缠斗

⑥ 在地面缠斗中，借助在上方位先前动作的优势，可以实施肩绞，也可以骑乘并攻击对方面部

抱腰崴

若力量和技术都没有达到过桥摔的要求，可以做崴桩，把过桥变成左弓步，做崴桩摔。

抱腰崴

① a. 身体向前冲击对方，用肩部撞击其前胸

b. 一条腿上步到对方两腿之间

c. 双手环抱其腰部，紧紧控制住对方

② 身体直立挺起，两腿蹬地，发力将对方抱起

③ a. 做崴桩，移动重心

b. 侧转身，将对方掷向地面

④ 对方倒地后，我同时蹲身，可做进一步制伏动作

前抱腰侧摔

前抱腰侧摔操作相对简单。需要注意的是，在抱腰之前的缠斗中要防住对方的膝法。

①
a. 双手抱住对方腰部

b. 重心略降低，从正面贴住并挤压对方

c. 将对方两腿控制在自己两腿中间

②
b. 向右后转身

c. 重心移到左腿，抬起右腿将对方扫倒

a. 抓住对方腰部或衣物，将对方拽起

前抱腰侧摔

③
a. 右脚落地，重心下降

b. 保持重心稳定，弯腰将对方掷向地面

c. 待对方失去重心后，松开双手

④
弯腰保持重心稳定，两膝盖分别跪压对方肩部、胯部，一手按住对方腹部控制对方，另一只手击打

抱腰过背摔

这是在抱臂背摔的基础上演化而来的。与对方缠斗时，若没有形成抱臂或夹颈的机会，也可以抱腰过背。

①
a. 冲向对方，重心前压

b. 向前迈步，成弓步

c. 左手抓住对方手臂

d. 右手击打对方心口或腹部，使其不能还击

②
a. 身体旋转，用臀部顶住对方腹部

b. 配合身体转动，两脚交叉换步，双腿微屈

c. 左手继续控制对方手臂，并将对方拉近我

d. 右手从对方腋下穿过，控制对方

抱腰过背摔

③
a. 挺膝，撅臀，弯腰，转体

b. 左手抱住对方右大臂，使其紧贴我左腰际

c. 右臂随身体旋转向左侧用力

④
一只手保持控制，另一只手松开

⑤

a. 右膝跪压在对方肋部，左膝跪锁喉

b. 上身直立，重心下降，压住对方

c. 两只手控制对方一只手臂，用右髋骨别住其肘关节

d. 右手使用关节技，向内控制对方的腕关节

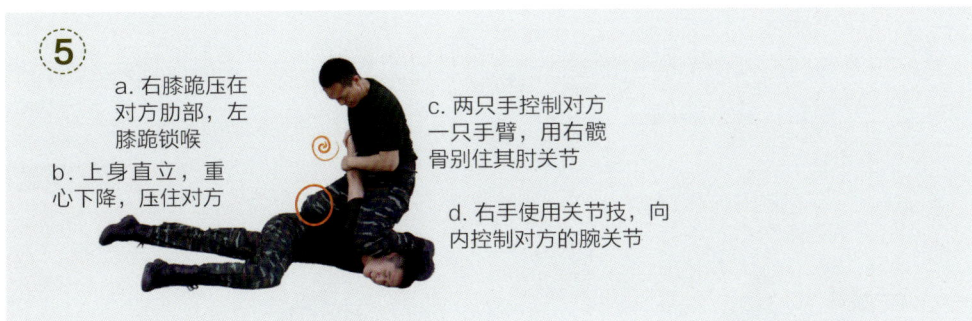

后抱腰退绊摔

这是对技巧和力量要求都不高的摔法，操作简单。在缠斗中，我移动到对方侧后方，抱住对方腰部，身体向下坐、稍向右转，利用拉拽和绊腿将对方摔倒。

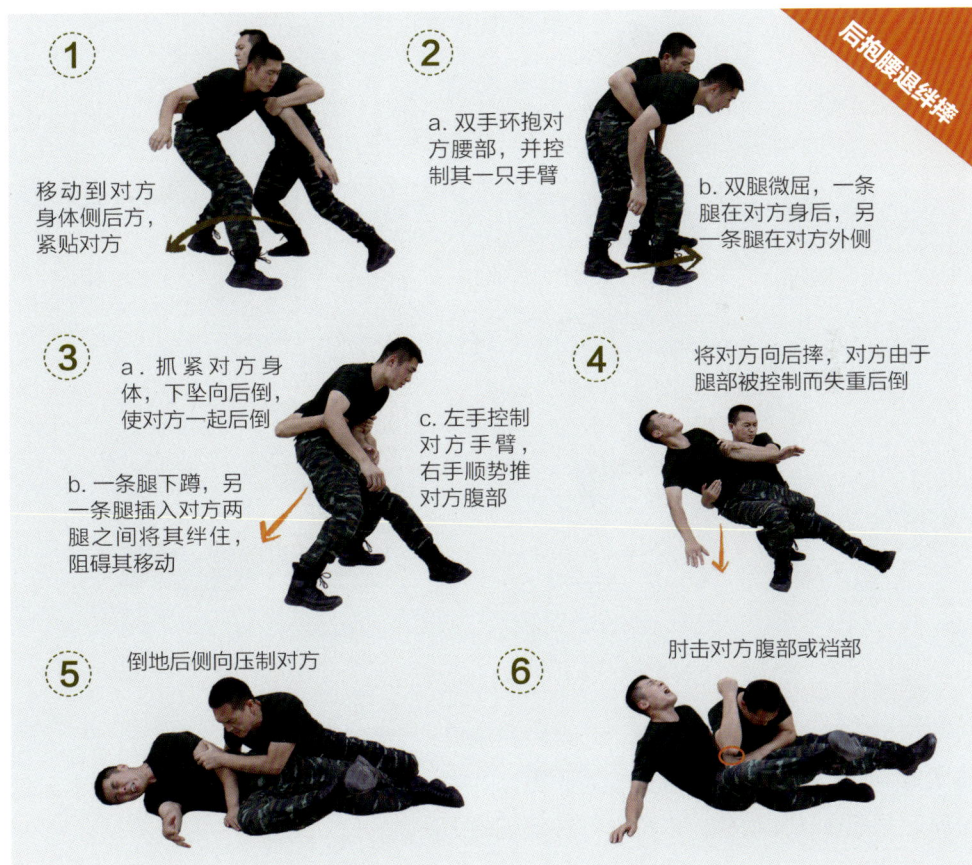

① 移动到对方身体侧后方，紧贴对方

②
a. 双手环抱对方腰部，并控制其一只手臂

b. 双腿微屈，一条腿在对方身后，另一条腿在对方外侧

后抱腰退绊摔

③
a. 抓紧对方身体，下坠向后倒，使对方一起后倒

b. 一条腿下蹲，另一条腿插入对方两腿之间将其绊住，阻碍其移动

c. 左手控制对方手臂，右手顺势推对方腹部

④ 将对方向后摔，对方由于腿部被控制而失重后倒

⑤ 倒地后侧向压制对方

⑥ 肘击对方腹部或裆部

后抱腰侧摔

此摔法与前抱腰侧摔动作要领相同，只是抱的方向不同。先移至对方后侧，抱腰提起对方重心，将其摔倒。

① a. 双手抓住对方一只手臂
b. 重心略向前，有前冲趋势
c. 双脚前后开立，重心前脚六分、后脚四分

② a. 一只手继续抓住对方，另一只手伸向其腰部
b. 向对方后方移动

后抱腰侧摔

③ a. 绕至对方身后，紧贴对方后背
b. 双手在对方腰部搭扣，将其抱紧
c. 两腿微屈，为蹬地做准备

④ b. 双手保持之前的姿势，双脚蹬地将对方抱起
a. 重心移到右腿，左腿借力抬起

⑤ b. 右脚落下的同时转体，将对方掷向地面
a. 右脚向斜后方撤步，重心移到两腿之间
c. 对方失重落下后，松开双手

⑥ a. 跪步压住对方腰部，固定对方
b. 挥拳打击对方后脑、脊柱等要害部位

后抱腰过桥摔

这是抱腰摔最经典的技术，一旦顺利施展，会给对方造成极其严重的创伤。该技术对力量和技巧的要求都比较高。在比赛中，为了减轻对对方的伤害，要求在过桥时必须配合转体动作，以免对方头部或颈部着地。

抱腿摔

从徒手搏斗的角度看，抱腿摔是制伏成功率最高的一种摔法。抱腿摔分为主动抱腿摔和被动接腿摔。我们在比赛中经常看到主动抱腿摔，感觉这一招式非常漂亮、霸气。因为比赛规则限制，选手不允许击打后脑，不可使用双峰贯耳、足球踢这些杀伤力极强的动作，所以只需要应付对方迎面的膝击，保护头部不被命中就好。但在实际防卫搏斗中，要谨慎使用抱腿摔。因为在抱腿的同时，我们把自己放在了低位，特别是把自己的头部暴露给了对方，很容易被击打到。从防卫的角度考虑，被动接腿摔使用更频繁，招式也更多。

接腿摔，是先抄抱住对方的攻击腿，然后运用推托、拉拽、旋拧、钩绊等技巧控制和破坏对方身体重心，从而将其摔倒的技法。

接腿上托

当对方蹬踢我躯干时，我撤步后闪，以内十字手接腿，并迅速进步，两手举起对方的腿上托并向后推，摔倒对方。

① a. 当对方蹬踢我躯干时，我后退半步，躲开攻击
b. 双手抓住对方的脚踝、脚掌
c. 两脚前后开立，保持身体灵活稳定

② a. 向前疾进，冲击对方
b. 双手向前抓至对方小腿，将对方腿部上抬到极限
c. 两脚快速进步

接腿上托

③ 摔倒对方后，继续贴近，准备进一步制伏

④ a. 保持身体在对方身侧
b. 弯腰击打对方头面部或裆部，彻底制伏对方

接腿涮摔

对方抬起左腿做前蹬腿时，我撤步后闪，以内十字手抄抱对方攻击腿，迅速调整自己的身体重心，变换步型，双手用力画弧线涮动对方的攻击腿，摔倒对方。

接腿涮摔是接腿上托的一个变形技术。二者的差别主要是在破坏对方身体重心的技法上。接腿上托是自己进步推动对方身体重心，接腿涮摔是利用涮腿动作拉拽对方身体重心。

接腿涮摔

① 做好格斗姿势，通过对方的动作判断出其出腿的方向

② a. 当对方蹬踢我躯干时，我后退半步，躲开攻击

b. 双手以抄抱手挡抓对方脚跟、脚掌

c. 两脚前后开立，保持身体灵活稳定

③ a. 双手将对方腿部向斜上方举起

b. 身体重心下降

c. 同时向侧方移步

④ a. 两腿成马步，保持重心稳定

b. 俯身弯腰，迅速将对方腿部弧线下拉

⑤ a. 双脚位置不变，由马步变弓步，再蹬地站起

b. 在身体站起的同时，双手抓紧对方脚踝弧线上提

c. 带动对方重心，迅速猛力将其摔倒

⑥ 摔倒对方后，继续控制其腿部，同时踩踏其小腹或裆部，彻底制伏对方

接腿勾踢

对方起左侧踹腿时，我撤步后闪，收腹，以内十字手抄抱对方攻击腿，而后迅

速进步，勾踢对方支撑腿，将其摔倒。

① 对方起左侧端腿攻击我时，我迅速撤步，收腹

② a. 以内十字手抄抱对方的攻击腿

b. 迅速交叉步，调整姿势，准备向前进步

接腿勾踢

③ a. 双手向左侧腰际拉拽对方的攻击腿，破坏其身体重心

b. 变换抄抱手位置，左手扣压脚踝，右肘窝上顶对方腘窝

④ 迅速进步，贴近对方，起右脚勾踢对方支撑腿的脚踝

⑤ 调整身体重心，保持站立

⑥ 摔倒对方后，右脚落地成格斗势

接腿打腿

对方起左横踢腿时，我右抄抱接腿，身体向右转的同时向前垫步，左脚绊扫对方支撑腿，将其摔倒。

① 通过观察对方重心的移动和步伐的变化，预判对方要使用哪一种腿法进攻

② a. 对方起左横踢腿攻击我，我进步侧身右抄抱，接住对方的攻击腿

b. 双脚随身体转动，保持身体灵活，重心稳定

接腿打腿

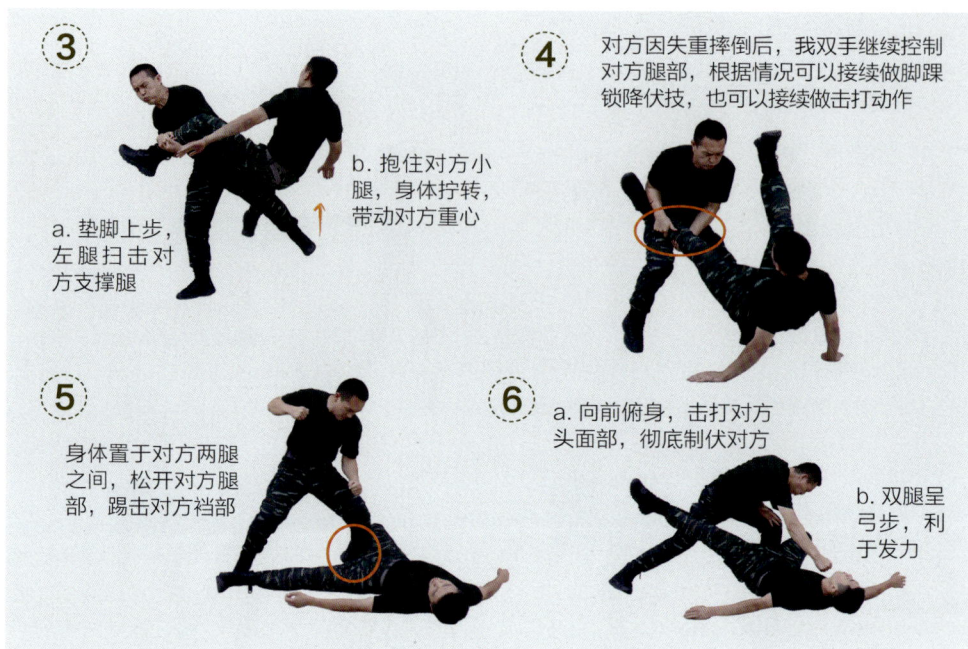

③ a. 垫脚上步，左腿扫击对方支撑腿

b. 抱住对方小腿，身体拧转，带动对方重心

④ 对方因失重摔倒后，我双手继续控制对方腿部，根据情况可以接续做脚踝锁降伏技，也可以接续做击打动作

⑤ 身体置于对方两腿之间，松开对方腿部，踢击对方裆部

⑥ a. 向前俯身，击打对方头面部，彻底制伏对方

b. 双腿呈弓步，利于发力

接腿压腿

接腿压腿，这个技术是抄抱对方弧线形攻击腿法之后的一个绊法。与接腿打腿前半程动作几乎一致，只是在破坏对方身体重心的做功处和自己的发力点不同。接腿打腿的技术关键点是扫绊对方支撑腿，而接腿压腿的技术关键点是拧压对方攻击腿。

① a. 身体向前迎击对方，在对方腿抬起但又未完全发力前抵近对方

b. 以左手在上，右手在下的外十字手抄抱对方攻击腿

c. 两腿膝盖略屈，保持身体灵活稳定

② a. 右脚迅速上步近身，以肩部和右大臂外侧撞击对方大腿根部

接腿压腿

b. 双手控制对方整条腿，右胸紧贴其大腿，使其膝盖不能弯折，控制其重心

c. 右腿绊住其支撑腿，使其不能移步而失去平衡

③ 稳住双腿重心，抱住对方腿部，左手向上提拉其脚踝，猛然弯腰，以右胸和右大臂内侧向下顶压对方大腿将其压倒

④ a. 对方倒地后，我重心下降，两腿成马步站稳，弯腰面向对方

b. 一只手配合腿部、躯干继续控制对方，另一只手击打对方裆部，彻底制伏对方

掀腿压颈

掀腿压颈是以外十字手抄抱对方弧线形攻击腿法之后常用的一个摔法。以抄抱对方的右横踢腿为例，该摔法是以左手在下、右手在上为发起动作的，这一点刚好与接腿压腿相反。由此可见，抄抱时，左右手的位置与接续摔法关键动作的顺畅度密切相关。

掀腿压颈

① a. 对战时预判对方的攻击动作

b. 当对方以右横踢腿攻击我时，我左脚向左前方进步，主动迎击，左抄抱对方右腿

c. 双脚前后开立，保持重心稳定

② a. 左脚向前上半步，左手继续控制对方腿部，右手反手搂住对方后颈部

b. 重心移到左脚，起右脚踢击对方支撑腿的脚踝或胫骨

③ a. 右脚踢击对方支撑腿的同时身体向右拧转，保持重心稳定

b. 右手下压对方颈部，左手向上掀其腿

④ 多个动作合力将对方摔倒

⑤ 踩踏对方颈部或头部，彻底制伏对方

拧踝跪膝

该技术与掀腿压颈抄抱时左右手的位置相同，不同的是掀腿压颈是以踢击对方支撑腿为关键点的摔法，而拧踝跪膝是以旋拧对方攻击腿为关键点的摔法。该技术的最后是一个降伏技。

拧踝跪膝

① a. 身体侧转，抄抱对方右横踢腿

b. 右脚向对方方向快速上步

c. 左手兜住对方脚踝，右手准备击打对方

② a. 右脚完成移步，双腿前后开立，保持重心稳定

b. 左手继续控制，右手反手击打对方颈部

③ a. 身体向回微转，将对方小腿抱入怀中

b. 左手继续抱住对方小腿，利用小臂与大臂的合力夹紧其腿部，右手扣住其鞋底或脚尖

c. 两脚位置保持不动，身体重心移到左腿

④ a. 利用身体回转的力量旋拧对方腿部和脚踝，并向右前下折压其小腿使其失去重心向前扑倒

b. 对方倒地时极易带动我扣其脚底的手滑落，因此身体重心当跟随对方一起下降

⑤ a. 对方倒地后，我右脚蹬地，重心上提，身体向左转

b. 左手继续控制对方腿部，身体左转的同时，右手扣住对方脚尖

⑥ a. 向右转体并俯身，利用右手和左大臂的合力拧转对方踝关节

b. 呈半跪姿势，保持身体平衡

c. 利用身体重量压住对方右腿，使其不能蹬腿或抽腿，彻底制伏对方

抱单腿摔

抱单腿摔是主动抱腿摔的基础技术，有头部在内侧和头在外侧之分。在对方欲以拳攻击我时，我用手抓拿对方，使其分心，然后突然下潜，抱住其一条腿，并运用各种技巧将其摔倒。和接腿摔抄抱时左右手的位置与接续摔法关键动作的顺畅度

相关一样，我下潜抱对方腿时，我的头部位置与接续摔法关键动作的顺畅度密切相关。如果抱腿时头部在内侧，可接捆腿、扣膝、锁腿，摔倒对方。

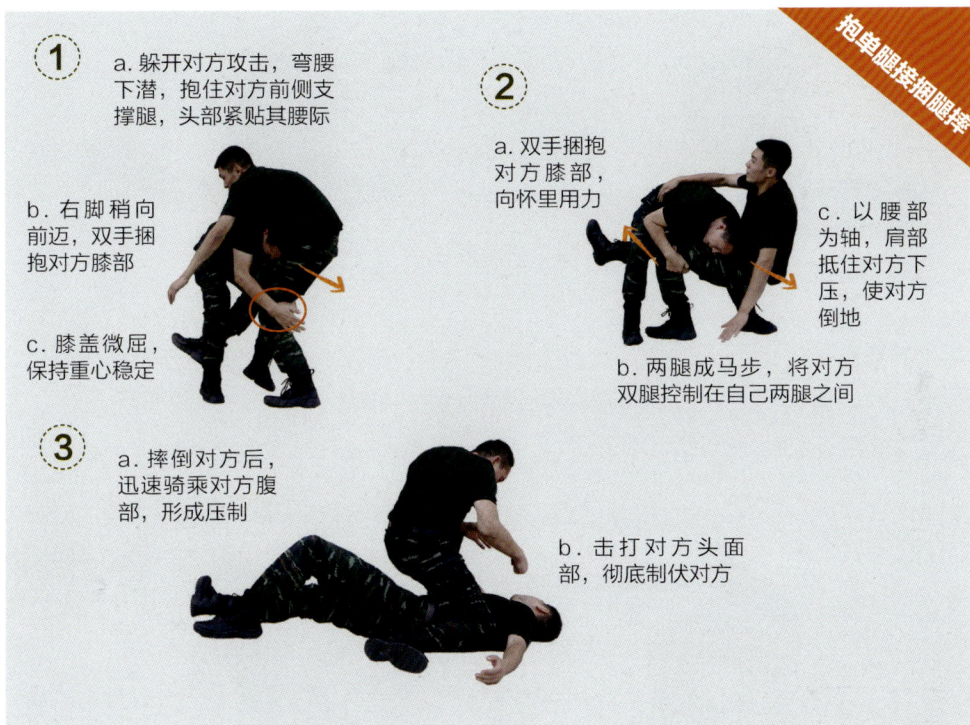

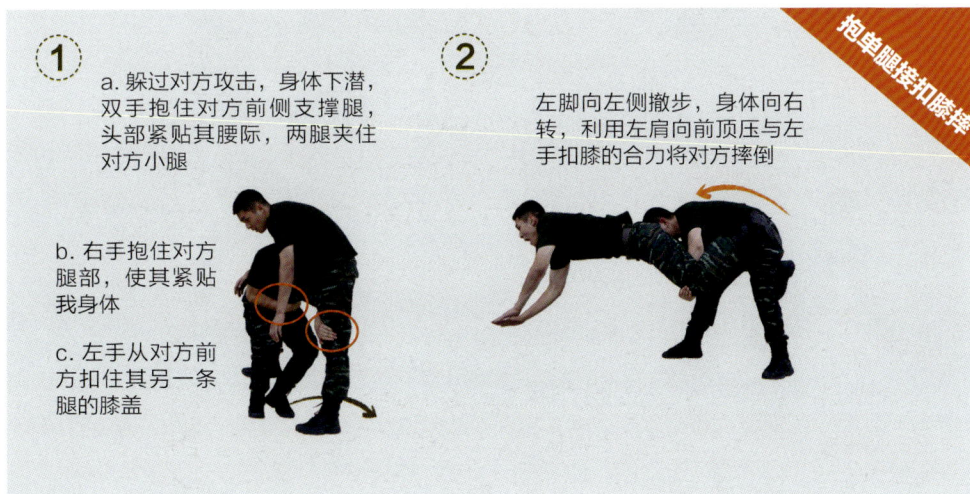

抱单腿接捆腿摔

① a.躲开对方攻击，弯腰下潜，抱住对方前侧支撑腿，头部紧贴其腰际

b.右脚稍向前迈，双手捆抱对方膝部

c.膝盖微屈，保持重心稳定

② a.双手捆抱对方膝部，向怀里用力

b.两腿成马步，将对方双腿控制在自己两腿之间

c.以腰部为轴，肩部抵住对方下压，使对方倒地

③ a.摔倒对方后，迅速骑乘对方腹部，形成压制

b.击打对方头面部，彻底制伏对方

抱单腿接扣膝摔

① a.躲过对方攻击，身体下潜，双手抱住对方前侧支撑腿，头部紧贴其腰际，两腿夹住对方小腿

b.右手抱住对方腿部，使其紧贴我身体

c.左手从对方前方扣住其另一条腿的膝盖

② 左脚向左侧撤步，身体向右转，利用左肩向前顶压与左手扣膝的合力将对方摔倒

③ 趁对方摔倒来不及反应时，迅速骑乘对方腰际，左手猛力向下按压其后脑

④ a. 双手配合，用右臂弯勒住对方颈部，将对方向后、向上提拉

b. 坐在对方腰部控制对方

c. 左腿微屈，左脚撑地，右膝跪地，防止对方翻身

如果抱腿时头部在外侧，则应接撤步转体、肩压大腿，将对方摔倒，或者变上托勾踢，摔倒对方，而后接腿膝踝的降伏技。注意，摔倒对方时要防止对方以剪刀腿反击，将我摔倒。

抱单腿接压腿摔

① 下潜躲闪对方的上肢攻击，迅速抱住其一条腿

② a. 将头置于对方大腿外侧，右肩紧贴对方大腿

b. 右腿穿过对方裆部

c. 左脚向右撤步，身体向左转，右肩向下顶压对方大腿

③ a. 利用撤步转体、肩压大腿的合力将对方摔倒

b. 双手继续控制对方单腿

④ a. 对方倒地后，我保持重心稳定，面向对方

b. 两腿分开，重心降低

c. 击打对方裆部，彻底制伏对方

抱双腿摔

抱双腿摔与抱单腿的前提条件相同，先分散对方注意力，再下潜抱腿。抱腿后可以接向前顶摔、过桥摔或向前涮摔。

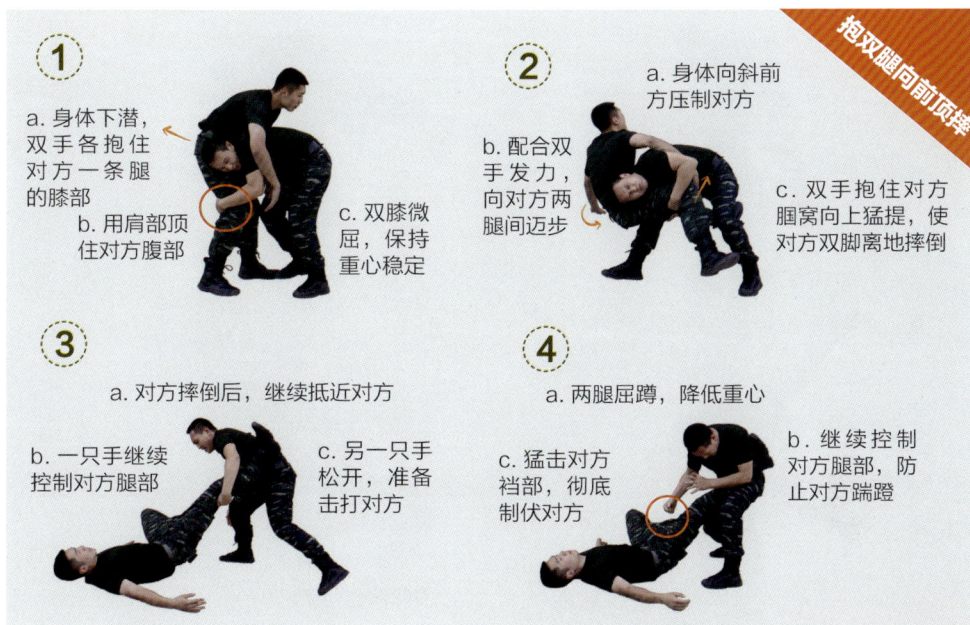

① a. 身体下潜，双手各抱住对方一条腿的膝部
b. 用肩部顶住对方腹部
c. 双膝微屈，保持重心稳定

② 抱双腿向前顶摔
a. 身体向斜前方压制对方
b. 配合双手发力，向对方两腿间迈步
c. 双手抱住对方腘窝向上猛提，使对方双脚离地摔倒

③ a. 对方摔倒后，继续抵近对方
b. 一只手继续控制对方腿部
c. 另一只手松开，准备击打对方

④ a. 两腿屈蹲，降低重心
b. 继续控制对方腿部，防止对方踹蹬
c. 猛击对方裆部，彻底制伏对方

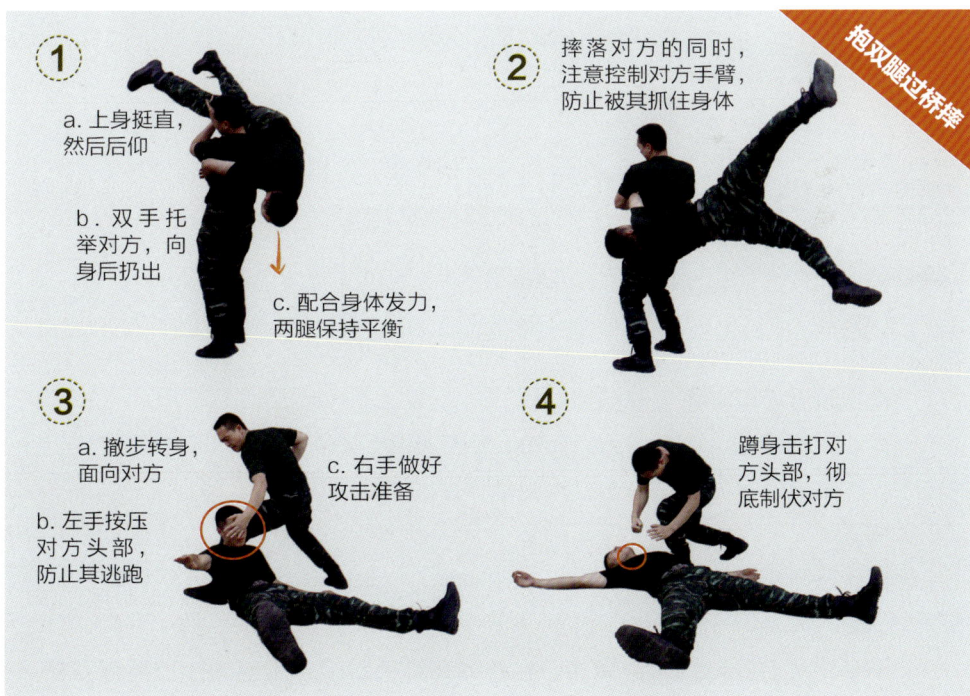

① a. 上身挺直，然后后仰
b. 双手托举对方，向身后扔出
c. 配合身体发力，两腿保持平衡

② 抱双腿过桥摔
摔落对方的同时，注意控制对方手臂，防止被其抓住身体

③ a. 撤步转身，面向对方
b. 左手按压对方头部，防止其逃跑
c. 右手做好攻击准备

④ 蹲身击打对方头部，彻底制伏对方

① b. 双腿蹬地站起

a. 双手抓紧对方腿部

c. 将对方扛在肩上

② 扛起对方后，按逆时针方向旋转

③ a. 逆时针旋转过程中，右手搂住对方大腿向后、向下，再向上用力

b. 左手搂住对方大腿，向怀里用力

c. 逆时针旋转至四分之三圈时，弯腰低头，将对方砸向地面

④ a. 将对方砸向地面时，可让对方头部或后背先着地，增加伤害

b. 双脚站稳，膝盖微屈，重心下落

⑤ a. 弯腰面对对方，保持重心稳定

b. 一只手控制对方，另一只手攻击

c. 双腿成骑龙步

下潜抱腿后还可以将对方向前砸摔。

砸摔动作比较危险，对普通人而言，一旦被摔，非死即伤，即便是擂台之上的摔跤手，也未必能扛得住这一击，因为砸摔摔的是后脑。

绊摔

绊摔，是腿脚功夫及时到位，将对方摔倒的技术。

勾子

勾子是比较有难度的一种摔法。在转体背摔的时候，用腿向上撩挑对方裆部、大腿内侧，形同蝎尾，故名勾子。勾子有时候配合崴桩使用，效果相当好。结合不同的步法，可分为上步勾子、盖步勾子、拖拽勾子。

① 在推搡中，左手抓住对方大臂，右手抓住其手腕，给右侧留出攻击空当

② a. 迅速盖步上前，贴近对方身体
b. 左手抓紧对方手臂，向我左腰际拉拽
c. 右臂搂住对方脖子，弯腰前倾
d. 起右腿后撩，用大腿后侧向上撩击对方裆部

勾子

③ a. 左腿支撑，上身下俯并逆时针旋拧
b. 保持两手臂对对方的控制，使其跟随自己身体的下俯、拧转动作
c. 借助右腿撩挑的力量，将对方向空中抛起，然后向地面摔下

④ 对方摔倒后，左手保持对其手臂的控制，右手拳击其面部，需要时也可以跪击其裆部

绊

绊也称钩，是在对方运动或发力方向的相反方向上，绊住对方的脚踝或脚跟的摔法。可以用脚腕钩，也可以用脚跟绊。

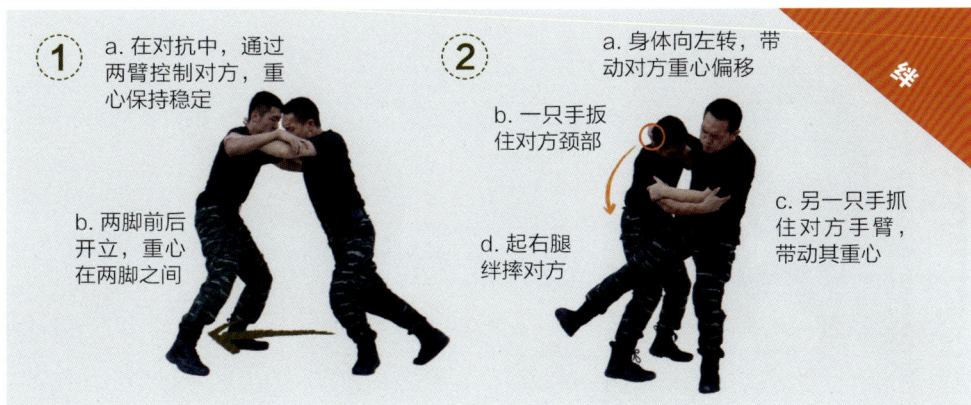

① a. 在对抗中，通过两臂控制对方，重心保持稳定
b. 两脚前后开立，重心在两脚之间

② a. 身体向左转，带动对方重心偏移
b. 一只手扳住对方颈部
c. 另一只手抓住对方手臂，带动其重心
d. 起右腿绊摔对方

绊

③
a. 身体继续向左转，把对方身体转到我左侧

b. 双手固定住对方的大臂、颈部，迫使其身体跟随我转动

c. 右腿阻挡对方腿部向我左侧移动，从而绊倒对方

④
a. 将对方摔倒后，降低身体重心

b. 两臂继续控制对方大臂和颈部，为继续击打做准备

踢

踢是使用最多的一种绊摔腿法。有针对对方单腿支撑时使用的勾踢，比如掀腿压颈，接腿勾踢；也有在车轮步、三点步中使用的踢法，通过破坏对方重心而使其摔倒。无论哪种踢法，都有一个共同的前提，就是须使对方上体倾斜。

①
a. 双臂搭住对方双臂，控制对方

b. 身体前压，顶住对方

c. 两脚前后开立，保持身体灵活稳定

②
两脚使用交叉跳步，迅速向对方侧面移动，同时带动对方重心偏移

踢

③
a. 对方身体重心被我带动，开始移动脚步

b. 左手推住对方右大臂，向外、向上用力

c. 右手拽住对方左大臂，向下、向内用力

d. 身体重心放在左腿，同时抬右腿踢击对方左腿

e. 对方由于重心改变且不能移动脚步而跌倒

④
对方倒地时，松开对方

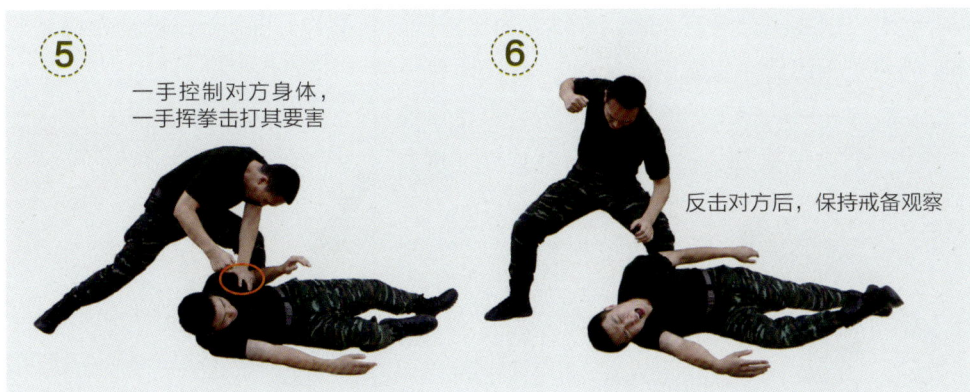

⑤ 一手控制对方身体，一手挥拳击打其要害

⑥ 反击对方后，保持戒备观察

得合

用腘窝夹住对方的腘窝或脚踝，推其上身，使其向后摔倒。夹腘窝是大得合，夹脚踝是小得合。

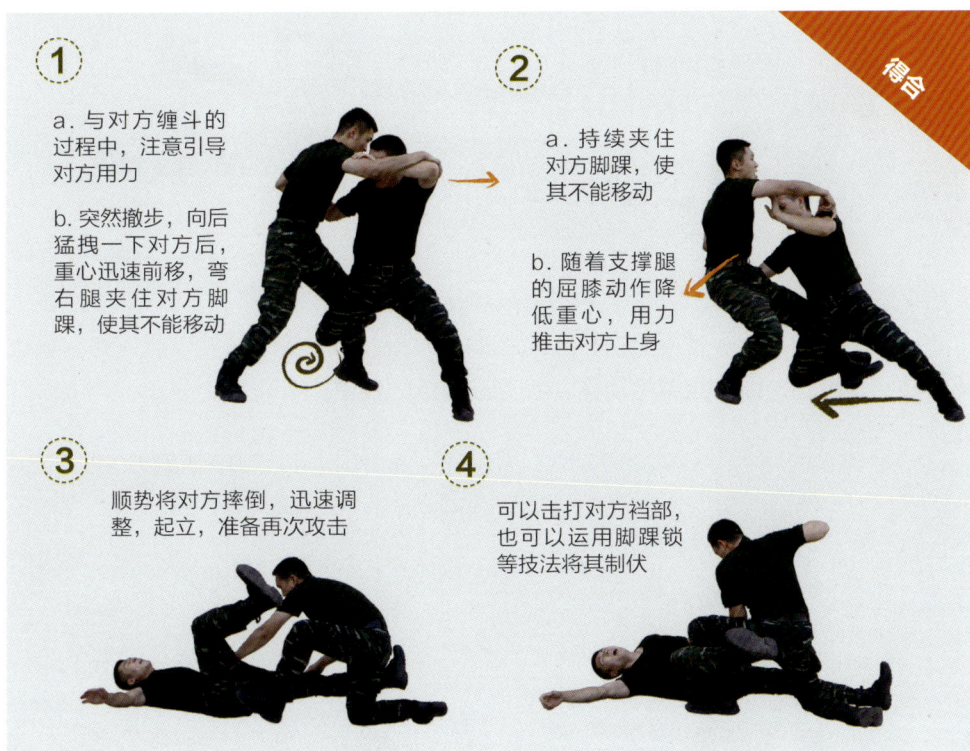

① a. 与对方缠斗的过程中，注意引导对方用力

b. 突然撤步，向后猛拽一下对方后，重心迅速前移，弯右腿夹住对方脚踝，使其不能移动

② a. 持续夹住对方脚踝，使其不能移动

b. 随着支撑腿的屈膝动作降低重心，用力推击对方上身

得合

③ 顺势将对方摔倒，迅速调整，起立，准备再次攻击

④ 可以击打对方裆部，也可以运用脚踝锁等技法将其制伏

别摔

腿别

该技术与勾子相似，不同之处在于，腿别不是通过向上撩挑来破坏对方身体重

心，而是以顶靠阻挡对方大腿，并以此为支点撬动其重心，再配合上肢动作将其摔倒。与勾子相比动作幅度小。

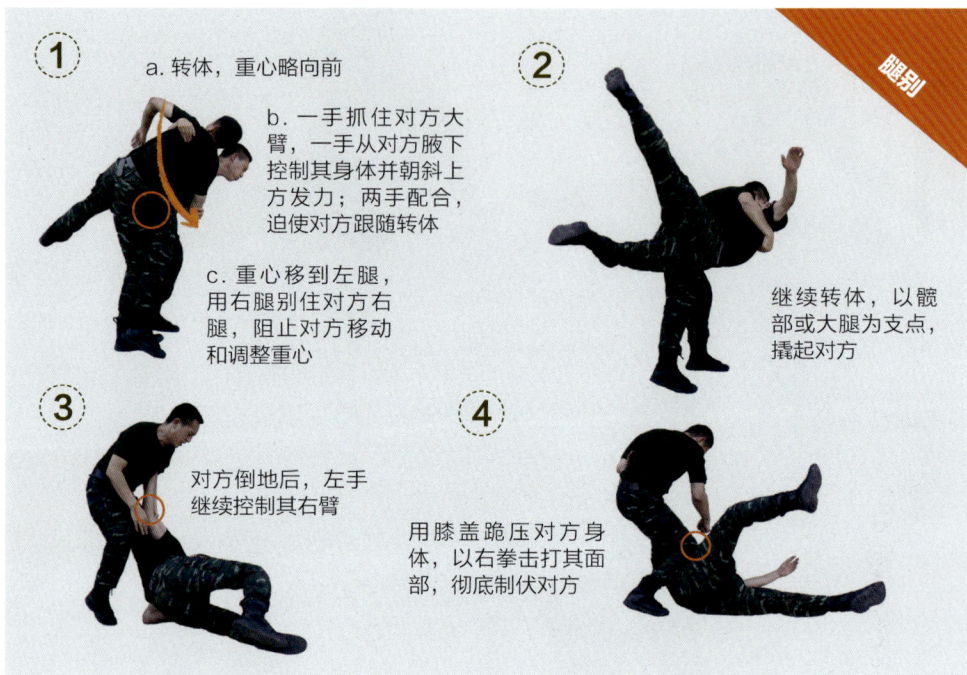

① a.转体，重心略向前

b.一手抓住对方大臂，一手从对方腋下控制其身体并朝斜上方发力；两手配合，迫使对方跟随转体

c.重心移到左腿，用右腿别住对方右腿，阻止对方移动和调整重心

② 继续转体，以髋部或大腿为支点，撬起对方

腿别

③ 对方倒地后，左手继续控制其右臂

④ 用膝盖跪压对方身体，以右拳击打其面部，彻底制伏对方

手别

这是用手或小臂去按压阻挡对方的膝盖、大腿、胳膊等部位并以此为支点撬动其重心，再配合转体、拉臂等动作，将对方摔倒的技法，有左右之分。

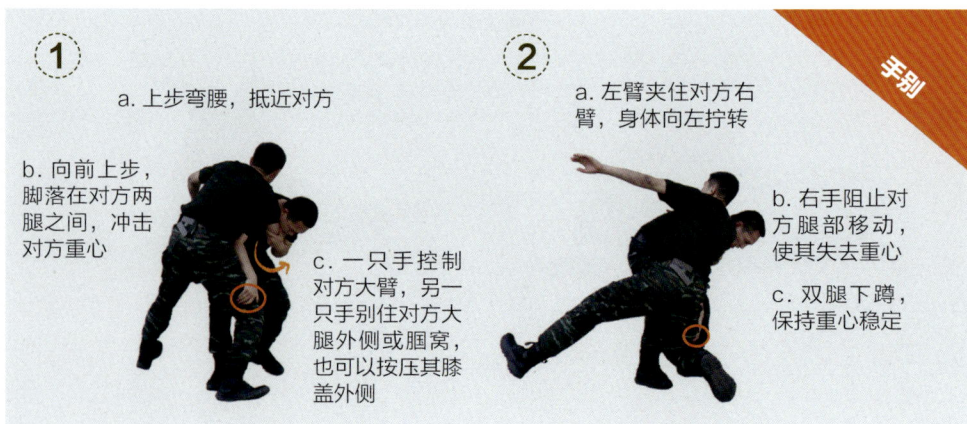

① a.上步弯腰，抵近对方

b.向前上步，脚落在对方两腿之间，冲击对方重心

c.一只手控制对方大臂，另一只手别住对方大腿外侧或腘窝，也可以按压其膝盖外侧

② a.左臂夹住对方右臂，身体向左拧转

b.右手阻止对方腿部移动，使其失去重心

c.双腿下蹲，保持重心稳定

手别

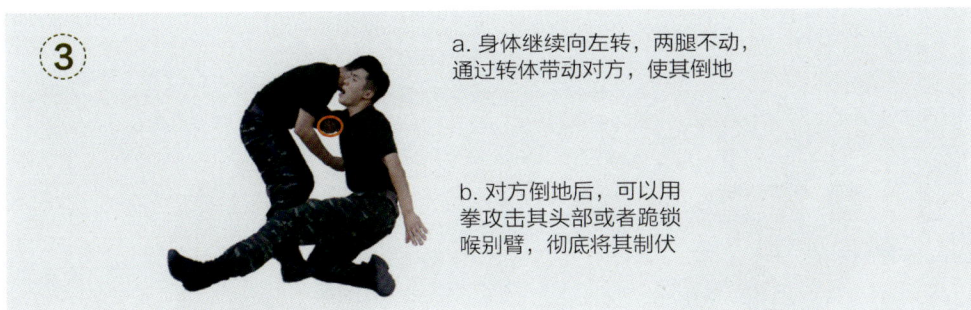

③

a. 身体继续向左转，两腿不动，通过转体带动对方，使其倒地

b. 对方倒地后，可以用拳攻击其头部或者跪锁喉别臂，彻底将其制伏

脚别

这其实是既用手别，也用脚别，在对抗的过程中，往往不能一个动作一次性制伏对方，对方也会变换步型、身位躲闪，这就需要我及时调整动作。除了用手脚别住对方的大腿，还有一种手脚别，即手往上搂对方大臂，脚在下别对方大腿。

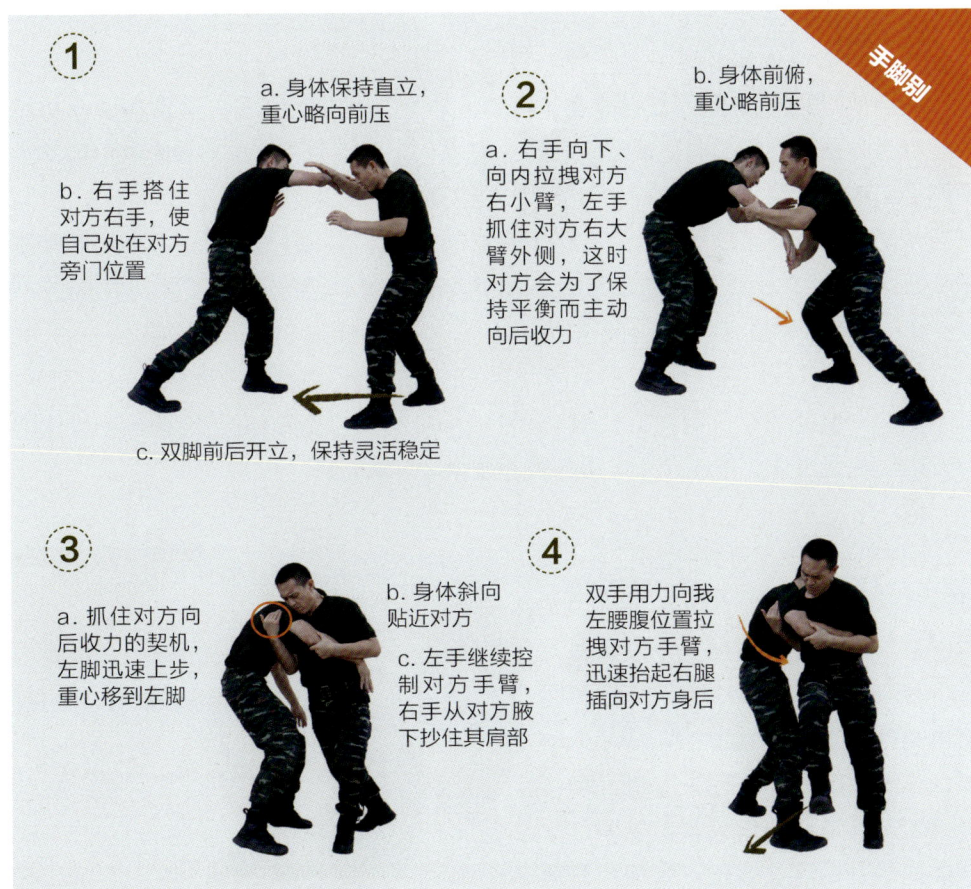

①

a. 身体保持直立，重心略向前压

b. 右手搭住对方右手，使自己处在对方旁门位置

c. 双脚前后开立，保持灵活稳定

手脚别

②

b. 身体前俯，重心略前压

a. 右手向下、向内拉拽对方右小臂，左手抓住对方右大臂外侧，这时对方会为了保持平衡而主动向后收力

③

a. 抓住对方向后收力的契机，左脚迅速上步，重心移到左脚

b. 身体斜向贴近对方

c. 左手继续控制对方手臂，右手从对方腋下抄住其肩部

④

双手用力向我左腰腹位置拉拽对方手臂，迅速抬起右腿插向对方身后

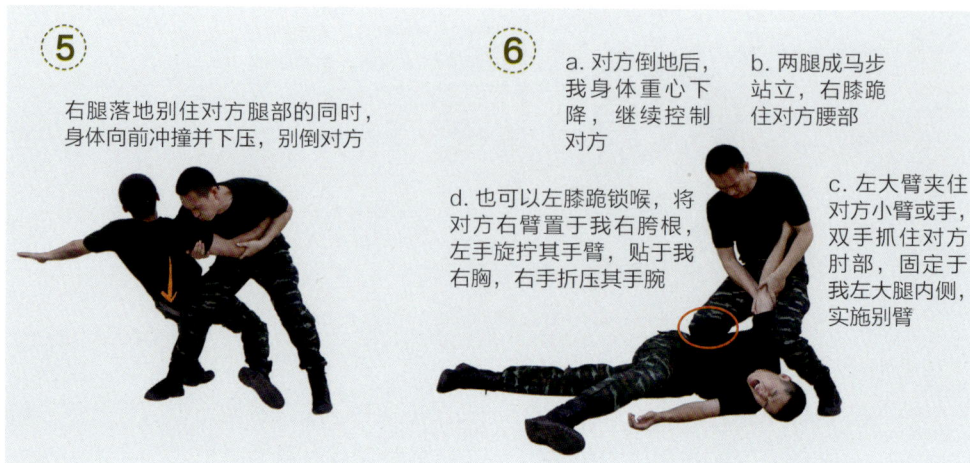

⑤ 右腿落地别住对方腿部的同时，身体向前冲撞并下压，别倒对方

⑥ a. 对方倒地后，我身体重心下降，继续控制对方

b. 两腿成马步站立，右膝跪住对方腰部

d. 也可以左膝跪锁喉，将对方右臂置于我右胯根，左手旋拧其手臂，贴于我右胸，右手折压其手腕

c. 左大臂夹住对方小臂或手，双手抓住对方肘部，固定于我左大腿内侧，实施别臂

缠斗

　　搏斗的过程有 4 种状态：进攻、防御、对峙和缠斗。很多人常常将缠斗与关节技混淆。虽然它们的确是紧密联系的，但也有区别。为了让练习者能够更加清晰地领会二者的区别，我们把缠斗和关节技分为两个部分来介绍。

　　从距离上区分 4 种搏斗状态：远距离对峙；中距离拳打脚踢，近距使用肘膝撞击、贴身摔法，此为进攻和防御状态；零距离则进入缠斗。也就是说，缠斗要通过抱、夹、扣、解等多种技术占位，不给对方留出做动作的空间和机会，始终保持与对方的紧密距离。所以我们经常会看到搏斗者相互扭打在一起，很难在短时间内分出高下。

　　缠斗，既是为了不给对方留做动作的空间，也是为了给自己抢得一个最佳把位，以便制伏对方。下面介绍常用的缠斗技术。

抱

　　两臂呈环形，将目标部位圈住，胸部和头紧贴对方。站立时的抱，是将对方顶向墙边或墙角，以避免对方脚下移动，为攻击动作制造出空间。这也是擂台上两位选手抱在一起的时候，总是会移动到角笼边上的原因。

　　如果不是在墙角或紧贴笼网，一旦被抱头、抱臂、抱腰、抱腿，就可

抱

以利用脚下步法的变换，实施摔法。

在地面缠斗中，处在下位的人背部贴地，已经没有向后拉开距离、施展击技的空间了，而处在上位的人，却拥有把控距离的绝对主动权。为了防止上位一方稍微拉开距离施展肘击，下位一方会主动去抱上位一方，再结合使用夹、锁等其他技术扭转局面。

夹、缠、锁、绞

夹分为臂夹和腿夹。臂夹有 2 种：一种是把对方身体的某一部位置于腋下，用大臂向内挤压，如夹脖颈、夹臂、夹手、夹脚；另一种是把对方身体的某一部位置于肘窝，然后屈肘，利用小臂和大臂向内的挤压力夹住对方，如夹臂摔。

腿夹也有 2 种：一种是两腿相交成闭合之势，合力向内夹，多用于夹腰、夹头；另一种是把对方身体的某一部位置于腘窝，然后屈膝，运用大腿和小腿向内的挤压力夹住对方，如得合。

夹手

夹臂

腘窝

用腘窝处夹住对方脚踝，使其不能移动，再向后推对方，使其摔倒

腿夹

同时运用腋下和肘窝夹住对方的某一部位，就是缠，如断头台、缠臂。

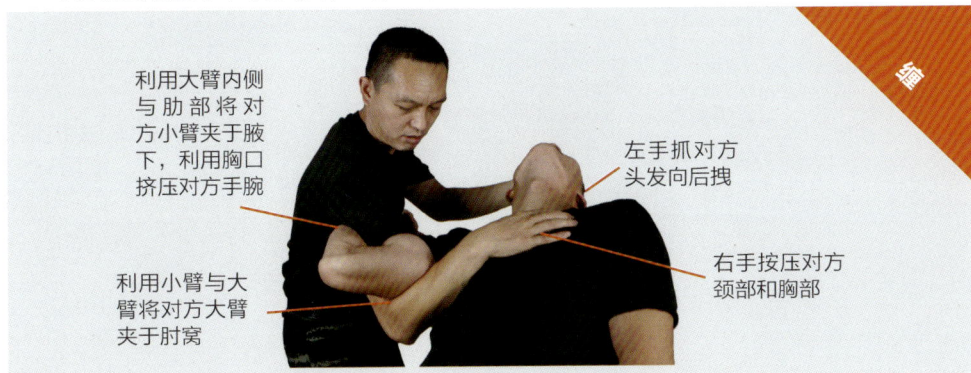

利用大臂内侧与肋部将对方小臂夹于腋下，利用胸口挤压对方手腕

左手抓对方头发向后拽

右手按压对方颈部和胸部

利用小臂与大臂将对方大臂夹于肘窝

缠

在单臂成夹的基础上，用另一只手搭扣，形成闭环，这就是锁，如别臂锁、木村锁。

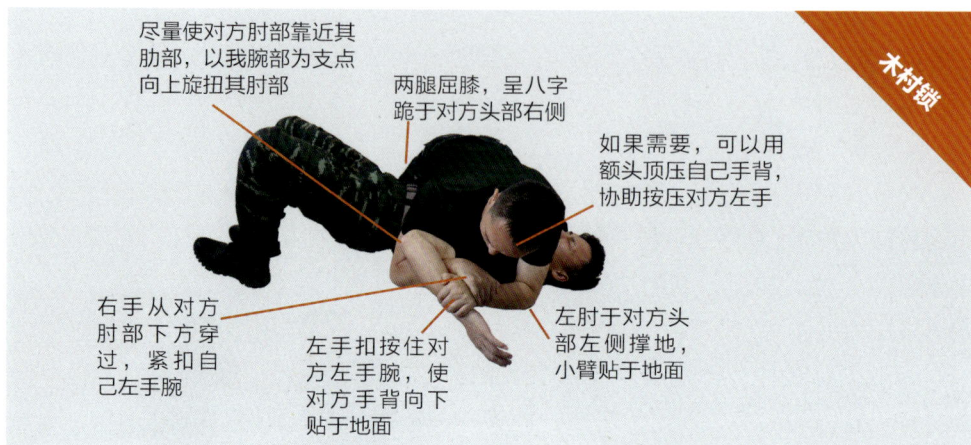

木村锁

尽量使对方肘部靠近其肋部，以我腕部为支点向上旋扭其肘部

两腿屈膝，呈八字跪于对方头部右侧

如果需要，可以用额头顶压自己手背，协助按压对方左手

右手从对方肘部下方穿过，紧扣自己左手腕

左手扣按住对方左手腕，使对方手背向下贴于地面

左肘于对方头部左侧撑地，小臂贴于地面

针对脖颈和咽喉，利用夹、锁技能，再与另一手臂或腿搭扣，形成闭环的技术，称为绞。绞法既可以通过手臂实施（如背后裸绞、手臂三角绞等），也可以通过双腿实施三角绞。这一技术可以使对方呼吸停止或晕厥，丧失抵抗能力甚至行动能力，从而降伏对方。这也是缠斗最终要实现的目的。

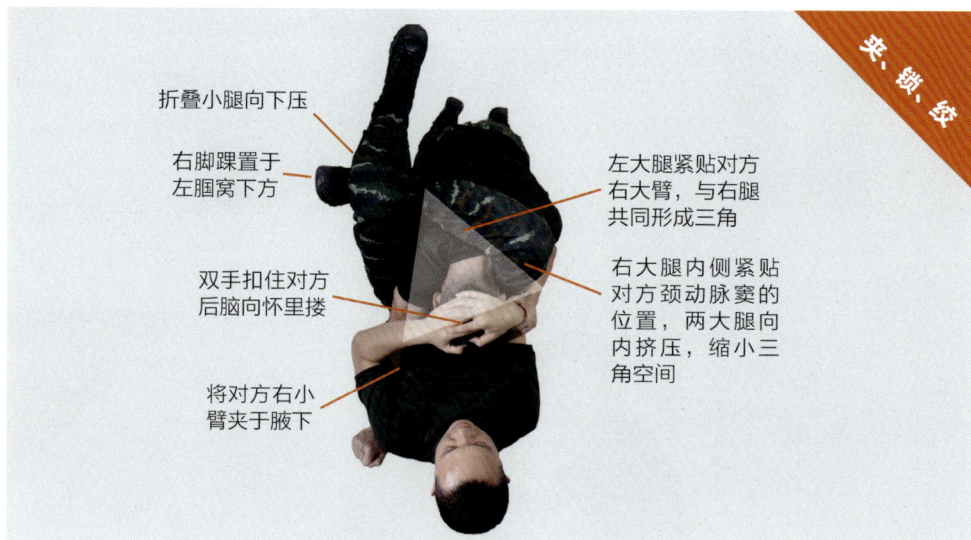

夹、锁、绞

折叠小腿向下压

右脚踝置于左腘窝下方

双手扣住对方后脑向怀里搂

将对方右小臂夹于腋下

左大腿紧贴对方右大臂，与右腿共同形成三角

右大腿内侧紧贴对方颈动脉窦的位置，两大腿向内挤压，缩小三角空间

现在我们知道，关节技是在缠斗的势态中综合运用缠斗基础动作而成。

抓

抓是指抓握对方的手腕、手掌、手指、衣袖和衣领等部位的技术。在摔跤中就有专门针对抓法的训练，叫抢手，不过那是在摔法之前双方的接触中用到的，我们这里讲的是在缠斗中的技术。除了抓住对方的手掌或手腕防止其攻击外，也可以抓自己的衣袖或者下摆来进攻，比如袖车。

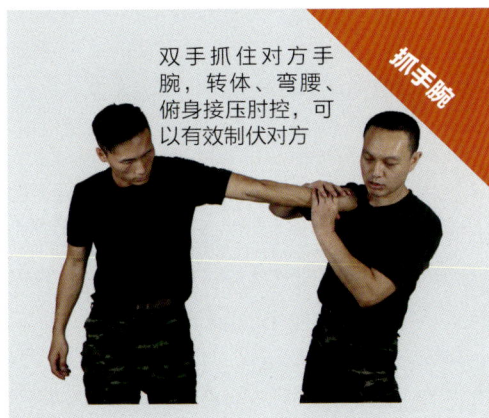

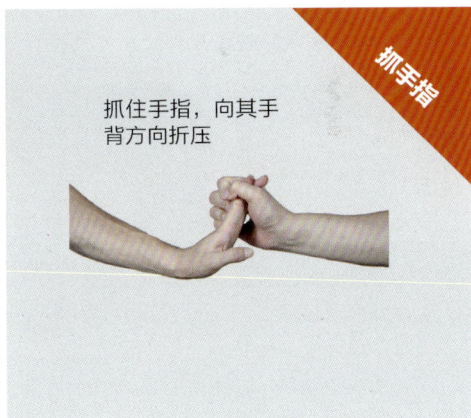

重心前压，大臂尽量保持与对方的身体垂直

左肘顶压对方右胸

右手抓住对方后脖颈衣领，拳轮紧贴其颈动脉窦

右肘向对方左肩处下压，带动小臂挤压对方咽喉

左手抓住对方头发用力向一侧拉拽

抓头发、抓衣领

双手抓住对方手腕，转体、弯腰、俯身接压肘控，可以有效制伏对方

抓手腕

抓住手指，向其手背方向折压

抓手指

扣

扣法主要指手法，向内回拉用力，不让对方离开。扣法在站立式的缠斗中使用较多，且常与步法结合，调整距离，为实施攻击技术创造条件。

扣头

两手扣住对方后脑，小臂以对方两锁骨为支点，向内用力，迫使对方低头，随即结合步法顶膝，击打对方肋、腹、头或大腿外侧。也可以单手扣头，另一只手以肘或勾拳击打对方，还可以接绊摔、背摔。

扣膝

用手扣住对方一侧膝盖，封阻其腿部，使其不能移动。扣膝多结合摔法使用，如抱单腿接扣膝摔。另外，手别也可以扣膝。

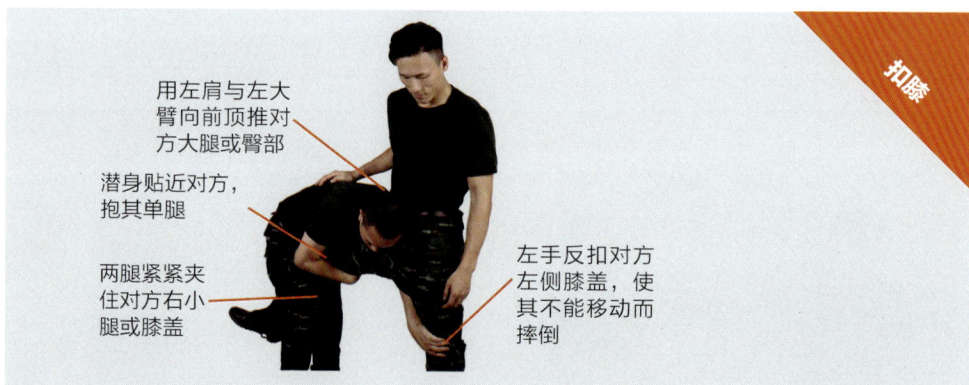

用左肩与左大臂向前顶推对方大腿或臀部

潜身贴近对方，抱其单腿

两腿紧紧夹住对方右小腿或膝盖

左手反扣对方左侧膝盖，使其不能移动而摔倒

压、顶

压主要应用于地面缠斗。相对而言，地面缠斗中处于上位的人更有优势，原因之一就是他可以施展压这项技术。压的具体动作是以胸部压对方鼻、口、肩、肘，以小臂或掌外沿压对方咽喉，以头、肩、膝压对方咽喉、巨阙穴、鸠尾穴。

顶主要应用于站立式缠斗，通常与抱、抓结合使用。比如搂抱对方，头顶下颌、肩顶胸腹。

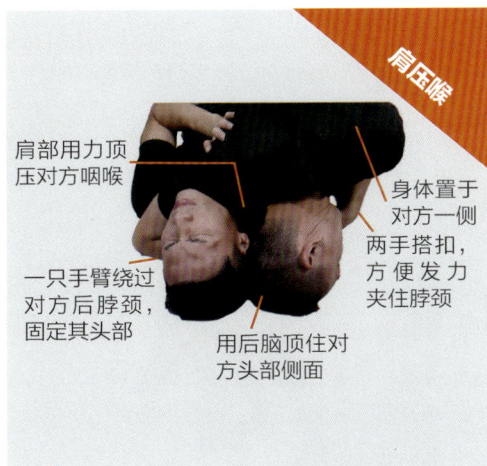

肩压喉

肩部用力顶压对方咽喉

一只手臂绕过对方后脖颈，固定其头部

身体置于对方一侧，两手搭扣，方便发力夹住脖颈

用后脑顶住对方头部侧面

胸压面

上身压住对方头部，身体与对方身体基本垂直

两腿夹住对方手臂

以胸部为着力点，借助身体重量，用力挤压对方面部，使其不能呼吸

双手扣住对方后脑，向上卷腕，使其勾头，无法张嘴咬人

两肘向里合，两小臂从两侧夹住对方头部，使其无法移动

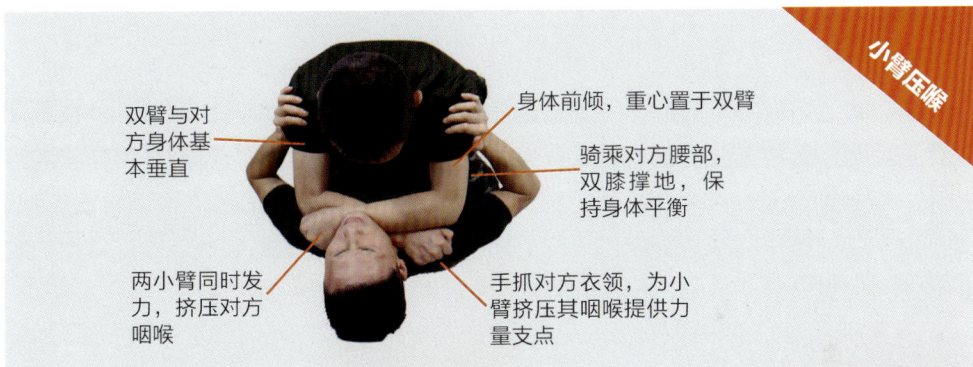

小臂压喉

双臂与对方身体基本垂直

身体前倾，重心置于双臂

骑乘对方腰部，双膝撑地，保持身体平衡

两小臂同时发力，挤压对方咽喉

手抓对方衣领，为小臂挤压其咽喉提供力量支点

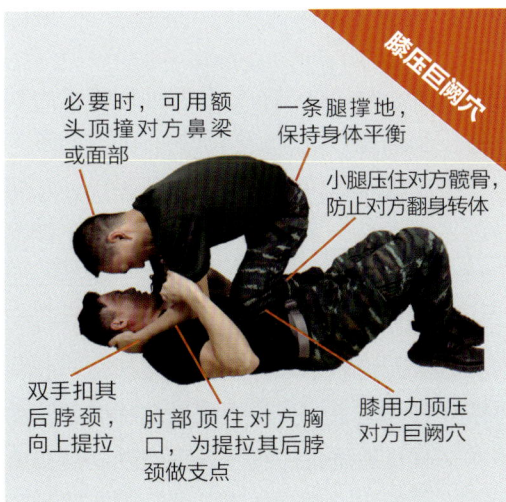

膝压巨阙穴

必要时，可用额头顶撞对方鼻梁或面部

一条腿撑地，保持身体平衡

小腿压住对方髋骨，防止对方翻身转体

双手扣其后脖颈，向上提拉

肘部顶住对方胸口，为提拉其后脖颈做支点

膝用力顶压对方巨阙穴

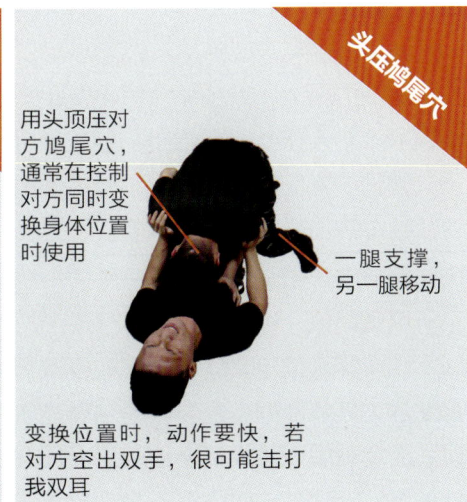

头压鸠尾穴

用头顶压对方鸠尾穴，通常在控制对方同时变换身体位置时使用

一腿支撑，另一腿移动

变换位置时，动作要快，若对方空出双手，很可能击打我双耳

快速向前进步，用肩部顶撞对方巨阙穴

双手环抱对方腰际，也可以抓住其后腰处的衣服或腰带

若对方用右臂夹我脖颈，我可以根据情况做抱腰崴

弓步站立，保持稳定

缠抱过程中，头部用力顶对方下颌

用大臂夹住或压住对方手臂，防其用拳攻击我肋部或头部

一手扣住对方肩部，大臂压住其手臂

腰部稍向前贴，不给对方留提膝攻击我的空间

顶

解

解，用于防御对方的抱、夹、扣、锁等缠斗技巧，或从缠斗中解脱。从技术理论上讲，有一百种进攻的招式，就有一百种化解的招式，"百打百破"，但在实际应用中，破解能力受到技术、力量、速度、心理、经验、时机等各方面因素的影响，绝不是单纯的技术问题。所以，只有全方位地训练，才能提高破解能力。常用的破解技术同时也是缠斗技术，包括抱、夹、扣、抓，以及推、蹬、咬。

降伏技术

通常情况下，当在缠斗中不便于施展击打技能时，就要有针对性地综合运用缠斗技术，对人体要害部位和易控关节进行挤压和锁控，以达到制伏对方的目的。

常见的降伏技术大致可以分为两类：一类是绞窒降伏，如裸绞、断头台、三角绞、袖车等；另一类是关节降伏，如木村锁、别臂、十字固、压肘控、膝固、脚踝锁、脚趾固、足跟勾等。

绞窒降伏

绞窒降伏是主要针对颈部实施的技术动作。无论一个人体格多么强壮，四肢多么发达，其颈部都是脆弱的。颈部是人体的要害部位之一，位于此处的咽喉、颈动脉、颈动脉窦、颈椎都不堪一击。绞窒技术，就是通过夹、绞、锁等技法压迫对方颈动脉，致使其大脑供血不足、缺氧，从而丧失意识，晕厥休克。咽喉没有强壮的肌肉保护，非常脆弱，遭遇暴击就极易破裂。攻击对方咽喉可致其喉结、舌骨、气管损伤，从而导致呼吸困难。颈椎若遭遇果断的扼绞，甚至可以瞬间被折断。绞窒降伏一旦成功实施，就可以彻底将对方制伏。但这是一种非常危险的技术，因为它不仅会给对方带来痛苦，还可能会造成无法挽回的伤害，所以在防卫搏斗中要谨慎使用，以免防卫过当。这也是为什么在综合格斗比赛过程中，当一方被绞窒、无计可施的情况下，即便选手没有主动认输，裁判也可以根据实际情况随时终止比赛，这完全是出于安全考虑。

背后裸绞

这是一种非常有效的绞窒降伏技术，威力巨大。动作要领是绕到对方背后，先破坏对方身体重心，将其向后带入地面，然后紧贴其后背，手臂前伸，勒住对方脖子，屈肘压迫对方颈部主动脉，另一手做辅助固定，上身配合收紧，双手紧扣，使对方大脑供氧不足。一个熟练掌握背后裸绞动作要领的人，一般仅用3~4秒就能令对方晕厥。此时松手，将对方置于地上，令其平躺，5秒左右对方就会清醒过来；如果将其腿脚提起，3秒左右对方就会清醒过来。如果在对方因大脑缺血、缺氧而晕厥时还不松手，8~10秒后对方就会心脏骤停，如果未能得到及时抢救，帮助其恢复心跳，对方就会死亡。因此在擂台上，被裸绞者一旦做出认输的举动，裁判就会立刻终止比赛。

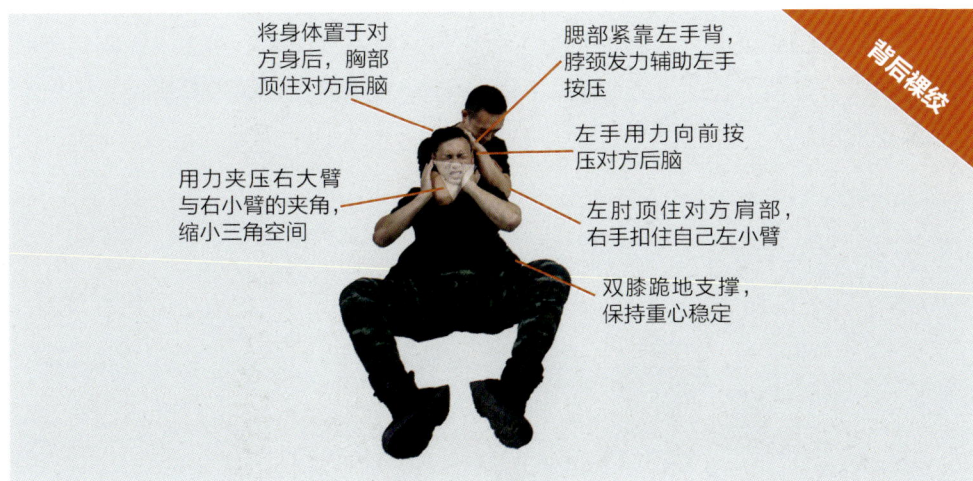

将身体置于对方身后，胸部顶住对方后脑

腮部紧靠左手背，脖颈发力辅助左手按压

背后裸绞

左手用力向前按压对方后脑

用力夹压右大臂与右小臂的夹角，缩小三角空间

左肘顶住对方肩部，右手扣住自己左小臂

双膝跪地支撑，保持重心稳定

断头台

这是一种绞窒降伏技术，动作要领是用手臂缠锁住对方脖颈，对其咽喉气管施压，阻止空气流动到其肺部，致其呼吸困难，甚至窒息。使用时手臂的施压点也可能不同，从而造成对方血液循环不畅，形成与裸绞类似的效果。具体应用时要注

意，当上肢实施降伏技术时，双腿要始终夹制住对方的腰身，在用力缠锁对方脖颈的时候，身体要向右转。

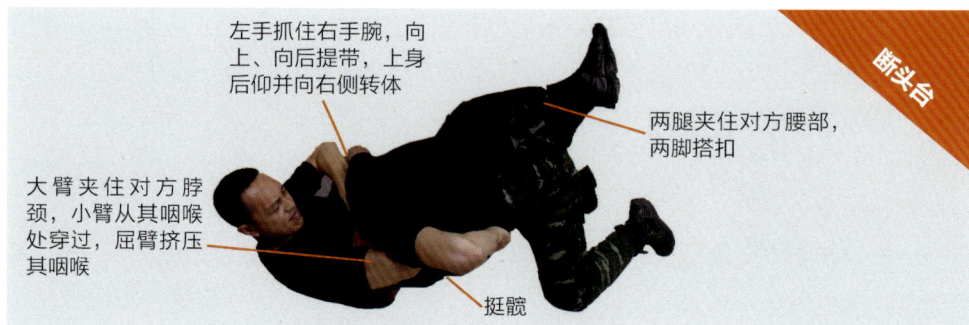

左手抓住右手腕，向上、向后提带，上身后仰并向右侧转体

两腿夹住对方腰部，两脚搭扣

大臂夹住对方脖颈，小臂从其咽喉处穿过，屈臂挤压其咽喉

挺髋

断头台

在对方试图潜抱时，我调整重心，维持平衡，夹住对方颈部，控制其头部，施展断头台反击。在地面缠斗中也可以抓住机会施展此技术。

三角绞

在用双腿对对方脖颈实施的绞窒降伏技术中，三角绞较为常用，动作要领是双脚绕至对方脑后，交叉收紧，同时将右脚踝放到左腘窝处，两腿形成一个三角形，将对方的脖颈和一只胳膊置于这个三角形中间，好像加上一把锁那样，然后逐渐向中心收拢双腿，达到扼绞对方脖颈的目的。三角绞一般用在处于下位时，利用双腿技术控制处于上位的对手，进而在逆境中完成绞杀。事实上，利用下肢实施的扼绞，其威力比用上肢更大，因为无论是从肌肉量还是力量来看，下肢都比上肢要大得多。

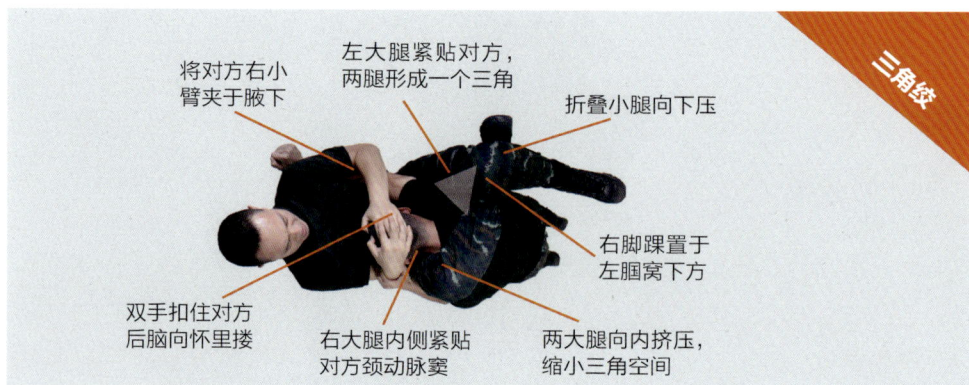

将对方右小臂夹于腋下

左大腿紧贴对方，两腿形成一个三角

折叠小腿向下压

右脚踝置于左腘窝下方

双手扣住对方后脑向怀里搂

右大腿内侧紧贴对方颈动脉窦

两大腿向内挤压，缩小三角空间

三角绞

手臂三角绞

手臂三角绞又称三角锁。其动作要义，目的与三角绞完全一致，只是把双腿换成

了两臂。手臂三角绞既可以在站立位时使用，也可以在地面缠斗中处于上位时使用。

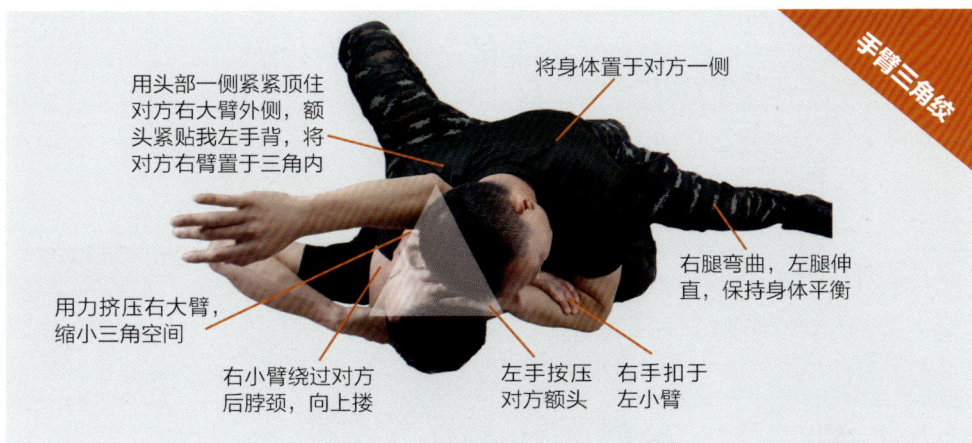

手臂三角绞

用头部一侧紧紧顶住对方右大臂外侧，额头紧贴我左手背，将对方右臂置于三角内

将身体置于对方一侧

用力挤压右大臂，缩小三角空间

右小臂绕过对方后脖颈，向上搂

左手按压对方额头

右手扣于左小臂

右腿弯曲，左腿伸直，保持身体平衡

手臂三角绞不容易驾驭，因为正面实施时，对方可以用没被控制的那只手还击，也可以舍身摔，等等。所以，必须保证对方击打不到我，或是很难用力击打。最好是将对方摔倒，占上位压制对方，再根据自身所处位置锁绞对方。

袖车

该技术是一个动作简单，绞窒效果好的降伏技，动作要领是右手从对方脑后绕过，抓住自己左手衣袖，将左手的手掌外沿或拳轮置于对方咽喉处，施加压力。袖车的使用场景比较广泛，可以在站立位施展，也可以在地面缠斗中施展。无论在上位还是下位，都可以施展，没有衣袖时也可以施展，称为徒手袖车，相当于正面裸绞。

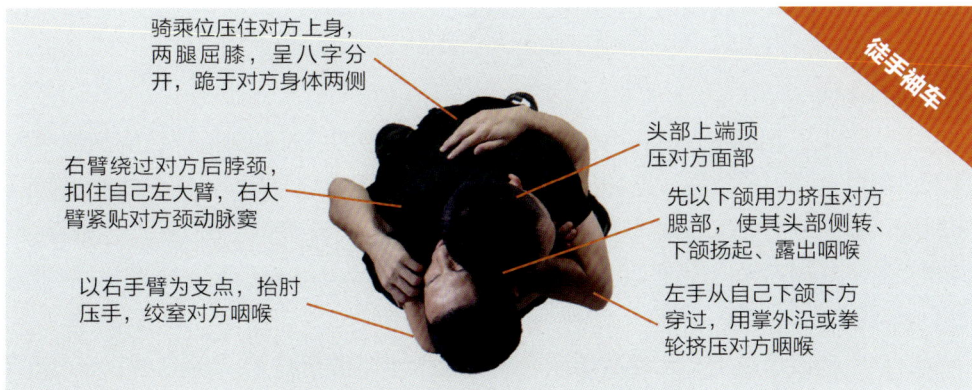

徒手袖车

骑乘位压住对方上身，两腿屈膝，呈八字分开，跪于对方身体两侧

右臂绕过对方后脖颈，扣住自己左大臂，右大臂紧贴对方颈动脉窦

以右手臂为支点，抬肘压手，绞窒对方咽喉

头部上端顶压对方面部

先以下颌用力挤压对方腮部，使其头部侧转、下颌扬起、露出咽喉

左手从自己下颌下方穿过，用掌外沿或拳轮挤压对方咽喉

肩绞

肩绞是以肩部顶压对方咽喉以达到绞窒效果的降伏技。也是有效破解断头台的招式。当颈部被对方一只胳膊夹于腋下时，我的手越过对方头部，绕到其脖子后面，尽量伸长；头部顶住对方大臂外侧，使其不能完成搭扣；压低身体，来到地面侧身位；另一只手扣紧绕颈的手，并缩小空间；双脚尽量向头部方向移动，同时重心前移，以肩压对方喉部，绞窒对方。

两脚蹬地，使身体向前

抬高臀部，使重心向下，力道贯穿上身至右肩

右肩向下挤压对方咽喉，致其呼吸困难

左手尽量拽住对方右手腕，防止其锁喉形成断头台或以拳击我肋部

右小臂搂住对方后脖颈

头部顶地，控制身体重心

肩绞

以上 6 种是最常用的绞窒降伏技术，人们可以经常在柔道和综合格斗的体育赛事中看到。即便如此，这些技术也是在体育运动精神和道德标准的指导下、在裁判的监督下实施的，施技选手也是逐渐增加力量，而非突然采取暴力。所以在日常防卫中，不到危及人身安全、万不得已时，不应使用绞窒技术。

关节降伏

关节降伏主要是巧妙地利用杠杆原理，针对对方四肢及各关节部位实施的锁控技术，所以也称为关节技。这种技术足以使一个十分强悍的人因无法忍受剧痛而瞬间屈服，因为一个人的肌肉再强壮，其关节活动也是有限度的。关节降伏也因此成为缠斗的杀手锏，尤以巴西柔术最为擅长使用。

木村锁

这是一种以柔道大师木村政彦的名字命名的手臂降伏技术。1955 年，38 岁的木村政彦在巴西的一场格斗比赛中运用此技降伏了最出色的柔术家之一艾里奥·格雷西，从此被柔术界和综合格斗界广泛使用。此技可对对方肩部造成极大的压力，攻击效果强大。

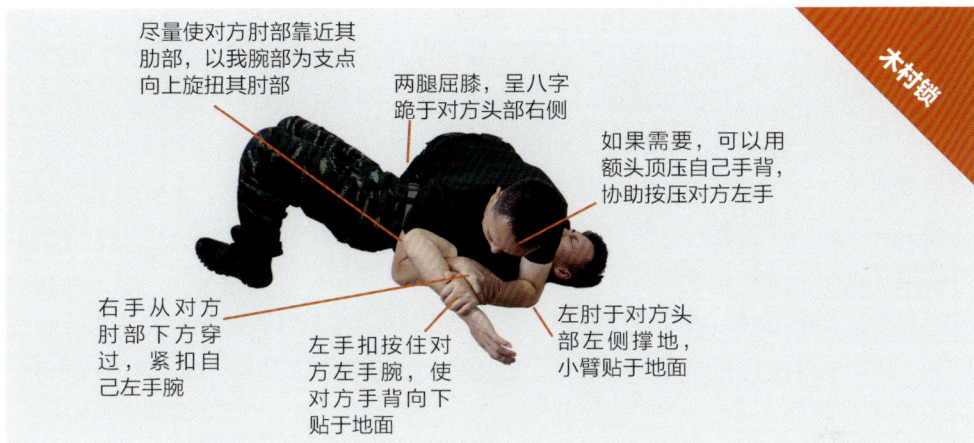

木村锁

尽量使对方肘部靠近其肋部，以我腕部为支点向上旋扭其肘部

两腿屈膝，呈八字跪于对方头部右侧

如果需要，可以用额头顶压自己手背，协助按压对方左手

右手从对方肘部下方穿过，紧扣自己左手腕

左手扣按住对方左手腕，使对方手背向下贴于地面

左肘于对方头部左侧撑地，小臂贴于地面

别臂

别臂是针对肩关节实施的一种锁控技术，通过抓住对方手腕并用力拉收、抬肘，对其前臂及肩部造成压迫。该技术动作简单，难度小，但威力巨大，是一种既省力又极具破坏力的关节技。在柔术界，这一技术被称为腕缄。

别臂

两膝向里合，用力夹住对方腰部

左手从对方肘部下方穿过，用力向上抬拧

两脚搭扣置于对方臀部，向下压

上身向左倾斜，向右拧转

臀部、腰部共同发力向上挺

如右手扣住对方右手腕，则用力向怀里拉拽，右肘压住其脖颈

别臂是军警最常用的一种徒手控制技术，处于站立状态时，拉肘别臂是必备技能。降伏、带离、押解都使用这个技术。

别臂的演变形式之一，是左右手交换位置，两脚、两腿松开，臀部向左侧移出，左腿侧向骑压住对方腰部，右手发力向怀里拉，左手往前推。如果做断头台时对方防备严密，不能快速完成动作，就可以用这个别臂的演变形式来代替。

细心的读者可能已经发现，别臂与木村锁在发力等细微之处有所不同，但整体动作几乎相同，只是方向相反而已。其他技术也是如此，如背后裸绞与袖车，手臂十字固与压肘、三角绞等。除了方向相反的同态动作，还有上下肢的同态动作，如以手臂为主器的手臂三角绞与以腿为主器的三角绞、针对肘关节的手臂十字固与针对膝关节的膝固、拧腕与拧踝。这就是事物运动与变化的同态性，运用同态性就可以建模。这个模型，或者说模式，就是某个技术具体如何应用与发挥作用。山猫特卫术易学易懂的奥妙就在于此，了解了人体要害与易控关节，掌握了绞窒与控制的原理、应用的方法，我们就可应时应运地发展、创造降伏技术以及其他各项技术。

手臂十字固

这是一种极具优势的固控技术。有些初学者会有一些担忧或疑问：在实施动作时，对方的肘关节恰好压在我们的裆部，相对坚硬的肘部是否会对我们的生殖器造成创伤？事实上，只要你动作标准、符合要求，是不会有压痛感的。在形成固锁时，一定要夹紧双膝，钩紧双腿，将臀部牢牢贴在对方的肩部，将控制其手臂所形成的杠杆支点定位在自己的小腹、耻骨部位，这样，对方接触裆部的部位就不是肘关节，而是大臂外侧，也就无法对你的生殖器造成任何威胁。另外，由于双膝的夹持，两大腿内侧的肌肉也会减缓对方手臂所造成的压力。

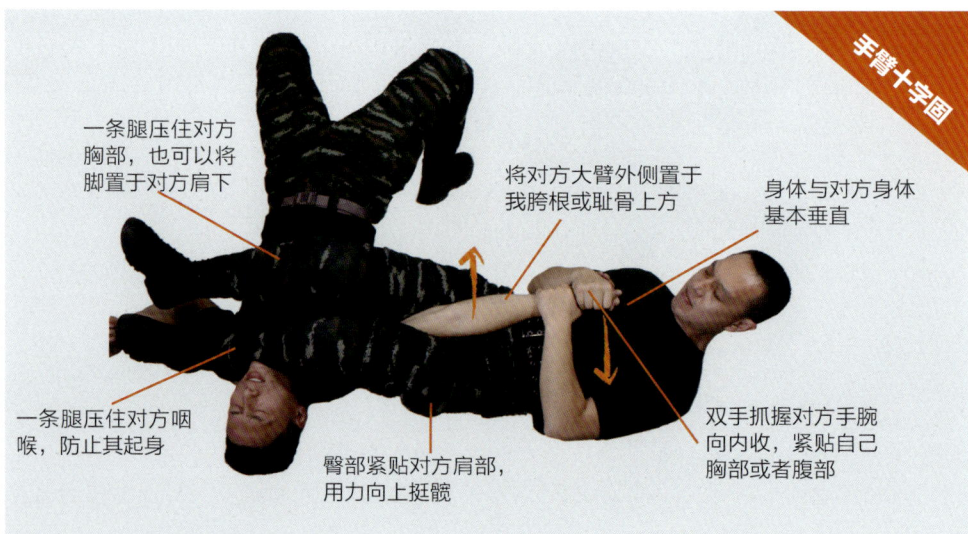

一条腿压住对方胸部，也可以将脚置于对方肩下

将对方大臂外侧置于我胯根或耻骨上方

身体与对方身体基本垂直

一条腿压住对方咽喉，防止其起身

臀部紧贴对方肩部，用力向上挺髋

双手抓握对方手腕向内收，紧贴自己胸部或者腹部

手臂十字固

肩颈肘

这个技术非常简单，相当于以三角绞的形式对对方的一只手臂做木村锁，同时还做了一个反向的断头台。动作要领是，身体后仰，用力提拽对方的脖颈，使对方的肩部受到撕裂力，从而降伏对方。这个动作也可以快速变换成胸压鼻子或者袖车绞窒。

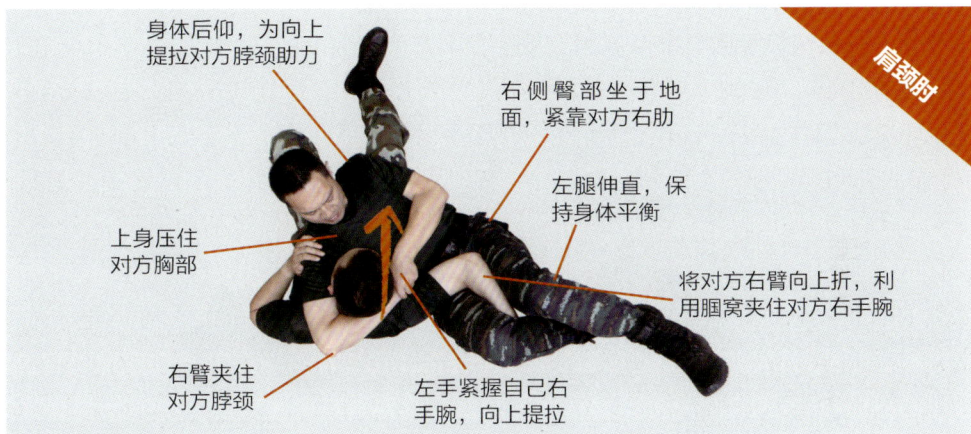

身体后仰，为向上提拉对方脖颈助力

右侧臀部坐于地面，紧靠对方右肋

左腿伸直，保持身体平衡

上身压住对方胸部

将对方右臂向上折，利用腘窝夹住对方右手腕

右臂夹住对方脖颈

左手紧握自己右手腕，向上提拉

肩颈肘

压肘控

压肘控是以对方的肘部和手腕为攻击目标，以压的技术为攻击手段的关节降伏技。其动作要领是，摔倒对方，使其面部朝下、背部朝上，夹抱住对方的一只手臂，使其位置固定，再以胸部压其肘部，另一只手压其手腕，将其降伏。

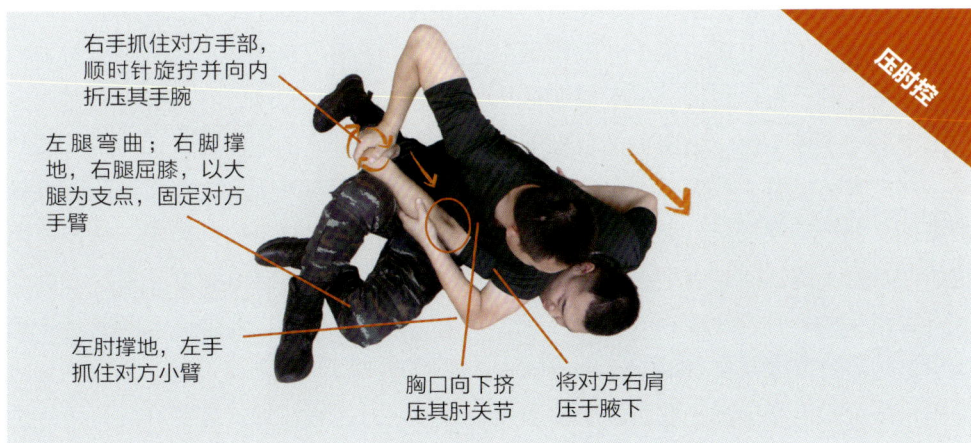

右手抓住对方手部，顺时针旋拧并向内折压其手腕

左腿弯曲；右脚撑地，右腿屈膝，以大腿为支点，固定对方手臂

左肘撑地，左手抓住对方小臂

胸口向下挤压其肘关节

将对方右肩压于腋下

压肘控

膝固

膝固也叫膝十字固，与手臂十字固非常相似，都是以自己的胯部为支点，并用双腿夹住对方的腿使其不能移动的反关节降伏技术。膝固与手臂十字固的差别仅仅在于攻击的关节从肘关节变为了膝关节。

可以用大臂把对方的小腿控制在我的腋窝，也可以双臂抱住其小腿，将脚置于我耳旁。所有控制动作完成后，挺髋产生的巨大力量不仅可以给对方膝盖造成反关节损伤，而且可以导致其整条腿因过度拉伸而产生剧痛。

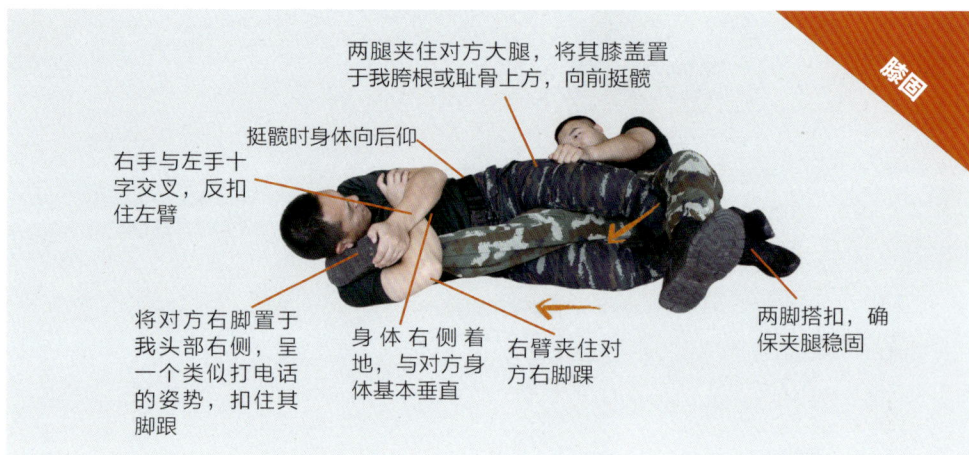

两腿夹住对方大腿，将其膝盖置于我胯根或耻骨上方，向前挺髋

挺髋时身体向后仰

右手与左手十字交叉，反扣住左臂

将对方右脚置于我头部右侧，呈一个类似打电话的姿势，扣住其脚跟

身体右侧着地，与对方身体基本垂直

右臂夹住对方右脚踝

两脚搭扣，确保夹腿稳固

膝固

脚踝锁

脚踝锁又称直脚锁，是在缠斗中，以对方脚踝为主要攻击目标的一种关节锁技。具体运用时，首先用手臂缠住对方脚踝，将其脚背夹持于腋下、脚面紧贴腋窝外侧，然后以小臂或桡骨垫于对方脚后跟上方的跟腱部位并绷紧。为了防止对方的腿部脱离控制，可以用另一只手辅助搭扣，完全锁住目标脚踝，有点类似于对对方的脚踝做一个断头台。两腿夹住目标脚踝的那条腿，身体稍微侧转，使对方不能起身，然后向前挺胯，从而达到锁定其脚踝的目的，此时若瞬间发力，可致其跟腱韧带撕裂，甚至脚踝折断。如果实施该动作时没有转身，而是直接向后躺，就需要两腿绞住对方大腿，使其固定，不得活动，如此才能达到攻击目的。

脚踝锁的一种常见变体是肌腱压迫，又称"肌肉切"。与脚踝锁不同的是，肌腱压迫是用前臂末端桡骨的窄面突出部作用于对方小腿肌腱末端附近。垂直的切力作用到最大限度绷紧的小腿肌腱上，剧痛会迫使对方屈服，如对方继续反抗可能造成其肌腱断裂。

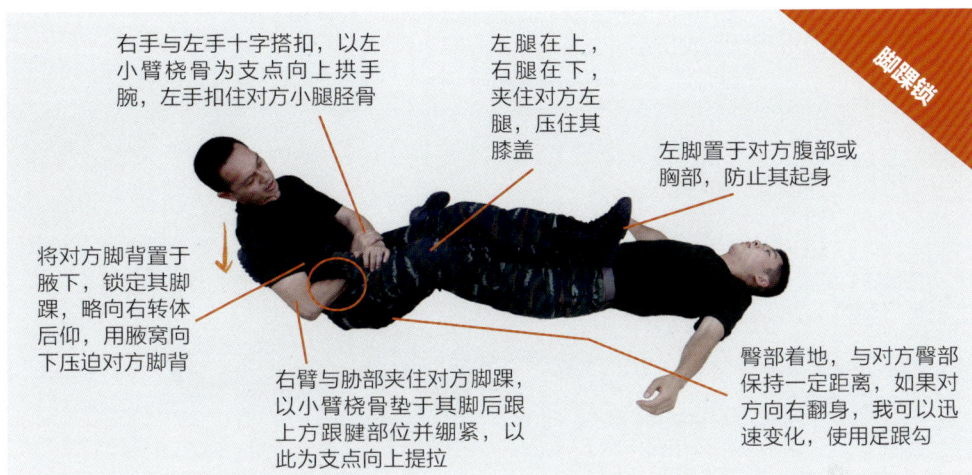

脚踝锁

右手与左手十字搭扣，以左小臂桡骨为支点向上拱手腕，左手扣住对方小腿胫骨

左腿在上，右腿在下，夹住对方左腿，压住其膝盖

左脚置于对方腹部或胸部，防止其起身

将对方脚背置于腋下，锁定其脚踝，略向右转体后仰，用腋窝向下压迫对方脚背

右臂与肋部夹住对方脚踝，以小臂桡骨垫于其脚后跟上方跟腱部位并绷紧，以此为支点向上提拉

臀部着地，与对方臀部保持一定距离，如果对方向右翻身，我可以迅速变化，使用足跟勾

脚趾固

脚趾固也称足锁，是拧踝跪膝的一个变形，通过握持对方脚背和脚趾并进行拧转来实现降伏，有点类似于对对方的脚做一个裸绞。这个技术在一定程度上比脚踝锁危险，如果持续发力，很容易撕裂对方踝关节的韧带。

脚趾固

左手抢抓住对方脚尖，用力向下扣压或拧转，即可对其脚踝造成创伤

上身前倾下压，右手扣住左大臂，或者反扣左小臂，确保锁紧对方脚踝

右臂夹住对方右脚踝，小臂桡骨位置揽住其脚后跟上方的跟腱部位

右小臂与对方小腿基本垂直

尽可能用左侧膝盖跪住对方另一腿的腘窝，防其脚蹬或向前爬行转身

整个过程中，确保对方膝盖弯曲约90°

足跟勾

足跟勾这一技术名气很大，杀伤力极强。哪怕是小个子对阵大号肌肉男，此技也非常有效。它通过控制对方踝关节、膝关节、髋关节，然后向内侧或外侧横向扭转施加力量，使对方的踝关节和膝关节旋转幅度超出它的正常运动范围。这个技术

会在对方的踝关节上产生一个扭力，而这个扭力又会传递到膝关节，可能会对踝关节、膝关节及其韧带造成伤害。

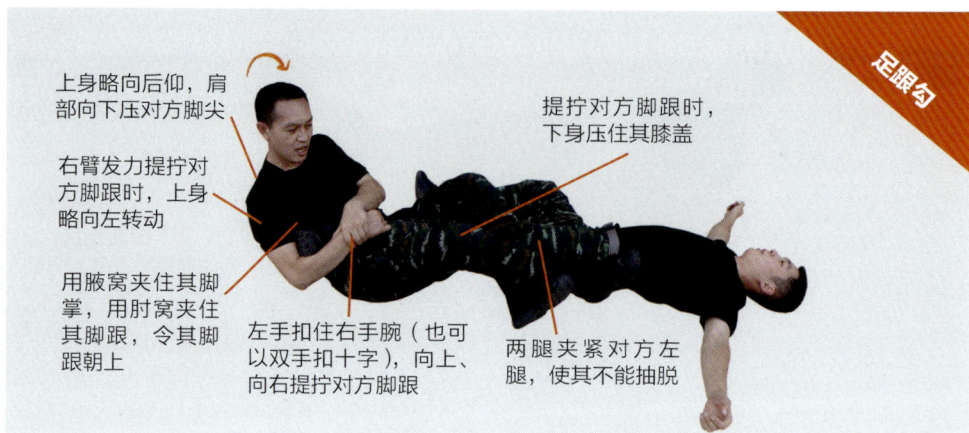

上身略向后仰，肩部向下压对方脚尖

右臂发力提拧对方脚跟时，上身略向左转动

用腋窝夹住其脚掌，用肘窝夹住其脚跟，令其脚跟朝上

左手扣住右手腕（也可以双手扣十字），向上、向右提拧对方脚跟

提拧对方脚跟时，下身压住其膝盖

两腿夹紧对方左腿，使其不能抽脱

足跟勾

膝关节和踝关节都是结构复杂而脆弱的关节，痛觉反应慢于其他部位，当这两处感觉到剧烈疼痛时，损伤可能已经形成。而这两处一旦受伤，很难恢复。因此，在训练中，进攻者和防守者都应该保持高度警惕，避免膝关节、踝关节受伤。

降伏技术是整个徒手搏斗体系中的"最后一千米"，也是徒手搏斗中的重点技术，需要投入大量时间和精力进行练习。但由于降伏技术的危险性较大，因此一定要在教练指导下实施，切勿自己凭感觉练习，以免造成不必要的伤害。因为危险并不来源于技术本身，而是来源于使用技术的方式和掌握技术的能力。

徒手解脱法

对绝大多数没有练习过格斗或防身术的人而言，当遭遇被抓头发、揪衣领、抓手腕、抱腰等骚扰、攻击时，极有可能惊慌失措，无法解脱。在第一章里我们已经提到："防"，是在危险发生之前采取的安全举措；"卫"，是在危险发生当时采取的安全行为。"防"是"卫"的准备，"卫"是"防"的应用与发挥。我们需要做的就是把将来可能会发生的情况，以及应当采取的应对方式，放在当下预先练习，从而提高在遭遇危险时的应对能力，实现自我安全防卫。

我们已经了解了人体的要害部位，这些部位一旦被对方攻击，是非常危险的，因此我们应当把保护要害部位作为防卫的重点。另外，要尽量保持移动的灵活性，因为一旦被抓抱，就很容易被摔倒，这是很危险的。因此，如果被抓抱，应尽快解脱，脱离困境。

需要说明的是，解脱技法需要根据对方与自己的身高、体重、力量、搏斗技术等相关条件的差异，把握时机，灵活使用。针对同样一种抓抱，同一种解法可能对甲管用，对乙就不灵。与此同理，同样一种解脱技法，由于对动作的掌握程度不同，甲实施管用，乙实施就不灵。所以解脱技法的应用不能一概而论，应当因人而异，应时应地运地使用。

下面介绍几种常见的抓、抱解脱技法。

抓头发解脱

头发一旦被抓住，头皮的疼痛可能会使人在很短的时间里被拽倒在地，进而遭受击打。所以要尽量保护好头发，一旦被抓，要迅速解脱。不管怎样解脱，首先要做的就是压住对方的手掌，避免头发继续被对方扯拽，因头皮疼痛而陷入被动。应让头部乃至整个身体都随对方抓头发的手臂力道而动，然后再接其他解脱动作。

压腕退步低头

这是使用最广泛的一种解法。

这一技术的原理就是反向折腕，应当针对身高、体重和力量与自己相当的对手使用，且动作要突然、迅猛。

① 当对方从正面抓我头顶部头发时，我双手迅速按压对方手背，使其不能扯拽头发

② b. 向后撤步，屈膝弯腰，反向折压对方手腕，使其因疼痛而松手　a. 保持双手按压对方手背的姿势，使其手不能移动、抽脱

双手抓握对方的手，顺时针旋拧其手臂，使其手从我头顶移开，再次双手合力折腕

③

④ a. 保持拧臂折腕姿势
b. 起右腿，横踢对方面部

压腕退步低头

进步推肘别臂

这个技术可以在对方比自己略高一点的情况下使用，对力量有一定的要求。

① 双手迅速按压对方手背，使其手不能移动、抽脱

② 上右步，身体重心前移，右手迅速猛力推击对方右肘窝，使其弯臂而不能拉拽我头发

进步推肘别臂

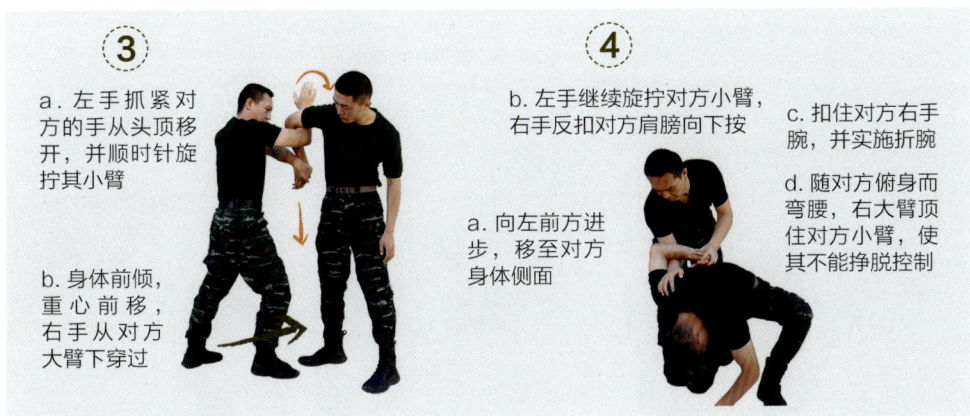

③

a. 左手抓紧对方的手从头顶移开，并顺时针旋拧其小臂

b. 身体前倾，重心前移，右手从对方大臂下穿过

④

b. 左手继续旋拧对方小臂，右手反扣对方肩膀向下按

a. 向左前方进步，移至对方身体侧面

c. 扣住对方右手腕，并实施折腕

d. 随对方俯身而弯腰，右大臂顶住对方小臂，使其不能挣脱控制

进步拍裆（踢裆）

如果对方的身高、体重和力量与自己相比都有很大优势，那就击其要害，以攻为守。

①

双手迅速按压对方手背，使其不能扯拽头发

②

a. 双手继续将其手扣压在我头顶

b. 起脚弹踢，踢击对方裆部，使其松开抓我头发的手，从而达到解脱目的

进步拍裆

抓衣领解脱

在"特卫术搏斗原则"一节中我们讲到了"加一原则"，即加重一级来考虑对方可能对自己造成的威胁等级。衣领不是人体要害，但是，如果衣领被抓住，我们的移动就受到了限制，导致陷于被动，更可怕的是，衣领可以用来做多种绞窒降伏技，所以应当尽早解脱。

"加一原则"的主张是把自己放到"加重一级"的层级上采取应对举措。它的作用就是，争取人数更多一些、兵器更胜一筹、搏斗基础更扎实一些、能力更强一些、反应与动作比对方更快一些、应对方法比对方更灵活一些、在只能以暴制暴时比对方更狠一些……站在更高一层的维度，更有利于解决问题。

正压手腕

当对方身高与我相当，从正面抓我衣领的时候，比较适合用这个技术。其原理是折压腕关节。该技术与抓头发解脱的第一个动作雷同。

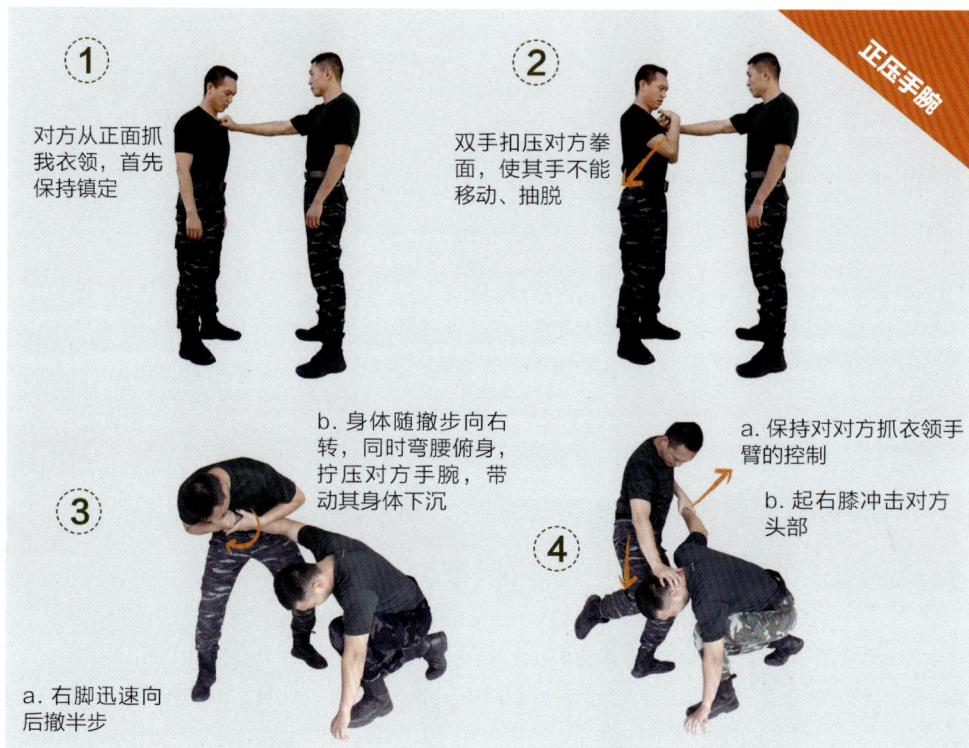

① 对方从正面抓我衣领，首先保持镇定

② 双手扣压对方拳面，使其手不能移动、抽脱

正压手腕

③ a. 右脚迅速向后撤半步
b. 身体随撤步向右转，同时弯腰俯身，拧压对方手腕，带动其身体下沉

④ a. 保持对对方抓衣领手臂的控制
b. 起右膝冲击对方头部

压腕手别撤步崴

这个技术适合摔法掌握程度较好的人使用，对方抓握越用力，手臂越是挺直，越容易被摔倒。

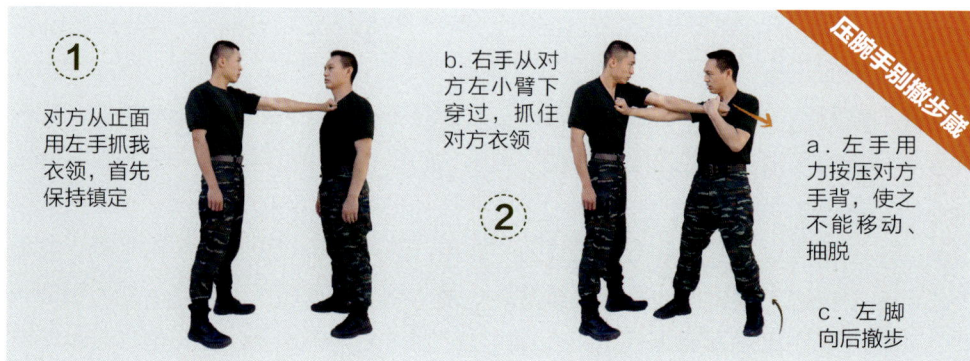

① 对方从正面用左手抓我衣领，首先保持镇定

② b. 右手从对方左小臂下穿过，抓住对方衣领

压腕手别撤步崴

a. 左手用力按压对方手背，使之不能移动、抽脱

c. 左脚向后撤步

③
a. 左手持续按压对方的左手

b. 左脚继续向后撤步做崴桩，身体迅速向左转

c. 右手抓紧对方衣领，借助转体崴桩的力量，手别对方胸部

④
用转体崴桩和手别的力量将对方摔倒

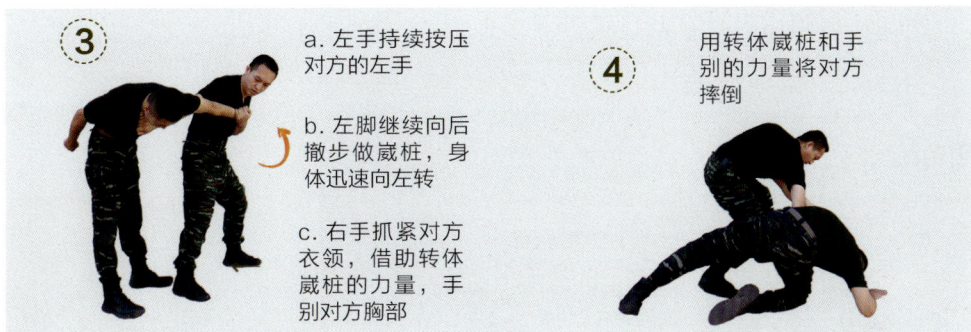

手别实际上有两种用法：一个是用于摔，其阻挡和支点撬动功能都要发挥作用，这时，称为手别；另一个是用于降伏，主要运用以小臂为支点的撬动功能，这时称为别。

拧腕摔

这个技术对时机的把握要求比较高，即当对方抓握的手放松时，我双手突然抓握其手腕转身，先解脱衣领，然后再往相反的方向转身撤步，同时拧腕，摔倒对方。

①
对方从正面单手抓住我衣领

②
拧腕摔

a. 撤右脚，身体右转

b. 双手抓住对方手腕

③
a. 撤左脚，迅速向左转体

b. 双手紧握对方手腕，逆时针用力旋拧，迫使对方摔倒

④
对方倒地后继续控制其手臂，可进行击打

卷臂压肘控

这个技术是一个降伏技，在对方抓我侧方衣领时使用最为直接有效。当然，正面衣领被抓也可以使用。就算对方的身高、体重比我略有优势，仍然可以有效地降伏对方。

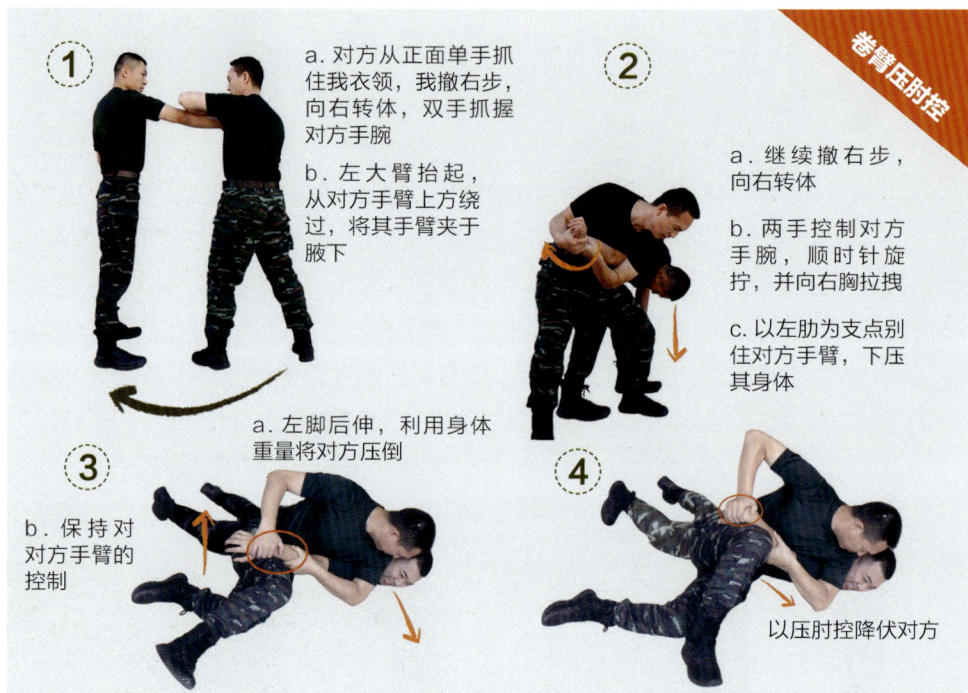

① a. 对方从正面单手抓住我衣领，我撤右步，向右转体，双手抓握对方手腕

b. 左大臂抬起，从对方手臂上方绕过，将其手臂夹于腋下

② 卷臂压肘控

a. 继续撤右步，向右转体

b. 两手控制对方手腕，顺时针旋拧，并向右胸拉拽

c. 以左肋为支点别住对方手臂，下压其身体

③ a. 左脚后伸，利用身体重量将对方压倒

b. 保持对对方手臂的控制

④ 以压肘控降伏对方

砸肘缠臂按头摔

这个技术是一个降伏技，可以对付身高比自己高的对手。该技术动作简单但威力不小，对力量的要求也不高，是非常容易学成并掌握的解脱技术。

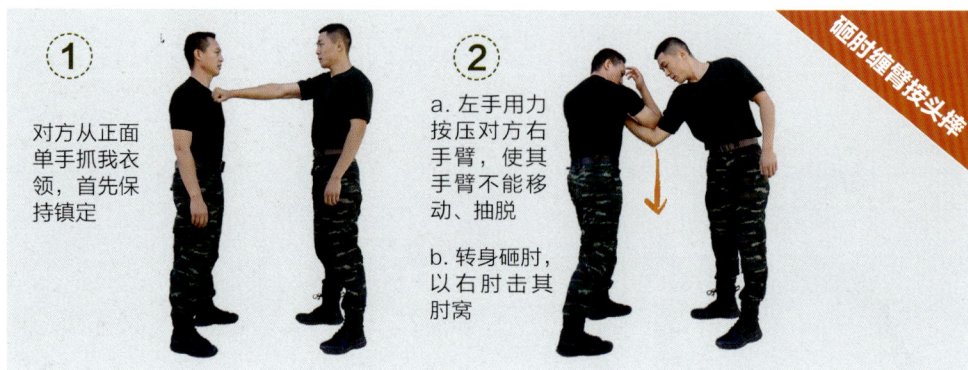

① 对方从正面单手抓我衣领，首先保持镇定

② 砸肘缠臂按头摔

a. 左手用力按压对方右手臂，使其手臂不能移动、抽脱

b. 转身砸肘，以右肘击其肘窝

③

b. 身体要尽量贴住对方，用胸部挤压对方小臂，并将其夹于腋下。

d. 右手按压对方咽喉或胸部

a. 右臂从对方肘部下方穿过，绕到对方胸前

c. 用右大臂和右小臂夹住对方大臂

④

a. 左脚向后撤步，重心后移

b. 左手抓住对方头发向下拽，或按压对方额头

c. 保持对对方手臂的缠绕控制

⑤

重心继续后移，然后顺势将对方摔倒

抓手臂解脱

手臂被抓住，可能是有接触的骚扰中最常见的一种，或者说是接触性骚扰最开始的动作，这也是我们解决问题的最好时机。如果此时没有把握时机解脱，就会助长对方的气焰。手臂有肩、肘、腕、指等诸多易控关节，对方很容易利用这些易控关节攻击我们，所以应当及时解脱。

应对单臂被抓
抱臂转体

这个技术主要在手臂刚被对方抓住的时候使用，目的是快速脱离对方控制。

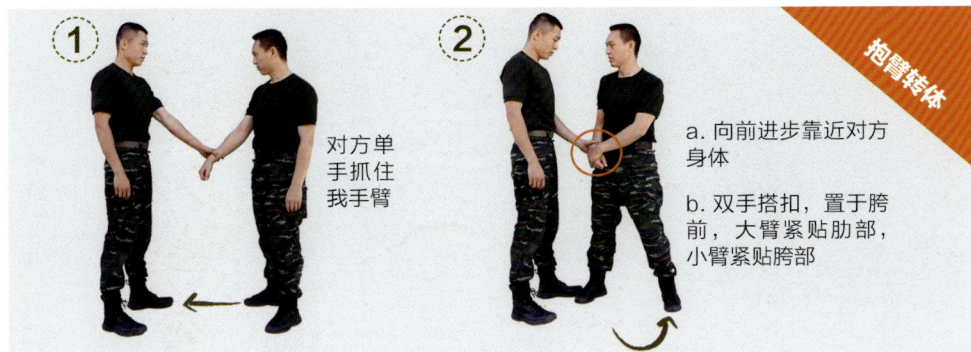

①

对方单手抓住我手臂

②

抱臂转体

a. 向前进步靠近对方身体

b. 双手搭扣，置于胯前，大臂紧贴肋部，小臂紧贴胯部

③ 手臂姿势保持不变，猛然撤左脚并向左转体

④ 脱离对方控制

倒胳膊扒肩

此技术需要步法配合上肢动作，或者调动对方移动，是在对方想抓控我手臂时做出的反击动作。这个解脱方法杀伤力不大，但足以使自己抽身离开。

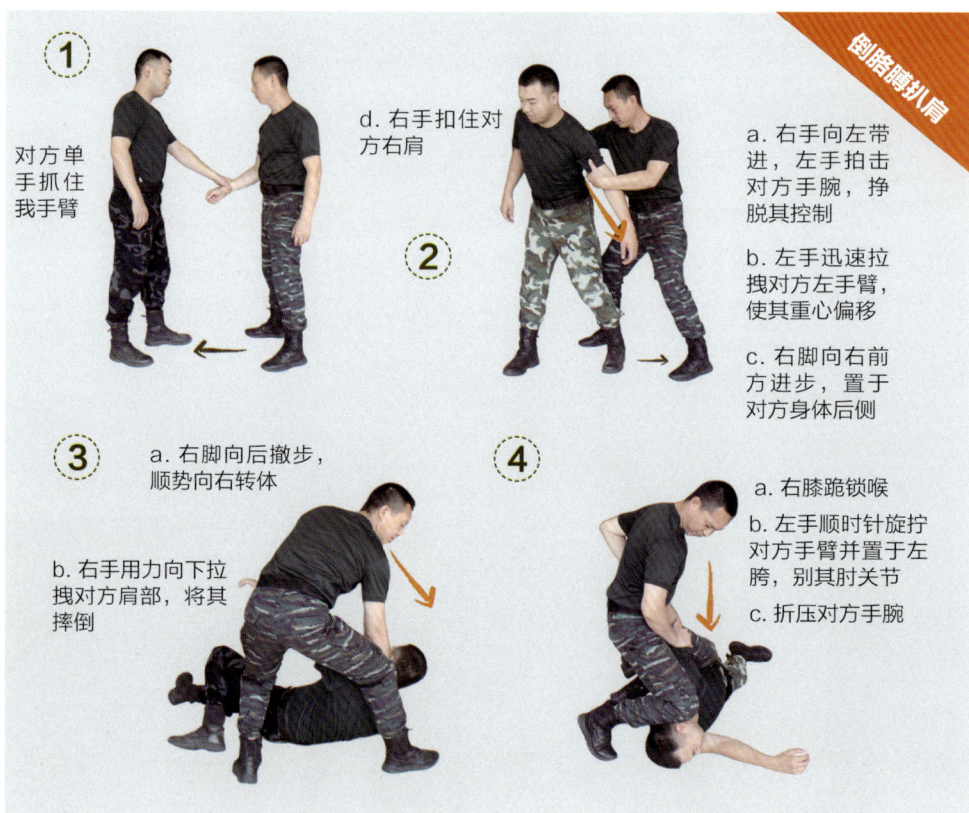

倒胳膊扒肩

① 对方单手抓住我手臂

d. 右手扣住对方右肩

② a. 右手向左带进，左手拍击对方手腕，挣脱其控制

b. 左手迅速拉拽对方左手臂，使其重心偏移

c. 右脚向右前方进步，置于对方身体后侧

③ a. 右脚向后撤步，顺势向右转体

b. 右手用力向下拉拽对方肩部，将其摔倒

④ a. 右膝跪锁喉

b. 左手顺时针旋拧对方手臂并置于左胯，别其肘关节

c. 折压对方手腕

反手抱单臂

如果前两个技术不足以解决问题，而我又需要反制，就可以实施反手抱单臂。这个技术的要求是，突然、出其不意、攻其不备，以重摔制伏。

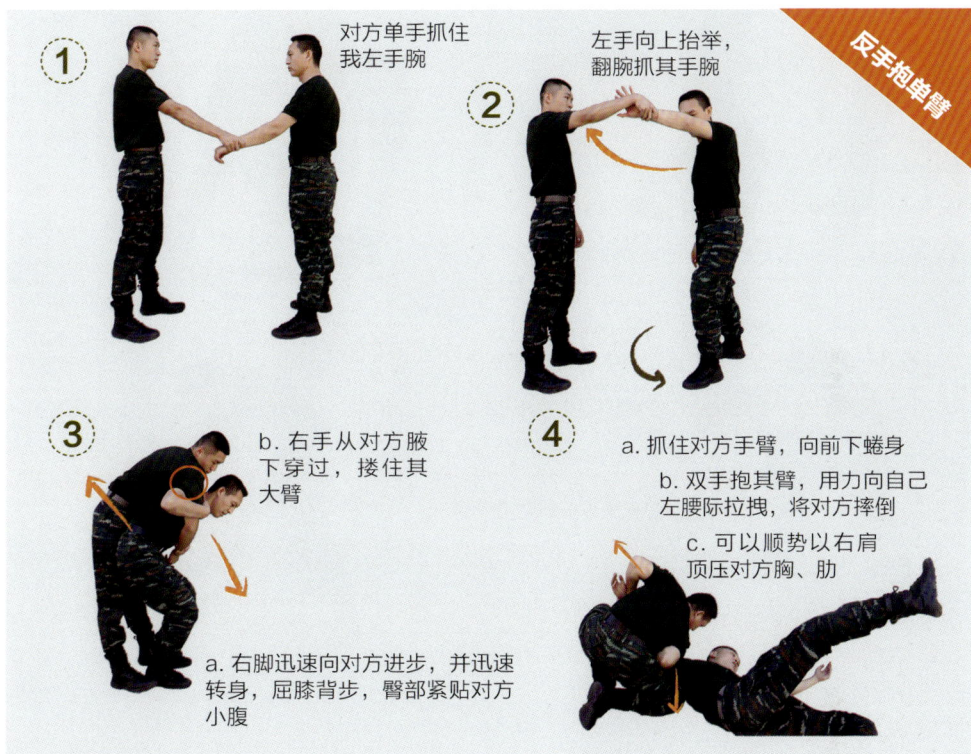

① 对方单手抓住我左手腕

② 左手向上抬举，翻腕抓其手腕

反手抱单臂

③ b. 右手从对方腋下穿过，搂住其大臂

a. 右脚迅速向对方进步，并迅速转身，屈膝背步，臀部紧贴对方小腹

④ a. 抓住对方手臂，向前下蜷身

b. 双手抱其臂，用力向自己左腰际拉拽，将对方摔倒

c. 可以顺势以右肩顶压对方胸、肋

拉肘别臂

这是一个降伏技，先进步击腹，再拉肘使对方屈臂，被抓手臂顺势解脱后穿过对方的屈臂，扣住其肩头，而自己也要屈臂夹住对方小臂。

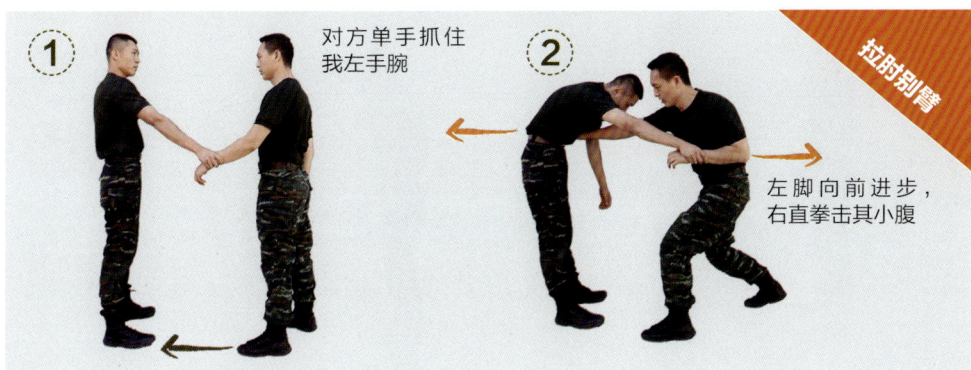

① 对方单手抓住我左手腕

② 左脚向前进步，右直拳击其小腹

拉肘别臂

③
　a. 右手抓扣对方肘关节，逆时针向自己怀内旋拉

　b. 左手挣脱对方控制，从其小臂下穿过

④
以左小臂和大臂的合力夹住对方小臂，左手扣其右大臂外侧或肩部

⑤
　a. 右脚向左后方撤步，身体迅速向右转

　b. 夹紧对方小臂，使其紧贴我左肋

　c. 身体前倾，降低重心，向下按压对方手臂

⑥
右手折压对方手腕

拍臂砍脖顶裆摔

　　这个技术可以对付身高、体重比自己有优势的对手。因为无论对方多么高大强壮，他的脖颈和裆部都是脆弱的。

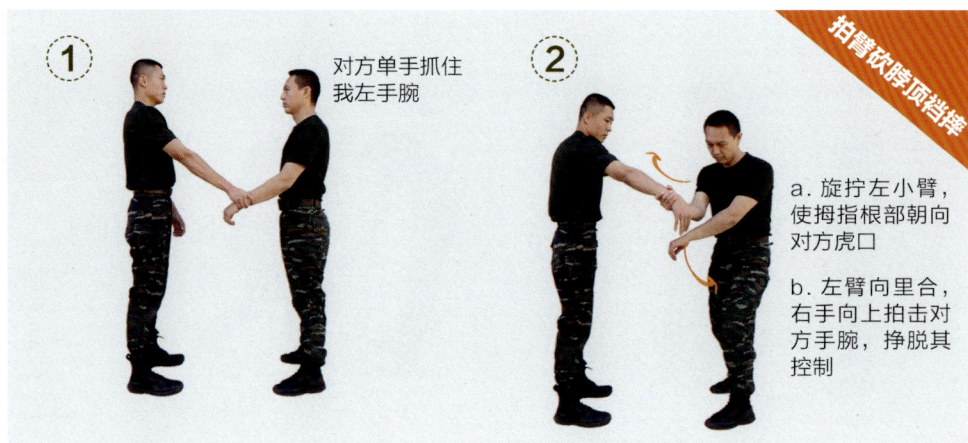

①
对方单手抓住我左手腕

②
拍臂砍脖顶裆摔

　a. 旋拧左小臂，使拇指根部朝向对方虎口

　b. 左臂向里合，右手向上拍击对方手腕，挣脱其控制

③ 右手反掌击打对方脖颈

④
a. 左手抓住对方手腕

b. 右手扣住对方后颈，向自己怀里拉拽

c. 起右膝顶击对方裆部

⑤ 右手向左下按压对方头部，将其摔倒

⑥
a. 右膝跪其肋，左手旋拧对方左臂，将其置于我左胯，并折压其手腕

b. 用右拳击对方面部

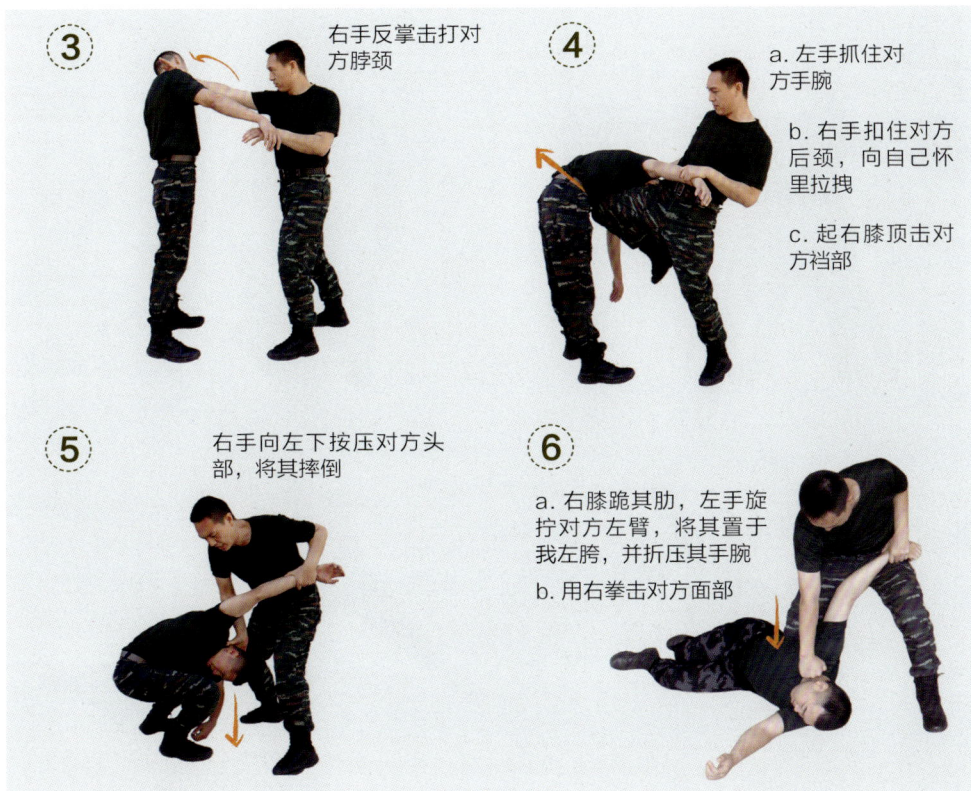

应对双臂被抓

车轮步勾踢脚

借助脚下步法移动，带动对方上体移动，乘机脚下勾踢，将其摔倒，从而解脱。这个技术可用于身高、体重与自己相当或比自己差一点的对手。

① 对方以双手抓住我双臂

②
a. 抬臂抓扣对方手臂

b. 以车轮步向对方一侧移动身体

车轮步勾踢脚

③ 右臂拉，左臂推，带动对方身体重心移动，迫使其跟随我移动

④ a. 继续右臂拉，左臂推，控制对方重心

b. 顺势起右脚，勾踢对方移动的前脚

⑤ 顺势将对方摔倒

⑥ 根据情况进身，用拳攻击其面部

上步插臂崴勾踢

这个技术是在插臂崴不能将对方摔倒的时候，通过起勾子摔倒对方，解除困境。

① 对方以双手抓住我双臂

② **上步插臂崴勾踢**

a. 左手抓扣对方右大臂，左脚向前进步，身体向左转

b. 右手从对方左腋下穿过

③
a. 左手抓紧对方大臂向自己左腰际拉拽

b. 右手抱住对方左腰，扣压其后颈

④
a. 猛然向左转体，右大臂用力向斜下方按压

b. 起右腿勾子，摔倒对方

⑤ 左手抓住对方手臂，保持控制

⑥ 用右拳攻击对方肋部或面部

抢手后抱腰摔

这个解脱之法适合对摔法技术掌握得比较好的人用，一招制敌，解围脱困。关键之处在于倒胳膊抢手，将对方往怀里拉的时候，移动步伐，闪身到对方身后抱其腰，这个动作要快。

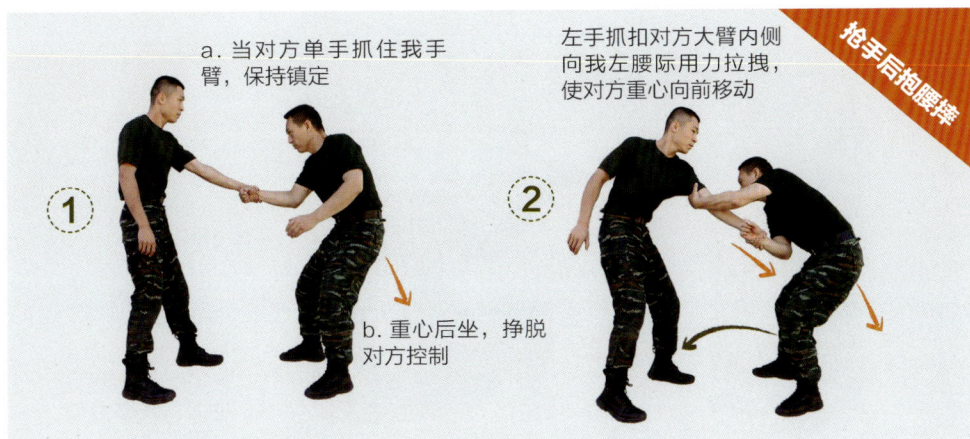

① a. 当对方单手抓住我手臂，保持镇定

b. 重心后坐，挣脱对方控制

② 左手抓扣对方大臂内侧向我左腰际用力拉拽，使对方重心向前移动

抢手后抱腰摔

③
a. 挣脱控制
后，从对方
左侧迅速移
步到其后方

b. 环抱对方腰际

④
a. 用力挺身将
对方抱起

b. 提右膝顶靠对方
右大腿

⑤
身体向右转
并向前倾，
顺势将对方
摔倒

⑥
a. 左膝跪压对
方腰部或肋部

b. 挥拳击打对
方头面部

兔子蹬鹰

这个技术要求我主动后倒，强制对方跟随，然后蹬腿顶住对方腹部，借向后摔倒的惯性摔倒对方。

①
对方以双手抓住
我双臂

②
兔子蹬鹰

a. 迅速用双手抓扣对方肩
部或肩部的衣服

b. 迅速向后蜷身下坐，向
后做滚翻动作

c. 双手用力拉
拽对方肩部或
衣服

d. 起右脚，蹬
住对方腹部或
裆部

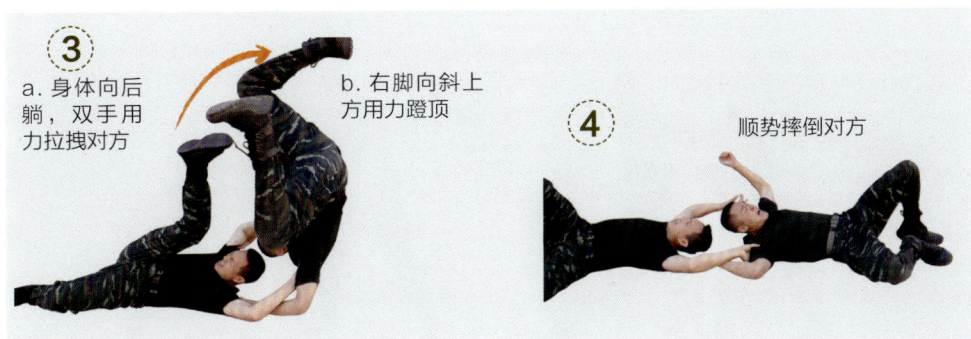

③
a. 身体向后躺，双手用力拉拽对方

b. 右脚向斜上方用力蹬顶

④ 顺势摔倒对方

之所以用了许多摔法来解脱，是因为在防卫搏斗中，当对方使用抓、拿、抱等接触性的动作时，说明对方的控制欲已经较强了，如果只是单纯解脱，可能不足以化解危险与困境，按照"加一原则"，将解脱与摔打结合起来，既能给对方一个打击，让其知难而退，又能解除自己的困境。如果对方继续施暴，而自己的缠斗和降伏技术很好，也可以在摔倒对方后实施缠斗和降伏技，以彻底制伏对方。

抱腰解脱

腰部是人的敏感区域和核心区域，是经常被袭击的部位，所以应当保护好。如果被抱腰，则极易失去重心而摔倒，陷入更深的困境。

从后抱腰两臂在外的解脱
折指转身

这个技术的核心是折指，利用反指关节技降伏对方。其要点是，下蹲控制重心，防止被摔，双脚蹬地，挺腹后仰，用后脑撞击对方的面门，这是为了干扰对方，以便找到其环抱时最易控制的一两根手指，反向折指，解脱其环抱之势，折握对方的手指不松，转身成降伏之势。

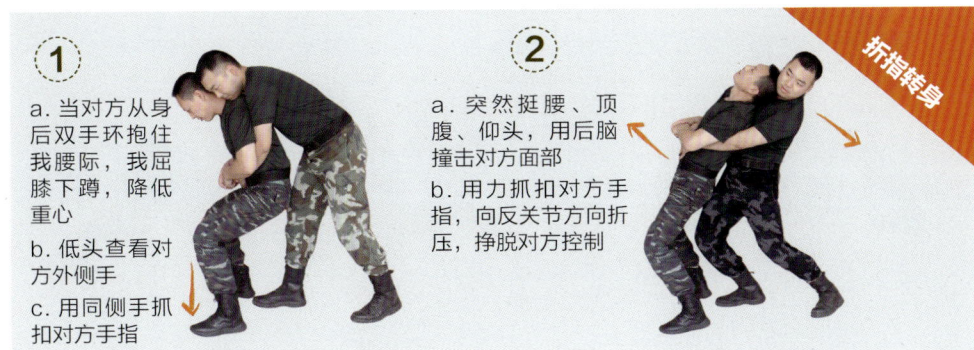

①
a. 当对方从身后双手环抱住我腰际，我屈膝下蹲，降低重心
b. 低头查看对方外侧手
c. 用同侧手抓扣对方手指

②
a. 突然挺腰、顶腹、仰头，用后脑撞击对方面部
b. 用力抓扣对方手指，向反关节方向折压，挣脱对方控制

折指转身

③ 双手抓住对方手指，向反关节手指一侧转体

④ a. 向后撤步，拉开与对方的距离

b. 在反关节的基础上旋拧对方手臂

⑤ a. 继续控制对方

b. 踢击对方头面部

夹臂推车

可以向前跨大步，同时用双手分别抓抱住对方双臂；两脚前移，挺腰、挺髋、仰头，重心后倒，将身体压在对方头部、肩部，将其压制；随之翻身侧滚动，即可解脱。

① a. 对方从身后环抱我腰际，我屈膝下蹲，双手抓紧对方手腕或者手指

b. 用力将对方两臂夹于腋下，使其不能抽脱

② 夹臂推车

两脚向前移步，挺腰、挺髋、仰头，将对方带倒在地面

③ a. 向对方被抓手指同侧转体，挣脱对方控制

b. 转体时，保持控制对方手指

④ 起身，反向折压对方手指

夹臂滚

用一只手臂夹住对方的手臂，迅速变左弓步，身体下探，用侧身滚将对方带倒，而后迅速转身接降伏技肩颈肘。

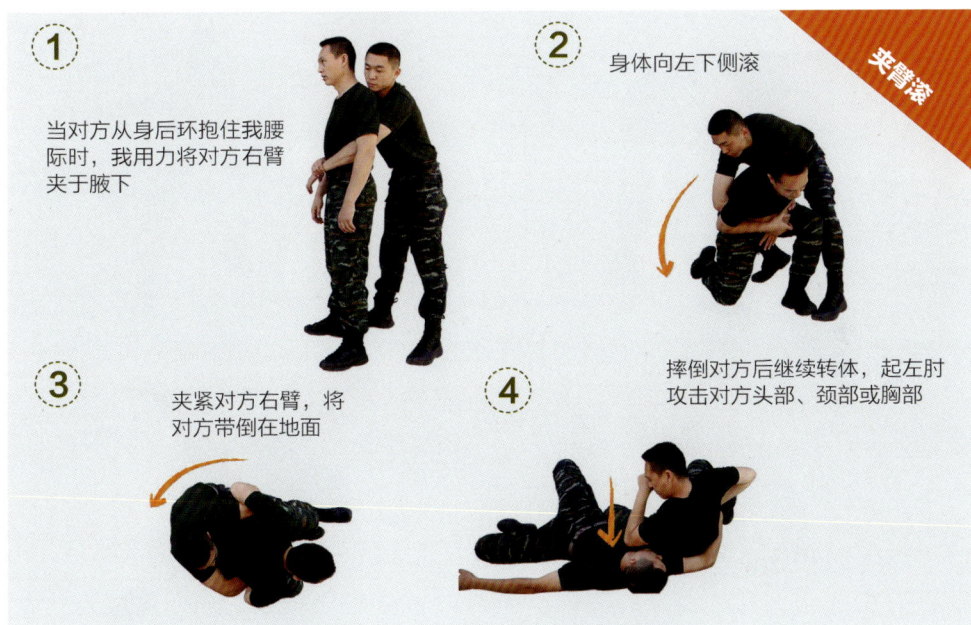

① 当对方从身后环抱住我腰际时，我用力将对方右臂夹于腋下

② 身体向左下侧滚

夹臂滚

③ 夹紧对方右臂，将对方带倒在地面

④ 摔倒对方后继续转体，起左肘攻击对方头部、颈部或胸部

拐肘夹颈

若被对方抱腰时我的两臂在外，只要对方没有及时将我摔倒或者抱起，我可做的反抗、反击动作是很多的。一方面，双臂没有被束缚，用拳、掌、肘来抓、扣、打、夹、锁、绞都是可以的；另一方面，双腿没有被束缚，用脚、膝、胯来踩、顶、别也都是可以的。明白了这一点，就可以随意组合切实有效的解脱动作，拐肘夹颈就是使用攻击动作加摔法的解脱技巧。

① 对方从后面环抱我腰际

② 屈膝下蹲，转身肘击对方头面部

③ a. 回转身体，右臂从对方后颈绕过，将其脖颈夹于我右腋下

b. 左手抓住对方右手腕

④ c. 控制对方脖颈，随转身向左下旋拧

b. 右臀顶靠对方腹部

a. 撤左脚，身体猛然向左转

⑤ 顺势将对方摔倒

⑥ 以肩颈肘技巧降伏对方

搂腿坐腹

俯身用双手从自己两腿间搂抱住对方脚踝并向前上方拉拽，同时挺胸向后摔倒对方，并坐在其裆部或腹部。这个位置是接膝固、脚踝锁、足跟勾的最好位置，如果一个后倒摔法不能够让对方屈服，那就直接降伏他。

① 对方从后面环抱我腰部

② 屈膝下蹲弯腰，从胯下抄抱对方脚踝

搂腿坐腹

③ a. 向上搂拽对方脚踝，以臀部为支点，将对方摔倒

b. 臀部下坐，挤压对方裆部

④ 用膝固降伏对方

从后抱腰两臂在内的解脱

外提肘拍裆背摔

完成这个技术的要求有三点：一是对方抱住的是我的大臂；二是下蹲与提肘同时进行，且要有足够的爆发力；三是一只手拍裆，另一只手抓胳膊，两个动作同时进行。

① 对方从后面箍住我双臂

② 身体突然下蹲，从两侧向上提肘

外提肘拍裆背摔

③ a. 右手抓住
对方右手腕

b. 身体向左转，
左手拍击对方裆部

④ b. 抱臂背摔

a. 左脚向后撤步

⑤ a. 保持对对方
左臂的控制

b. 使对方腾空，然后将
其重重砸向地面

⑥ a. 保持对对方左臂的控制

b. 挥拳击打对方头面部
或肋部

前抬臂肘肋蹬裆

这个技术对实施者的要求较低，下蹲的同时双臂从正前方猛力内旋并抬起，回肘击肋，再起后蹬腿击打对方裆部或腹部。

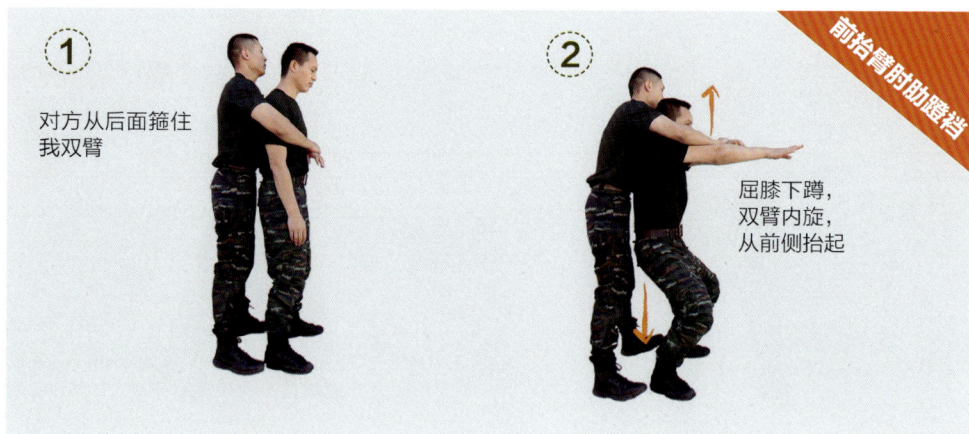

① 对方从后面箍住
我双臂

② 前抬臂肘肋蹬裆

屈膝下蹲，
双臂内旋，
从前侧抬起

③

a. 转身用肘部击打对方肋部

b. 保持单手对对方手臂的控制

④

后蹬腿攻击对方裆部或腹部

从前抱腰两臂在外的解脱

撤步压颈掀腿

当我被对方从正面抱住腰时，我迅速向后撤步，身体略向前压，屈髋坐腰，肘压对方后颈，向一侧转体，一手向下按其头，一手向上掀其腿，将其摔倒。

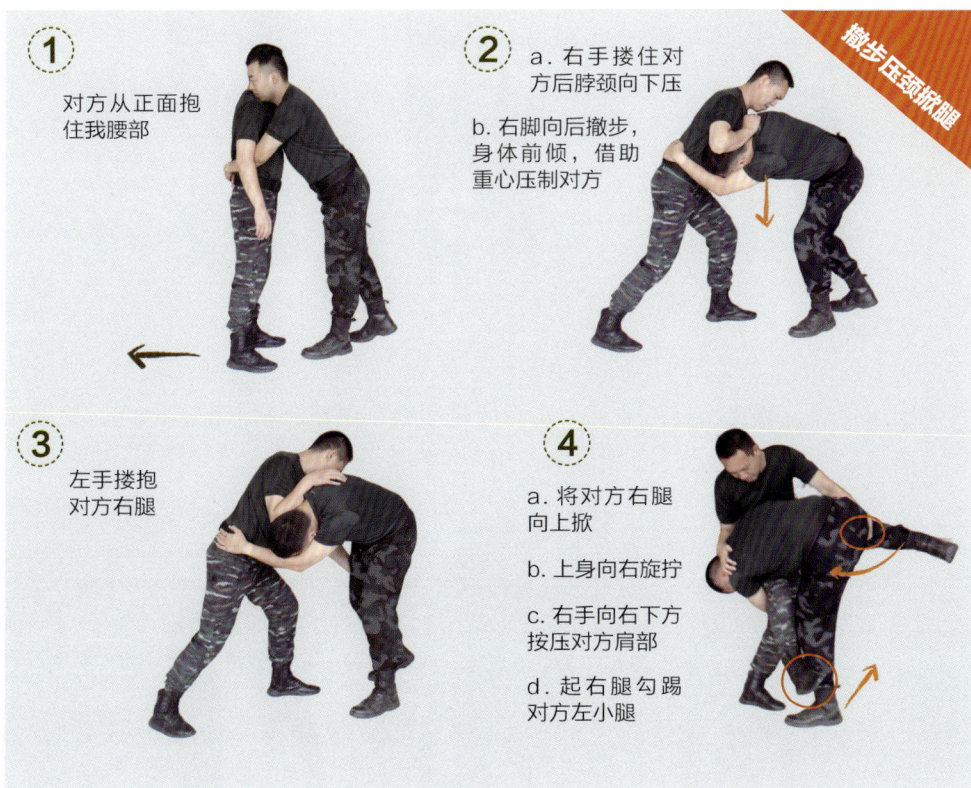

① 对方从正面抱住我腰部

② a. 右手搂住对方后脖颈向下压

b. 右脚向后撤步，身体前倾，借助重心压制对方

撤步压颈掀腿

③ 左手搂抱对方右腿

④ a. 将对方右腿向上掀

b. 上身向右旋拧

c. 右手向右下方按压对方肩部

d. 起右腿勾踢对方左小腿

· 129 ·

⑤ 顺势将对方摔倒

⑥ a. 用膝盖压制对方
b. 挥拳击打对方头面部等要害部位

拽发砍脖

这个解脱技术很简单，主要对对方的头发和颈动脉窦两处要害发动反击，高效实用。

① 对方从正面抱住我腰部

② 左手抓住对方的头发向左后方猛力拉拽，使其脖颈露出

③ 挥右掌砍击对方脖颈

拽发砍脖

双峰贯耳

双峰贯耳是以双掌合力拍击对方双耳。这个技术很简单，杀伤力极强，被击打者会出现疼痛、耳鸣、鼓膜破裂，从而造成恶心、眩晕、站不稳、休克，甚至死亡。注意，不到万不得已，不要轻易使用。

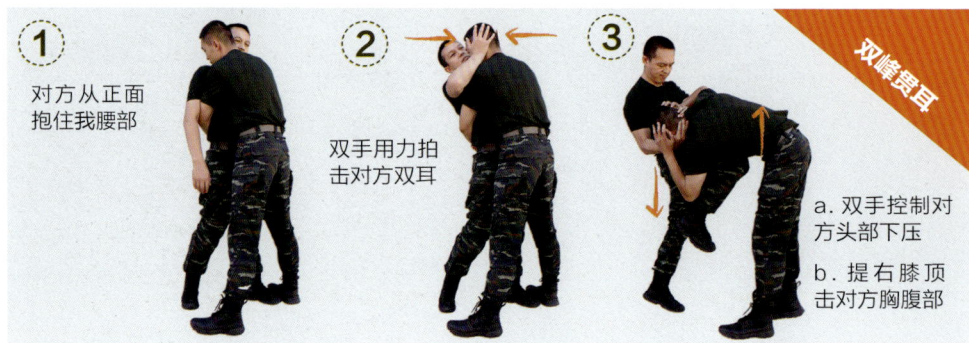

① 对方从正面抱住我腰部

② 双手用力拍击对方双耳

③ a. 双手控制对方头部下压
b. 提右膝顶击对方胸腹部

双峰贯耳

从前抱腰两臂在内的解脱

绊腿下压前倒撑

这个技术有点类似于合浦搂，不同的是，合浦搂是主动抱摔对方，而绊腿下压前倒撑是被动性防御反击。还是和合浦搂一样的绊腿，身体向前压成前倒，可以在倒地时双手撑地，迅速起身，以拳击打对方腹部或裆部接脚踝锁或者肌肉切，也可以在倒地时将自己的重心完全压在对方身上，然后迅速起身踢击其裆部。

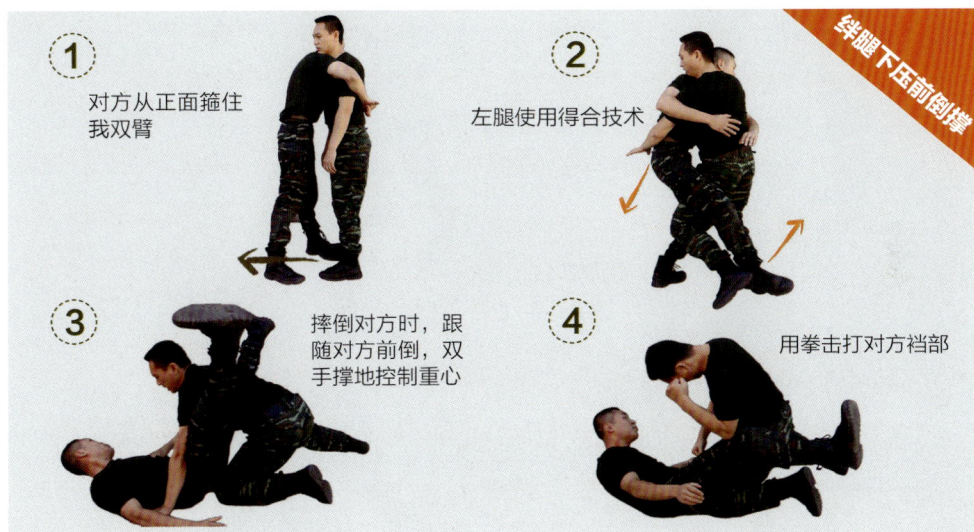

① 对方从正面箍住我双臂

② 左腿使用得合技术

③ 摔倒对方时，跟随对方前倒，双手撑地控制重心

④ 用拳击打对方裆部

绊腿下压前倒撑

猴子摘桃

这是一个非常有效的降伏技，只是一直都背负着"阴招"的"坏名声"。古人云："正人用邪法，其法亦正；邪人行正法，其法亦邪。"同样的招式，逼强行凶者用会伤害无辜，受害者用可击退行凶者而自保。所以名声好坏不在动作是否阴险，而在使用动作的人、使用的目的是否正义。

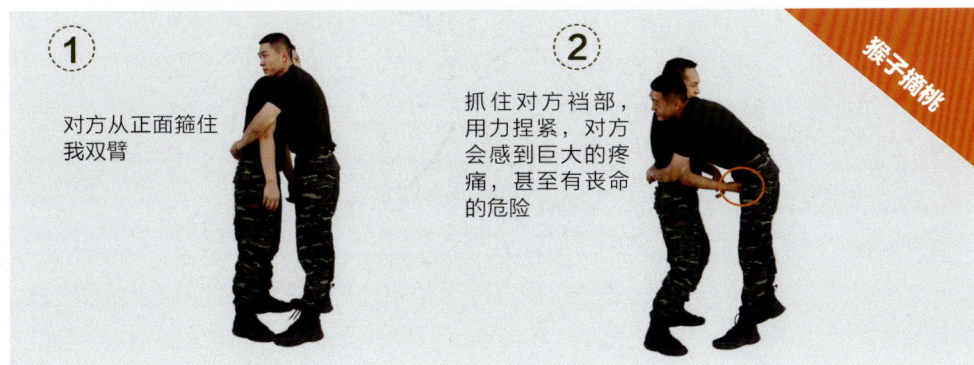

① 对方从正面箍住我双臂

② 抓住对方裆部，用力捏紧，对方会感到巨大的疼痛，甚至有丧命的危险

猴子摘桃

击肋顶裆

这个技术可以对付身高比自己高的对手。先用拳或掌击打对方的肋部，接着提膝顶其裆。动作简单高效，干脆利落。

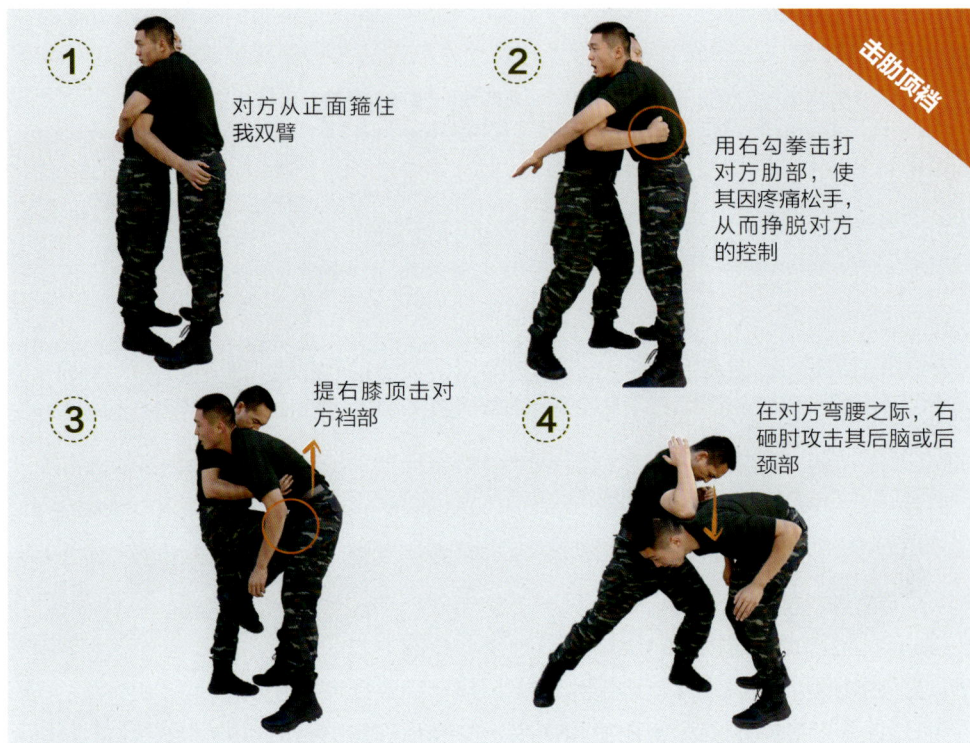

① 对方从正面箍住我双臂

② 用右勾拳击打对方肋部，使其因疼痛松手，从而挣脱对方的控制

击肋顶裆

③ 提右膝顶击对方裆部

④ 在对方弯腰之际，右砸肘攻击其后脑或后颈部

锁喉解脱

咽喉是人的要害部位，被卡喉、锁喉会引起呼吸困难、昏迷、窒息乃至死亡，所以在搏斗中应当极力避免被锁喉。如果被锁喉，说明对方可以威胁到我们的生死，那么我们必须调度全身精力，奋力反击。首先要做的就是勾头收下颌，一方面是保护咽喉，另一方面是防止后脑受到撞击。

站立式被正面单手卡脖

砸肘砍脖

这个技术最重要的一点就是砸肘，实际上是用自己的肘部去砸击对方的肘窝，中断对方的推力和掐力，解脱卡脖，然后就可以接后续动作，以掌砍脖，也可以以肘击头、以膝顶面，或者缠臂按头摔，等等。

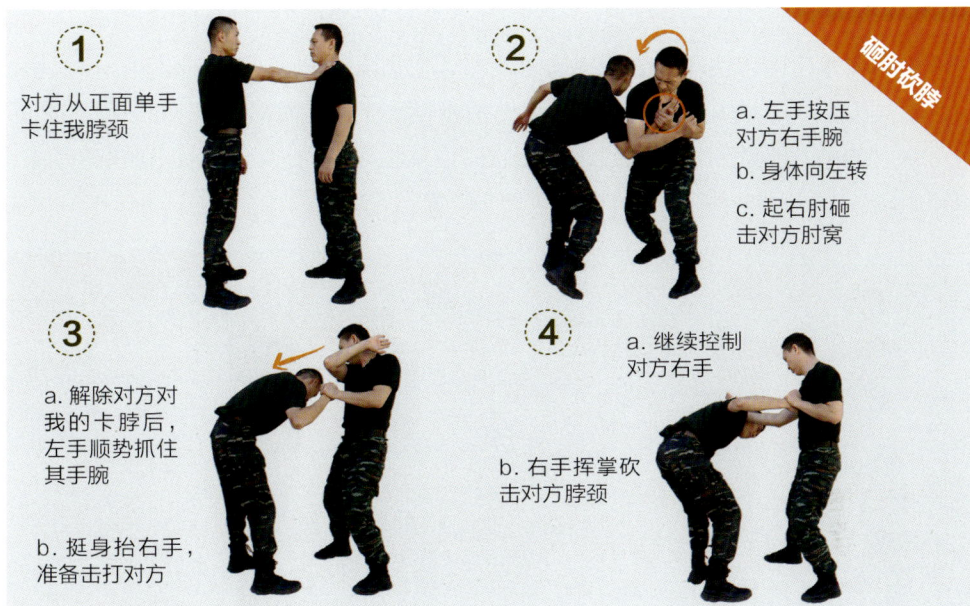

① 对方从正面单手卡住我脖颈

砸肘砍脖

② a. 左手按压对方右手腕

b. 身体向左转

c. 起右肘砸击对方肘窝

③ a. 解除对方对我的卡脖后，左手顺势抓住其手腕

b. 挺身抬右手，准备击打对方

④ a. 继续控制对方右手

b. 右手挥掌砍击对方脖颈

夹腕别臂

这个技术在能够抵抗住对方的推力，且还能转身的情况下使用。以一臂之力夹住对方手腕，另一只手扣住卡我脖子的手指，转身折腕，解脱卡喉。

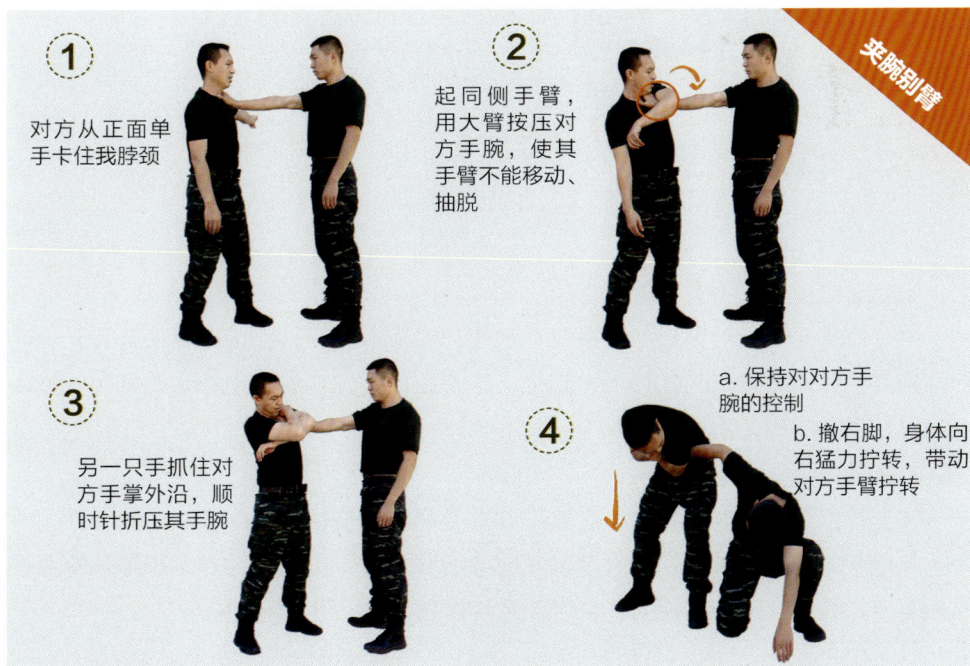

① 对方从正面单手卡住我脖颈

夹腕别臂

② 起同侧手臂，用大臂按压对方手腕，使其手臂不能移动、抽脱

③ 另一只手抓住对方手掌外沿，顺时针折压其手腕

④ a. 保持对对方手腕的控制

b. 撤右脚，身体向右猛力拧转，带动对方手臂拧转

插眼踢裆

这个技术的伤害性比较强，对实施者技术的要求比较高。插眼要快、准、狠，因为目标很小，对方头部一个微小的动作就能导致双眼位置发生变化，很难实施准确打击。如果不能做到快速插眼，也可以先以掌推对方面门，然后再以指抠其眼，效果相同。

① 对方从正面单手卡住我脖颈

② 插眼踢裆

a. 一只手抓住对方手掌

b. 另一只手突然戳击对方双眼

③ a. 通过反折对方手指控制对方

b. 踢击对方裆部

站立式被正面双手卡脖

搏斗就是博弈，对方从正面用双手对我们实施卡脖时，力量比单手更大，但对方也暴露了自己面门和胸腹等要害部位，这就给了我们施展解脱之法的机会，迅猛地给对方来上一击，就可以解脱困境。

击肋推面

这个技术实施的前提条件是对方不能比我高出太多，或者对方卡住我脖颈的双臂必须是弯曲的，这样我以拳或掌击其肋才能有力度，才能使对方卡我脖颈的双手停止施力，我再以掌推其面门，也可以进步挑肘。

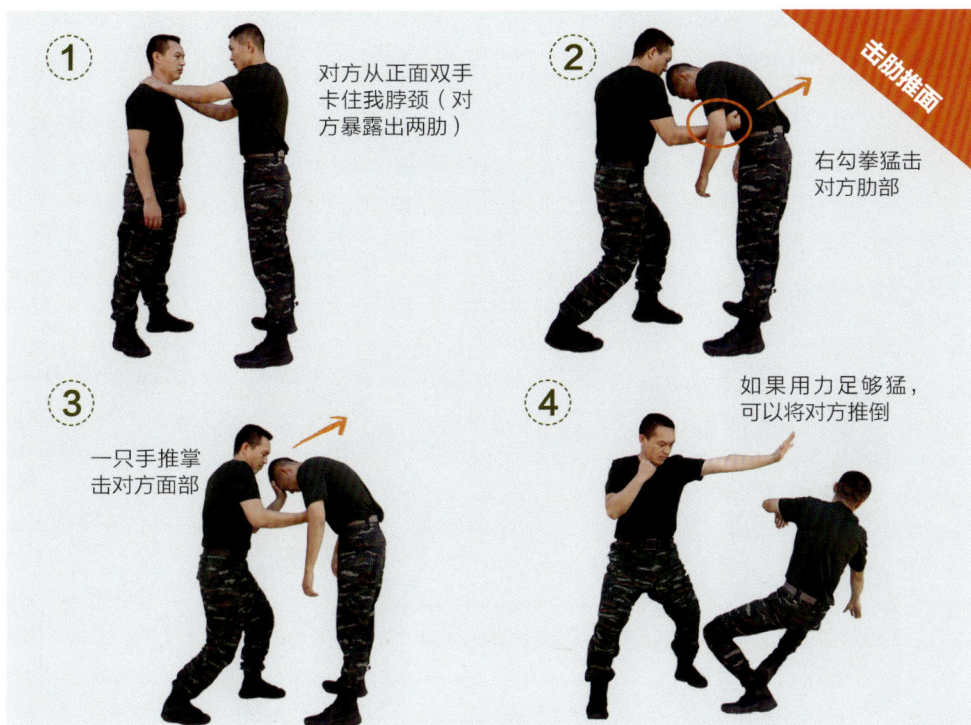

① 对方从正面双手卡住我脖颈（对方暴露出两肋）

② **击肋推面**
右勾拳猛击对方肋部

③ 一只手推掌击对方面部

④ 如果用力足够猛，可以将对方推倒

双峰贯耳

这个技术的杀伤力非常大，一点力气就能使对方头晕目眩，如果力气大一点，很容易造成对方脑震荡或颅内出血，进而致其昏迷或死亡。因此，不是在生命受到威胁的时候，不要轻易使用。另外，在抱腰解脱中已经提到过此技术，从中可以看出，在近身搏斗中，不管对方对我做了怎样的攻击，只要我自己扛得住，又能突然击打对方的要害部位，对方的攻击就都会受阻，我就能从困境中解脱出来。

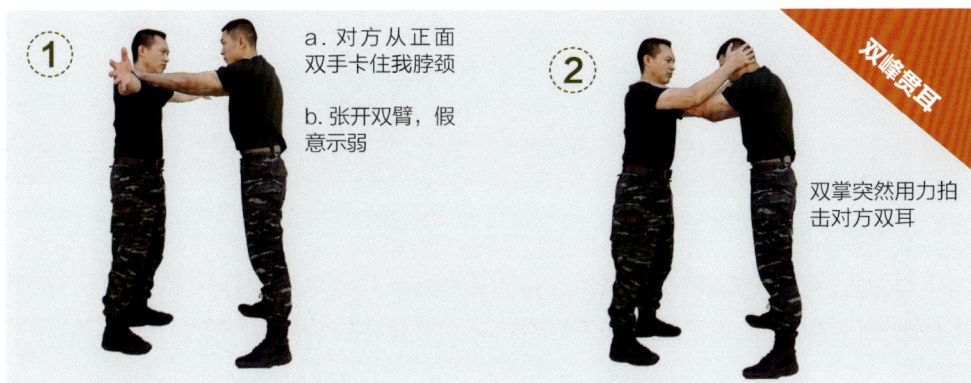

① a. 对方从正面双手卡住我脖颈

b. 张开双臂，假意示弱

② **双峰贯耳**
双掌突然用力拍击对方双耳

· 135 ·

攻击对方耳朵的技法，以拍掌最为常见，也可以用平勾拳。同时击打双耳，就是双峰贯耳。如果条件不允许，只能击打对方一只耳朵，则称单手贯耳，与双峰贯耳作用一样，只是效果略弱一点点。

击裆砍肘

击裆的方式应视双方的距离而定，远一点用脚踢，近一点用膝顶，再近一点不便于提膝时就用手抓，一旦命中，即可解除被卡喉的困境，再接一记砍肘击头，可以争取更多时间逃离危险。

① 对方在较远距离从正面直臂卡住我脖颈

② a. 双手用力向下拉拽对方手腕
b. 起弹踢腿击打对方裆部

③ 攻击腿落地后，控制重心保持身体平衡，抬右肘准备击打

④ 右砍肘攻击对方脖颈

击裆砍肘

站立式被后面单手夹脖

被夹脖是非常危险的事，因为手臂的力量要比手指大得多，而且对方的另一只手很快就能辅助搭扣形成锁技，例如裸绞、袖车、三角锁等，所以一旦发生这种情况，应当尽快解脱。

反手抱头摔

勾头收下颌，撤步转身，以后肘击对方肋部，屈膝弯腰，身体重心下沉，反手搂抱对方后脖颈，右膝跪地，向下蜷身，以后腰为支点将对方摔倒，解除困境。

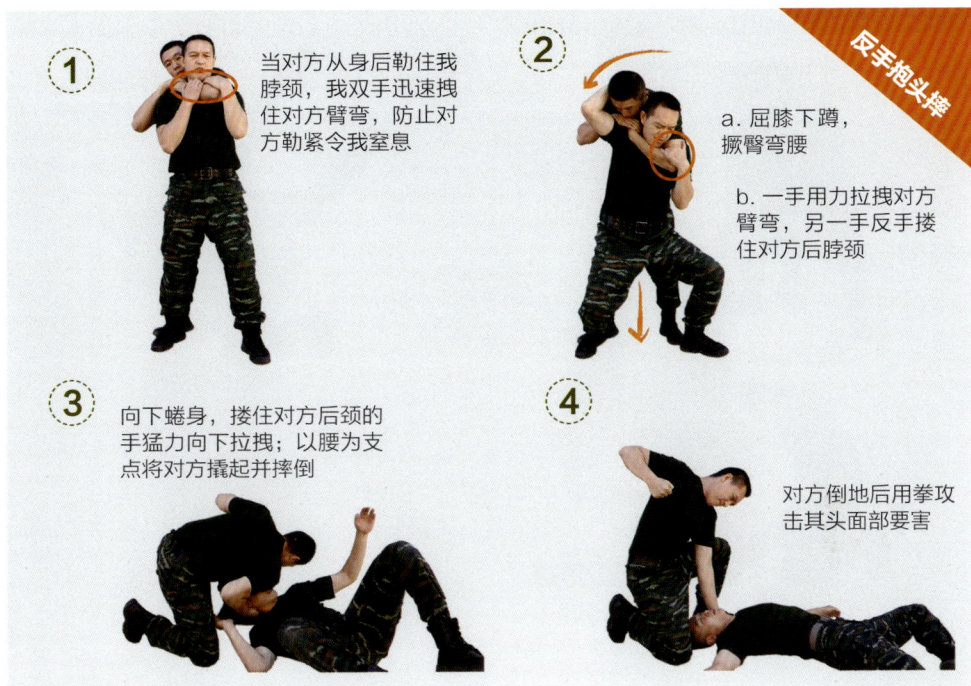

① 当对方从身后勒住我脖颈，我双手迅速拽住对方臂弯，防止对方勒紧令我窒息

② a. 屈膝下蹲，撅臀弯腰

b. 一手用力拉拽对方臂弯，另一手反手搂住对方后脖颈

反手抱头摔

③ 向下蜷身，搂住对方后颈的手猛力向下拉拽；以腰为支点将对方撬起并摔倒

④ 对方倒地后用拳攻击其头面部要害

拍裆抱单臂

勾头收下颌，同时一只手抱住对方的胳膊，脚下稍向一侧移动，另一只手拍其裆，然后接抱单臂，将对方摔倒。

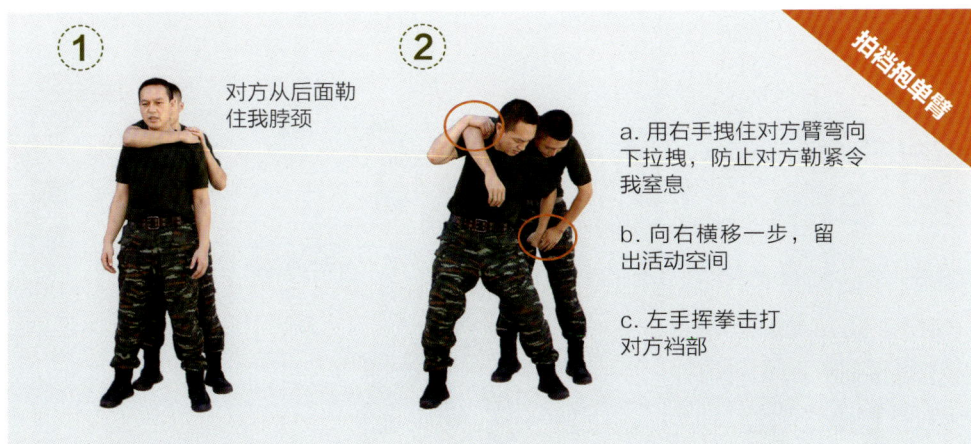

① 对方从后面勒住我脖颈

② a. 用右手拽住对方臂弯向下拉拽，防止对方勒紧令我窒息

b. 向右横移一步，留出活动空间

c. 左手挥拳击打对方裆部

拍挡抱单臂

③ 借助对方弯腰的时机，左手抓住其右小臂

④ 用抱单臂摔的动作摔倒对方

⑤ a. 对方倒地后保持对他的控制

b. 挥拳击打对方头面部要害

侧转身拍裆顶膝

对于站立式被后面单手夹脖，只要对方还没来得及搭扣，没有破坏我的重心，我就可以施展一技反手猴子摘桃，这样既可以破坏、阻停对方的攻击动作，解除对我的威胁，也可以进一步降伏对方。从这里可以看出，当我们被从后面单手夹脖时，攻击对方裆部，是非常有效的解脱技能。侧转身拍裆顶膝就是运用了攻击对方裆部这一关键技能。

① 对方从后面勒住我脖颈

② a. 两手拽住对方手臂，防止其勒紧

b. 向右横移一步，向左侧转体

侧转身拍裆顶膝

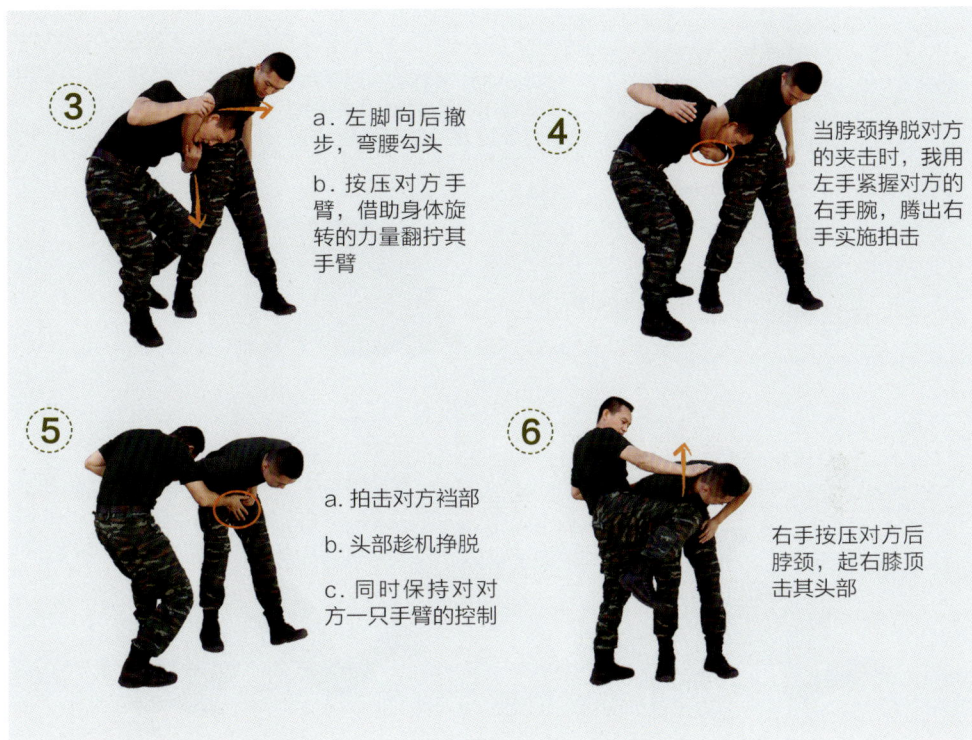

③
a. 左脚向后撤步，弯腰勾头

b. 按压对方手臂，借助身体旋转的力量翻拧其手臂

④
当脖颈挣脱对方的夹击时，我用左手紧握对方的右手腕，腾出右手实施拍击

⑤
a. 拍击对方裆部

b. 头部趁机挣脱

c. 同时保持对对方一只手臂的控制

⑥
右手按压对方后脖颈，起右膝顶击其头部

被压地面双手卡脖

被对方压在地面是极其不利的，就算练习过柔术的人，如果对地面缠斗和降伏技掌握不熟练，也是很危险的，因为在地面，能够移动的空间和能够使用的动作都是有限的，这就更需要练习好缠斗和降伏技术。要解决被压地面双手卡脖的状况，通常分为两个阶段：第一阶段，解除卡脖以防窒息，通常用拉肘，或击打对方头部或颈部要害部位来实现；第二阶段，降伏对方，通过在缠斗时使用绞窒技术或关节技来实现。

拉肘手臂十字固

这是一个关节降伏技，完成它的前提是对方没有骑坐在我的腹部，而是跪于我臀部后侧的地面。在我被对方摔倒后，要防止对方以乘骑之势骑坐我腹部的关键是用好地面防备势，这一动作在倒功一节里讲过。拉肘手臂十字固的关键点有两个，一个是用拉肘解除对方的卡脖动作，另一个是使用手臂十字固降伏对方。

① 在倒地状态下，对方从上方用双手卡住我脖颈，但未骑在我腰腹部

② a. 左手按压对方右手腕，右手抓扣对方肘窝并向下拉拽，使其小臂紧贴我胸腹

b. 左脚蹬地，使臀部向左侧移动，上身向右转

③ a. 保持对对方手臂的控制

b. 抬左腿，用腘窝靠压对方左侧脖颈

④ a. 保持对对方手臂的控制，身体向左转

b. 左腿向左下方用力，将对方压向地面

⑤ a. 将对方大臂外侧或肘关节置于我耻骨上方

b. 双手握紧对方右手腕

⑥ 以手臂十字固降伏对方

拉肘压肘

这个技术是拉肘手臂十字固的变形，甚至可以说两者同根同源，是从途径上相互弥补的阴阳鱼。两者的区别只是实现十字固之前的转体方向不同，拉肘压肘是顺时针，拉肘手臂十字固是逆时针，如同阴阳可以相互转换一样，这两个技术也可以转换，关键点就在转体时。

拉肘压肘

① 在倒地状态下，对方从上方用双手卡住我脖颈，但未骑在我腰腹部

② a. 左手按压对方右手腕，右手抓扣对方肘窝并向下拉拽，使其小臂紧贴我胸腹

b. 用右脚蹬住对方左胯根，臀部向左侧移动

③ a. 保持对对方手臂的控制

b. 抬左腿，用腘窝贴靠对方左侧颈部并下压，但对方用力抵抗，我不能将对方摔倒，于是实施手臂十字固

④ a. 保持对对方手臂的控制

b. 身体向右转

⑤ a. 借助转体的力量将对方带倒在地面

b. 继续保持对对方手臂的控制，拉直其手臂

⑥ a. 以双肘撑地，控制对方手腕，使之紧贴我胸部

b. 将对方大臂外侧置于我耻骨上方

c. 两膝着地，尽量分开

d. 向下挺腰、挺髋，别压对方肘关节

贯耳夹颈

这是一个绞窒降伏技，完成它的前提是对方跪于我臀部后侧的地面卡我脖颈。被压地面双手卡脖是极其危险的，但只要练习一下地面缠斗和降伏技，要解除被压制的局面也不难。从我与对方所处的距离和位置关系上，与站立式被正面双手卡脖

几乎相同，对方的头部、面部、颈部、胸部、肋部都近距离暴露给我，我就可以使用贯耳、插眼、砍脖等动作解除卡脖，实现第一阶段的目标。贯耳夹颈，就是先以双峰贯耳再以绞室降伏来破解被压制的状况的技术。

贯耳夹颈

① 在倒地状态下，对方从上方用双手卡住我脖颈，但未骑在我腰腹部

② 双手用力从两侧拍击对方双耳

③ a. 左手抓住对方右手腕，右手抓住对方左手腕

b. 两腿夹住对方双臂，两脚在其后颈搭扣

④ a. 两手用力拉拽，两膝用力挤压

b. 同时挺腰、挺髋

⑤ 待对方反抗力量减弱或窒息，将其放倒

袖车

如果对方是骑乘在我的腹部，我就需要用双手猛力拉拽对方的肘窝，中断对方

对我的推压和卡喉之力，然后单手贯耳，再将手臂绕到对方脑后，接袖车动作。如果我没有衣袖，就需要夹住对方脖颈用力拉到自己下颌前，然后接袖车。

徒手袖车

① 在倒地状态下，对方从上方用双手卡住我脖颈，但未骑在我腰部

② 我双手搭扣，扣住对方肘窝

③ 双手向下压，使对方屈肘，其脖颈靠近我胸口

④ 单手贯耳后，将右手臂绕到对方脑后

⑤ 右手圈搂住对方后脖颈，左手从其下颌处插入，以拳轮压住其咽喉

⑥ 右手扣住左大臂，以右手为支点向上抬起左肘，向下挤压左手，使对方窒息，完成袖车

当然，解脱技法还有很多，不仅仅是我们提到的这些。拳谚云"百打百破"，就是从理论上讲，有一百种攻击的方法，就有一百种破解的方法。不管哪种技法，都需要根据对方与自己的身高、体重、力量、搏斗技术等相关条件的差异，把握好时机，灵活使用。

防卫进阶——徒手对器械

在徒手防卫搏斗中遇到持有棍棒或其他凶器的对手是非常危险的事，应当尽量避免卷入这样的形势中。一旦遭遇这种情况，最明智的做法是迅速撤离现场。

这不是屄不屄的问题，而是遇到问题，按原则、按标准程序分析处理的结果。在"特卫术搏斗原则"一节中，我们谈到要用"加一原则"来分析面对的问题，在"徒手解脱法"一节中，我们也谈到了应用"加一原则"处理问题的一个方面：要争取更多优势，才能战胜对方，摆脱困境。正如《孙子兵法》所讲："先为不可胜，以待敌之可胜。不可胜在己，可胜在敌。"反过来讲，如果我们没有争取到更大的优势，就可能被对方打败。其应用是，没有优势而胜算小，那就避免卷入于己不利的形势中，撤离现场，结合特卫术搏斗原则第二条，速度要快。山猫特卫术不赞成在可以撤离、转移的情况下，以徒手应对持械的对手。如果确实身陷其中而不能撤离现场，应当依据"生命 > 名誉和健康 > 钱财"的次第关系处理危机，先确保生命安全，再寻求方法保护名誉、健康和财产安全。这个我们在"防卫第一策略——攻心为上"一节中已经谈到了。

特别要说明的是，我们也讨论过要不要讲徒手应对器械的内容，如果讲了，会不会误导读者，让读者错误地认为，进行了徒手应对器械的训练，就能够有效运用，就可以徒手制伏持械肇事者？经过讨论，我们还是决定要讲述这部分内容，理由有三。

一是绝大多数时候，我们是不会随身携带防身器械的，当遇到近距离持械袭击，来不及，也不能及时分出精力寻找并拿取周边可以利用的物件时，就只能徒手应对。

二是遭遇持械威胁、攻击时，确实存在撤离无路、退无可退，生命安全受到严重威胁，只能以搏斗的方式来防卫的情况，这时只能破釜沉舟，背水一战。

三是徒手应对器械技术是防卫技术的一个组成部分，就算是学习过、训练过，在遭遇近距离持械攻击时也是"九死一生"的风险系数。但是比起没有学习、不懂不会的"十死无生"而言，学习此防卫技术则多了一成"生"的机会。

基于以上三个理由，我们认为这部分的技术是有价值的，下面我们对这个部分的内容做一个基础性的介绍。

持刀攻击的基本方式

我们这里所说的刀，是指短刀和匕首，虽然它们与长刀、长剑都属于管制物品，但因为其短小而容易携带，易被个别人利用攻击他人。针对持刀攻击，应当快速观察对方与我之间的距离和对方的握刀方式。距离就是时间。通常情况下，我们把与对方之间上一大步伸手还够不着的距离称为"安全距离"。

对方在安全距离攻击时，我还来得及做出防卫动作，如果小于安全距离，除非极度幸运，否则，我几乎来不及反应，无法做出有效防卫。

所以我们在防卫中首先要做的就是尽力保持与对方的安全距离，可以利用身边的物件——桌椅板凳、木棍、背包、水杯、石头、腰带等。控制好距离，可以更好地观察对方的握刀方式、攻击意图，为下一步防卫做好准备。

通过握刀方式基本上可以预判对方的攻击方式，从而决定我要使用怎样的防卫技术。通常情况下，握刀方式有反握与正握两种。

反握　　　　　　　　　　　　　　正握

握刀方式主要取决于刀型，并没有正确与不正确之分，只有适合与更适合之别。根据实际应用环境和条件，握刀方式可以随时变换，正握可以变反握，反握也可以变正握。大部分人会依据自己的技术和力量，结合与对方的距离和要达到的攻击目的等因素，哪种方式更有利、更适合，就用哪种方式。

当然，我们是从防守者的角度来谈持刀攻击，并对一般性的攻击方式进行介绍，只有了解攻击，才能更好地应对攻击。

反握刀的主要攻击方式

在刀具攻击中，反握刀的攻击方式要普遍一些。它的优势很明显，就是刀具在前，相当于延长了手臂，能够得更远，扩大了攻击范围，从而增加持刀者的信心。

直刺

向前上步的同时，向前直刺，如同直拳，主要攻击咽喉、胸、腹等部位。

上刺

上刺也称为"捅"，它是从下向上的攻击方式，主要攻击腹部、裆部。

这种方式是持刀攻击者使用最多的方式之一。在一开始，为了隐藏攻击意图，攻击者将刀具藏在腰间、背后、裤兜里或者挎包里，顺手掏出来时，就是从下向上攻击的基本形态。它能满足隐蔽、突然的攻击要求。所以我们在分析形势的时候，一定要掌握并运用好"加一原则"。

划砍

划砍也称"劈砍"，是以锋刃从上向下或从斜上向斜下的攻击方式，运行过程如同砍掌、劈掌，主要攻击头、颈、胸、手臂、腘窝等部位。

这种方式也是持刀攻击者使用最多的方式之一。主要是因为人体在做一个动作时，他的力量主要来源于身体转动，这种方式就是结合身体转动发出的攻击，划砍的运动路线最长，最容易获得力量，所以被普遍使用。

讲到这里，细心的读者应该已经看出来了，对没有接受过刀具训练的非专业人士而言，最能获得力量、隐蔽又突然的攻击方式，是最常用的；而对绝大多数接受过刀具训练的人而言，速度才是首选。当然也有例外，我就见到过一位俄罗斯内政部栗色贝雷帽勇士突击队的朋友把攻击力量作为追求，他知道你要防，但强大的攻击力量会破除掉你的防卫。这样的刀具练习者有可能自成一派，但他是少数。换句话说，如果你面对的持刀者并不是一味地追求刀具的攻击力量，而是讲求速度，那你就要非常小心了。

反削

这是锋刃从下向上或从斜下向斜上的攻击方式，运行过程如同撩掌。因为是反握刀，所以在做动作时会旋转小臂，翻转手腕，使锋刃向着攻击的方向。主要攻击目标是手、臂、胸、大腿、裆等部位。

横削

这是以锋刃划割的攻击方式，如同横砍掌，既可以由内向外攻击，也可以翻转小臂，使拳心向上，由外向内攻击，如果刀是双面开刃，也可以不翻转小臂。主要攻击脖颈、手臂、大腿、腘窝、脚踝等部位。

横刺

这是在特别近的距离实施的攻击，类似于摆拳，是极难防范的。通常情况下会与横削结合在一起使用，或者连续多次进行横刺，动作连贯，攻击力强。在缠斗中，持刀者极可能会用一只手拨挡对方的手臂，或与对方缠抱，为另一只手横刺攻击打开通道，扫除障碍。近距离上，只要对方没有及时抓住持刀者持刀那只手的胳膊或者手腕，持刀者就最容易施展横刺。横刺主要攻击头、颈、腰、肋等部位。

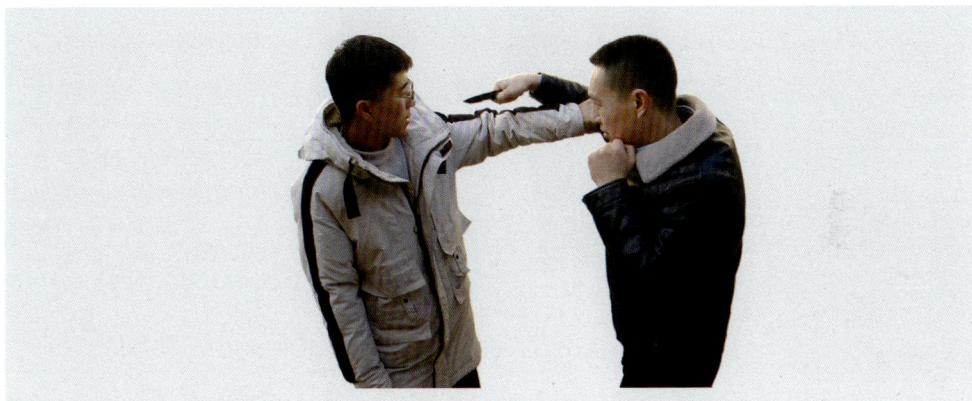

正握刀的主要攻击方式

正握的优势很明显，攻防兼备，容易获得强大的穿透力。

下刺

下刺也称为"扎"，从上向下垂直攻击，如同砸拳，主要攻击头、肩、胸、大腿等部位。

上撩

从斜下向斜上的攻击方式，主要是以锋刃划割，如同勾拳，主要攻击手、臂、腰、面部等部位。

斜刺

沿对角线方向朝内侧划割的攻击方式，如同劈掌，主要攻击头、颈、肩等部位。

侧刺

小臂旋转，拳心向下，手臂从屈肘开始，由内向外发力攻击，主要攻击颈、腹、腰、肋等部位，通常与横削结合使用。

横削

这是以锋刃划割的攻击方式，如同摆拳，由外向内攻击，也可以翻转小臂，使拳心向上，由内向外攻击，如果刀是双面开刃，也可以不翻转小臂。主要攻击脖颈、手、臂、腰、腹、肋、腘窝、脚踝等部位。

应对持刀攻击

持刀攻击的主要方式就是以上所述 11 种，也是基本方式。这些基本方式再结合步法身形，就会得到若干种招式，就像用直、摆、勾三拳运化出拳击运动一样。虽然招式在不断演变，但这个变也遵守着力量、隐蔽、突然、快速等原则。正因为此，应对之策也有了针对性，须要考虑 4 点：距离、位置、时机、动作。对方为了向我实施攻击，一定会突破我的安全距离，所以我要根据对方的握刀方式和对方与我的距离，预判其攻击形式和攻击时机，再结合自身所掌握的技术，选择合适的时机与位置进行应对。这个过程就是一个想好了再做的过程，只不过这个想的过程是极快的，有的时候快到连自己都不曾察觉。

所有的刀具实战教学都会明显地体现出"预判"这个想的效果。应对者几乎是与攻击者同时出招，距离、位置、时机恰如其分、恰到好处，动作行云流水，一气呵成。

有人会说，那是演示，是安排好的配合表演。如果对方不配合，就穿帮了。都是假把式，真实对抗并非如此。

作为搏击的爱好者、传播者，我也想借此机会，就"演示"和"实战"说一说自己的观点，主要说 3 个方面。

（1）演示。演示遵循让观众看明白的原则，也遵循安全原则。防卫教学的讲解，动作、击打效果展示等都是演示，不可能每讲解或者展示一个动作就真打一次，那样的话演示人员容易受伤。演示就是双方都知道自己和对方要做什么，距离，位置，时机，动作的速度、力度、点位都是互相配合的。对演示人员而言，演示就是实战，就如同演员，表演就是实战。

（2）实战。很多人都认同擂台竞技是实战，但必须遵循规则，服从裁判，限定场地，区分性别和体重。正因为此，才会有许多人去观看，从这个角度讲，擂台竞技，也是为台下观众进行的表演。就如同演员，实战就是表演。

那么，街斗是不是实战？当然是。它不用遵循擂台竞技规则，但它受到道德和法律的约束。任何一件事物的成立，都是有一定条件和边界的。我们评价或者谈论一件事情也是如此，先划定谈论的边界，提出谈论的前提，否则就可能在谈论时跑题。

（3）演示与实战的关系。演示与实战是技术掌握的不同阶段的体现形式。演示，是为了让大家了解、掌握相关技术；实战，是掌握了技术之后的应用和实践。就如同防卫关系：防，是在危险事发之前采取的安全举措；卫，是在危险事发当时采取的安全行为。防是卫的储备，卫是防的应用和发挥。演示与实战也是如此，两者密不可分，否定演示，也就意味着否定实战。

预判是演示和实战训练的重要目的之一。而要想成功应对器械攻击，预判十分重要。预判的关键是想得好不好，想得对不对，能不能想到就做到。这需要平时的训练积累，不能无根据、无缘由、不切实际地想。

应对持刀攻击时应注意以下内容。

距离。尽可能与对方保持安全距离，若对方突破这个距离，要先考虑用踢裆、蹬胸、踹肋、阻截等腿法阻止对方继续缩短距离，或者改变对方的攻击路线。因为腿比手臂长，便于阻停或改变对方的攻击，从而保护自己。如果不便于起腿，或者腿法不够好，对方就会向前逼近，这时用步法、身法及上肢防御动作方能有效应对。

位置。这是与攻击者相对而言的。对方在近距离发动一个攻击动作时，我运用步法、身法，尽量移动到对方握刀手的外侧，或者对方的身后，这样对方不便于起第二个攻击动作，而我却在相对安全的位置，可以实施应对动作。

时机。时机的把握非常重要。攻击动作一般都是想好了才做的，所以在对方没有想的时候、正在想的时候、想好了刚开始做的时候这三个节点就是我们应对攻击非常重要的时机。此时做出应对，不但可以阻停对方的身体动作，还可以在精神上干扰对方，打乱他想构建的行动顺序，使其因震惊而陷入暂时无法做动作的状态。最好把握的时机就是对方"想好了刚开始做的时候"，因为我们可以很直观地进行预判。我们将这个时候称为最佳应对时机。对方"没有想的时候"会脑子一片空白，一个动作或者一个连贯动作刚完成时，就会进入这个状态，我们将这个时候称为第二应对时机。当然，这个状态是相当短暂的。对方脑子一片空白，就会重新去想，从而进入"正在想的时候"，这个时候往往是以防守为表现形式，我们将这个时候称为试探应对时机。因为防守状态的机动性最高，我们可以通过真假动作结合等多种方式试探或者诱导对方，根据对方的反应进行适当的应对。在对抗博弈中，因为要去切入对方的这三个节点做动作，而这三个节点却是在不断变化的，所以这个"想"，会占据很大一部分时间，消耗很多精力。这也正是擂台上对抗的两位运动员打打歇歇，并没有一直连续做动作的根本原因。

动作。动作就是招式，包含了身形、步法、躲闪、摔法、击技、缠斗、降伏技等。动作千变万化，不变的是每一个动作都会将距离、位置、时机考虑进去，都讲究速度与节奏。也就是说，在应对招式中，距离、位置、时机、动作是融为一体的，没有不融合距离、位置和时机的动作，也没有不融合距离、位置和动作的时机。其中的每一点都自然包含其他三点，之所以分开来讲，是为了让大家更容易明白其中的原理。

攻击者在持刀攻击时，刺击会造成贯穿伤，其损伤程度远高于劈、砍、削、划造成的伤害，应当重点防范。为了方便表述，我们以攻击者右手持刀为例，来阐述应对方法。

应对直刺

在使用直刺的时候，为了迅速获得刺击效果，持刀者会在发起攻击前就采用使刀更接近目标的站位方式，即右手右脚在前，类似格斗势的反势。这也是刀具练习者最常用的站位方式。为了使攻击更有力量，持刀者通常都是在进步的时候发起直刺。

抓腕推手回刺

远距离时，我抬腿横踢其小臂，改变其攻击路线，击其下颌，抓腕推手回刺。

① a. 与对方保持安全距离

b. 当对方右手持刀直刺我胸腹时，我迅速向右后垫步，左腿横踢对方右手腕或小臂

② 左脚着地后，右手挡抓对方的持刀手，同时左拳击打对方面部

抓腕推手回刺

③ a. 左掌砍击对方右肘窝，使其小臂向回弯折

b. 右手反抓对方持刀手，使刀尖指向对方

c. 用力向前推刀刺对方腹部

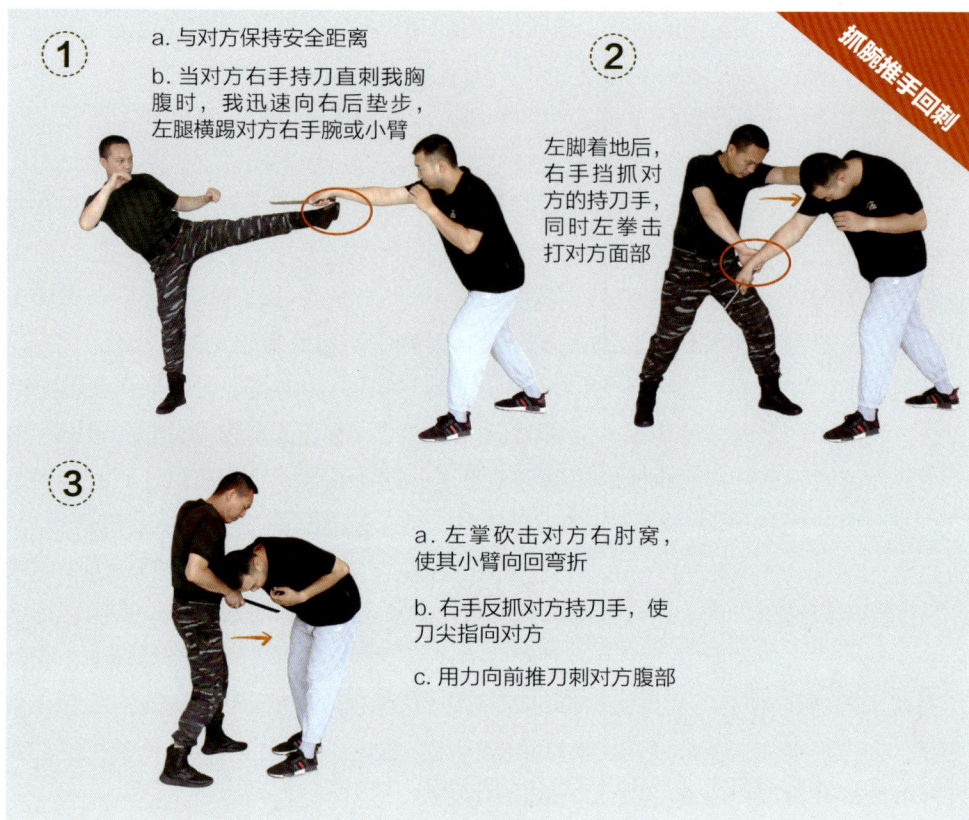

抓腕翻臂划砍

远距离时，踢腋窝，拍腕击喉，顶裆，翻臂划砍。在对方刚发起动作时，先以腿法应对，打断对方的攻击动作，再配合身法和击技，制伏他或者夺走他的刀具。

① 对方直刺我胸腹部，我左腿弹踢对方右腋窝

② 左脚着地后，右手挡抓对方的持刀手，同时左拳击打对方面部

抓腕翻臂划砍

③

a. 右手将对方向我身体一侧拉拽

b. 提右膝顶击其裆部

④

双手握住对方手腕向上翻拧，划砍对方脖颈

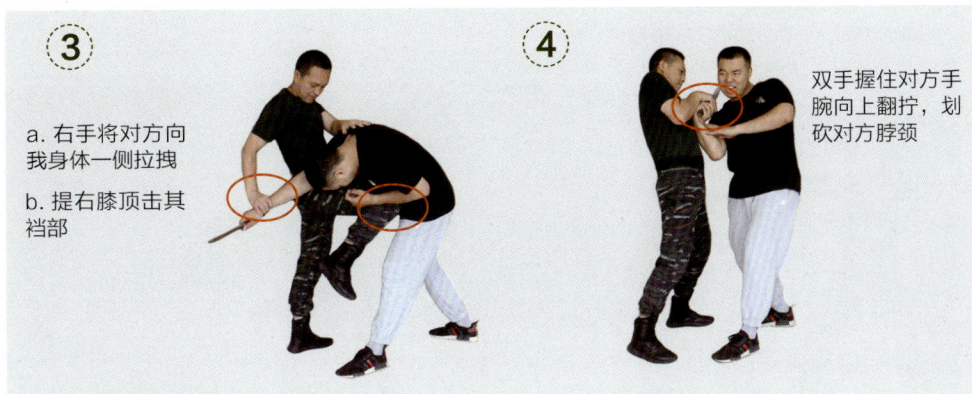

抓腕拉臂扛肘

此动作适用于应对近距离攻击。

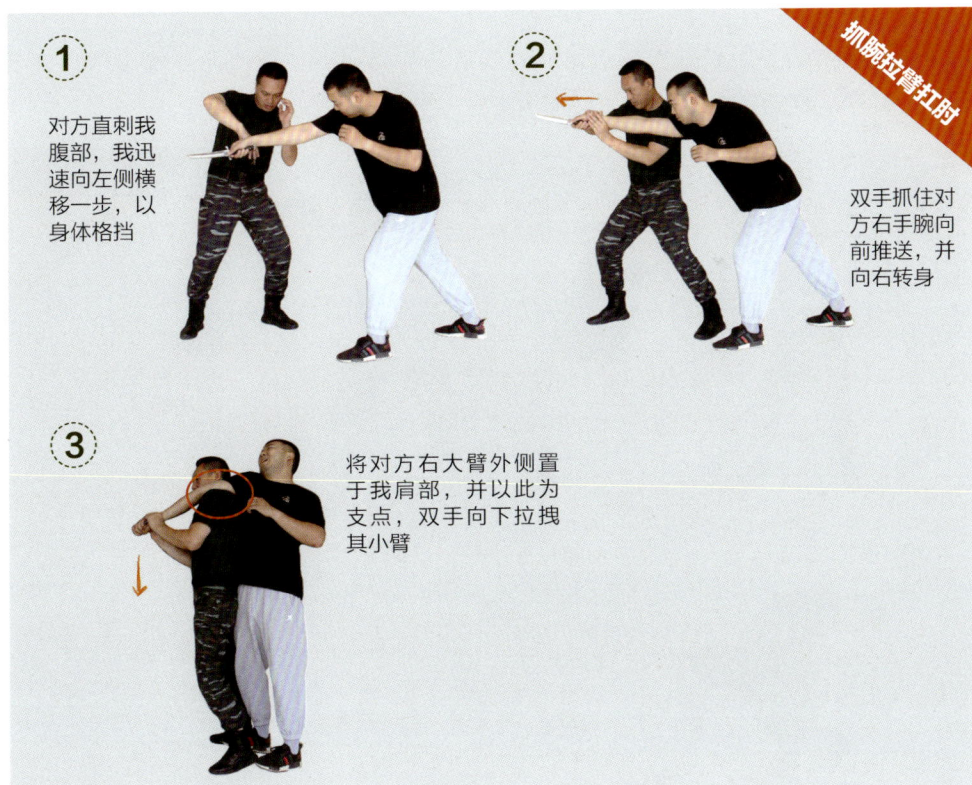

①

对方直刺我腹部，我迅速向左侧横移一步，以身体格挡

②

抓腕拉臂扛肘

双手抓住对方右手腕向前推送，并向右转身

③

将对方右大臂外侧置于我肩部，并以此为支点，双手向下拉拽其小臂

抓腕击喉踢裆

此动作适用于应对近距离攻击。

抓腕击喉踢裆

右手挡抓对方的持刀手，同时左拳击打对方喉部

a.右手将对方向我身体一侧拉拽

b.起右腿，踢击其裆部

夹臂夺刀

此动作适用于应对近距离攻击。夺刀的动作是，一只手抓住或者夹住对方手臂，使其不能移动、抽脱，另一只手拍折对方手腕，实施缴械。

夹臂夺刀

向左侧横移步，并转身避开刀尖

左手在下、右手在上抄抱对方右臂

右臂缠入对方右臂，以腹部为支点挤压其肘关节，左手向下压，制伏对方

应对上刺

前文提到上刺是持刀攻击者使用最多的方式之一。攻击者在实施上刺前通常采用左脚在前的姿势，类似格斗势的正势，右手持刀置于腰际或右大腿旁。为了便于发力，在上刺前，攻击者要么左脚会向前进步，要么右手会往后摆——这个时候就是我们做应对举措的最佳时机。如果让对方完成了第一个动作，由于思维惯性，他会紧接着重复上一个动作，或者他一开始就想好了要一个动作重复做好几遍，这就会重创我们。所以在对方掩藏右手的时候，我们就要格外注意，在他一开始做动作的时候就打断他是最明智的选择。

格挡踢裆

此动作适用于应对远距离攻击。

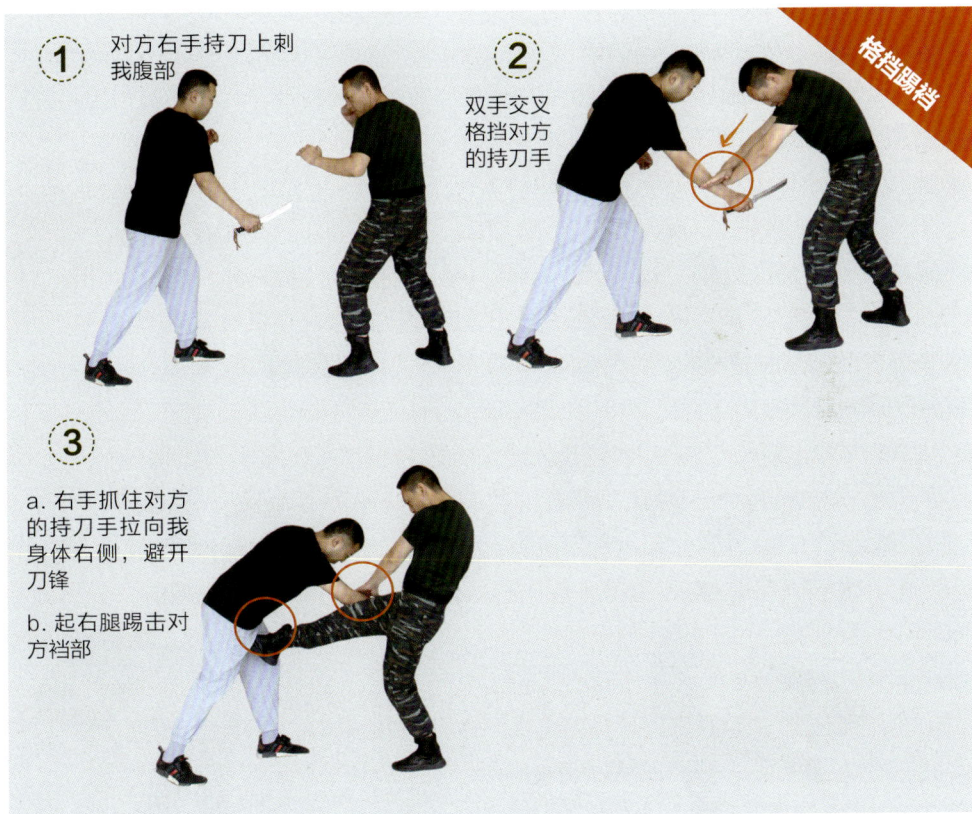

① 对方右手持刀上刺我腹部

② 双手交叉格挡对方的持刀手

格挡踢裆

③
a. 右手抓住对方的持刀手拉向我身体右侧，避开刀锋
b. 起右腿踢击对方裆部

击喉踢裆

此动作适用于应对近距离攻击。

① a. 当对方上刺我腹部时，我左横移一步，右手挡抓对方右手腕，使身体避开刀锋

b. 同时左拳击打对方喉部

② a. 双手抓住对方持刀手拉向我身体右侧

击喉踢裆

b. 起右腿踢击对方裆部

应对横刺

坦率地说，对普通人或刀具初学者而言，横刺是极难防范和应对的，主要是因为与对方的距离太近，来不及做出有效应对。面对这种情况，必须给自己留出能够移动的空间，格挡并抓住对方横刺的手。

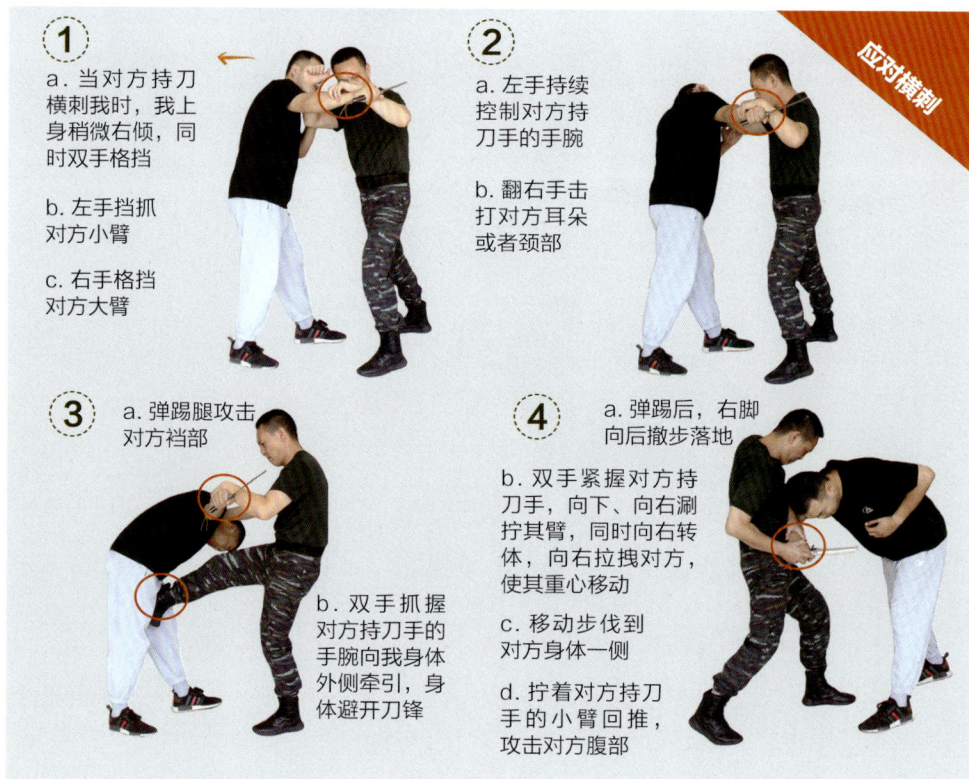

① a. 当对方持刀横刺我时，我上身稍微右倾，同时双手格挡

b. 左手挡抓对方小臂

c. 右手格挡对方大臂

② a. 左手持续控制对方持刀手的手腕

b. 翻右手击打对方耳朵或者颈部

应对横刺

③ a. 弹踢腿攻击对方裆部

b. 双手抓握对方持刀手的手腕向我身体外侧牵引，身体避开刀锋

④ a. 弹踢后，右脚向后撤步落地

b. 双手紧握对方持刀手，向下、向右涮拧其臂，同时向右转体，向右拉拽对方，使其重心移动

c. 移动步伐到对方身体一侧

d. 拧着对方持刀手的小臂回推，攻击对方腹部

应对下刺与斜刺

对方通常在格斗势的基础上，先将握刀手上举，然后接下刺或斜刺，这样攻击力度更大。应对的最佳时机就是对方刚开始做动作，将握刀手举起来的时候。应对动作是进步挡抓击喉，踢裆顶腹，夺刀。

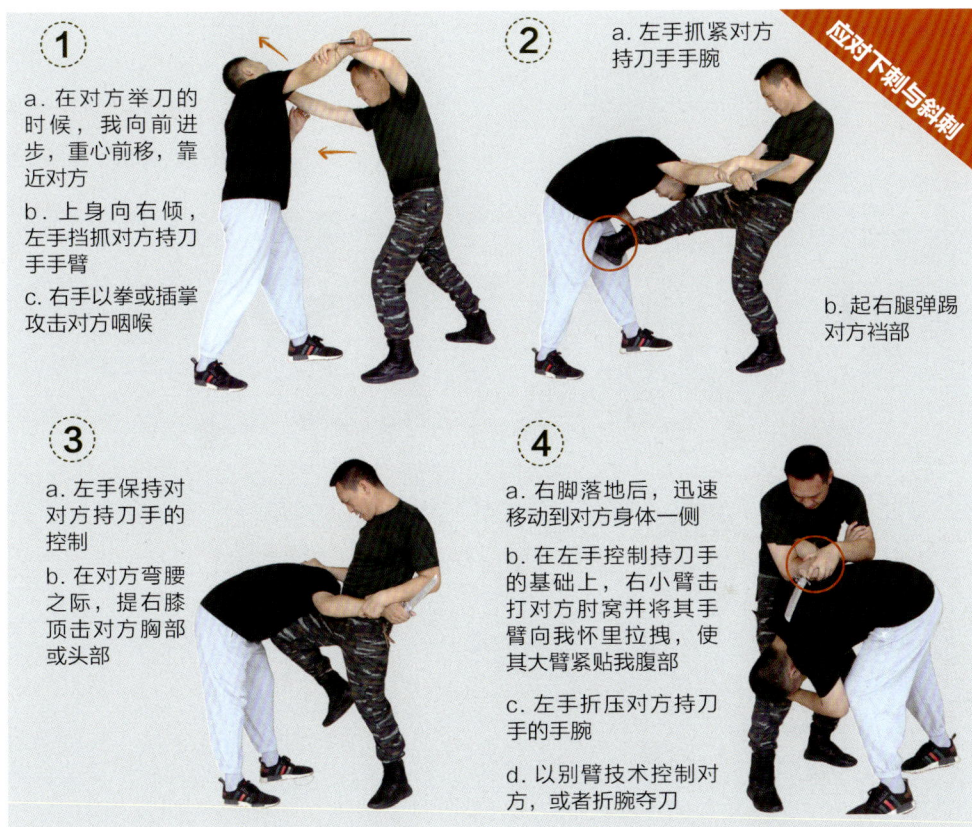

①
a. 在对方举刀的时候，我向前进步，重心前移，靠近对方
b. 上身向右倾，左手挡抓对方持刀手手臂
c. 右手以拳或插掌攻击对方咽喉

②
a. 左手抓紧对方持刀手手腕
b. 起右腿弹踢对方裆部

应对下刺与斜刺

③
a. 左手保持对对方持刀手的控制
b. 在对方弯腰之际，提右膝顶击对方胸部或头部

④
a. 右脚落地后，迅速移动到对方身体一侧
b. 在左手控制持刀手的基础上，右小臂击打对方肘窝并将其手臂向我怀里拉拽，使其大臂紧贴我腹部
c. 左手折压对方持刀手的手腕
d. 以别臂技术控制对方，或者折腕夺刀

攻击者为了获得更大的攻击力，会在举刀的时候向前进步，这也拉近了与我的距离。为了准确地抓住对方的手臂，我也向前进一小步，抓住对方手臂后压低，防止他第二次攻击。

应对侧刺

与横刺一样，侧刺也是在非常近的距离使用的攻击形式。攻击者通常不会以单一的侧刺动作攻击，都是在横削、反削或上撩之后接横刺或侧刺，这表明攻击者并不急于用一个攻击动作就达到目的。我们也可以说，能够做出侧刺和横刺攻击动作且具备速度、能变换攻击方式的人，一定是经受过刀具训练、对刀具使用有研究的人。所以，面对这种情况，能躲闪就躲闪，躲闪不了，就向左横移。侧刺是一个小范围的攻击动作，及时移位，避开刀锋，即可用双手挡抓，一手挡抓对方小臂，一手挡抓其肘部，迅速踢裆，翻手拧腕摔倒对方，再折腕夺刀。

特别需要注意的是，若要应对正握刀，那么在挡抓对方持刀手的时候，另一只手一定要同时向对方的头部、咽喉或裆部发起攻击，以防止对方挣脱或变换招式继续攻击我。

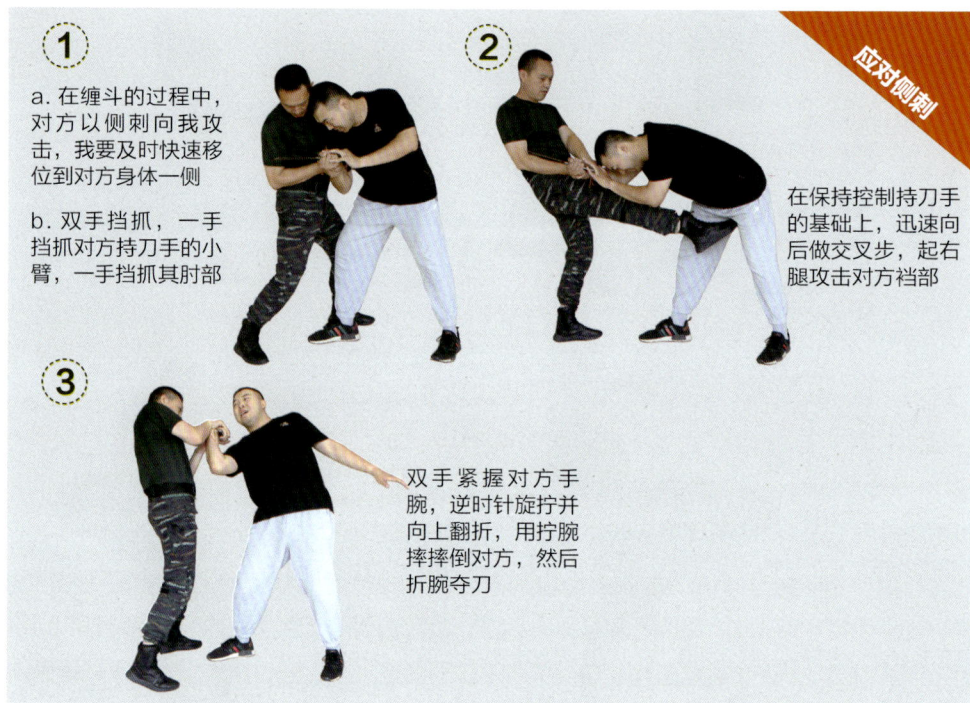

应对侧刺

① a. 在缠斗的过程中，对方以侧刺向我攻击，我要及时快速移位到对方身体一侧

b. 双手挡抓，一手挡抓对方持刀手的小臂，一手挡抓其肘部

② 在保持控制持刀手的基础上，迅速向后做交叉步，起右腿攻击对方裆部

③ 双手紧握对方手腕，逆时针旋拧并向上翻折，用拧腕摔摔倒对方，然后折腕夺刀

所以，再次提醒，应对刀具攻击一定要考虑到的 4 个要素——距离、位置、时机、动作，这是需要练习和积累才能在实际搏斗中有效应用的。

应对划砍

除了上刺，划砍也是持刀攻击者使用最多的方式之一。划砍与下刺和斜刺相同，都是先将握刀手上举的同时上步，然后向下划或向斜下劈砍。攻击者上步、刀上举的时候，就是我们做应对动作的最佳时机。

挡抓顶裆

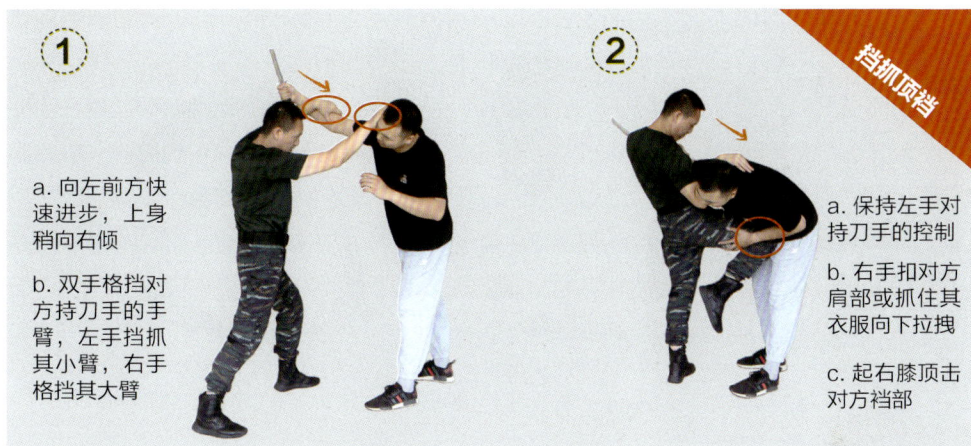

挡抓顶裆

① a. 向左前方快速进步，上身稍向右倾

b. 双手格挡对方持刀手的手臂，左手挡抓其小臂，右手格挡其大臂

② a. 保持左手对持刀手的控制

b. 右手扣对方肩部或抓住其衣服向下拉拽

c. 起右膝顶击对方裆部

卷腕夺刀

卷腕夺刀

① 也可以利用第二应对时机，即在对方举刀时，我迅速向侧方移动避开刀锋，双手抄抱对方持刀手的手腕

② 翻手旋拧对方小臂，并折压其手腕，可以顺势将其摔倒

应对反削与上撩

反削和上撩的动作方向都是由下向上或者由斜下向斜上。由于对方在发动这两个动作前，刀具通常位于其身体一侧且靠后的位置，不易抓控，所以我们通常以第二应对时机为主进行技术练习。反削与上撩的主要攻击目标是手臂和上身，不宜用上肢防御。这两个攻击动作是从下向上走，一旦对方施展动作，其中下位有空当，所以应对动作是身体后仰避开刀锋，再以弹踢腿反击，比如后闪踢裆。

应对反削与上撩

① 应对反削和上撩时，特别需要注意把控距离，既要身体后仰避开刀锋，又要与对方保持适当的距离，以便快速有效反击

② 避开对方刀锋后，迅速起右腿弹踢对方裆部

应对横削

攻击者无论是正握刀还是反握刀，横削都因为其路线短、动作小、速度快而令应对者极难挡抓，更重要的是，横削后面常常接横刺或者侧刺，一旦挡抓失败，后果极其严重。横削短、小、快的特点，既是它的长处，也是它的短板，因为这表明它的攻击范围有限，所以应对之举就是拉开距离，后闪踢裆。

应对持刀威胁

当攻击者拿出刀来，除了攻击，还可能对我们实施威胁，就是通过恐吓的方式达成其目的，可能是索取信息、索要钱财，也可能是逼迫我们从一处转移到另一处。这样的攻击者，大多会以强势的姿态、威胁性的动作和语言给我们带来恐惧和压迫感，从而使我们放弃抵抗。至于是否真的实施攻击，对方会视我们的反应和他自己是否能达成目的等现场情况而定。

我们要做的就是防卫第一动作——克服恐惧。在第一章里，有一节专门讲述该内容。先让自己稳住神，以便平和地与持刀者对话。特别注意，不要逞强，可以示弱，但不要乞求，要注意控制自己的情绪，情绪失控的乞求也可能会刺激持刀者。他需要的是一个清醒的、配合他的人，以达到其目的。如果目的难以实现，对方可能恼怒，就可能变威胁为攻击，所以如果我们的第一个动作没有做好，那形势就变得非常不乐观。确保自己头脑清醒，可以更好地观察判断，了解对方的真正意图。

在被持刀威胁的时候，是有机会与对方展开对话的，这时就可以运用自身防卫第一策略，我们在第一章里已经介绍。如果对方的要求是我们无法满足的，也可以根据他的目的，先许以利，安抚其心。虽然我们受到威胁，但危险程度要远低于被攻击，所以不要马上断然否决，以免激怒对方，导致威胁升级为攻击。先与持刀者对话，再结合自己的防卫技术（语言也是一种防卫技术）谋求解决的办法。

持刀威胁的握刀方式基本上都是反握，这也给了我们应对的机会。这种握刀方式可以延长攻击距离，但也容易被反击。正握刀兼具防守功能，由于攻击距离受限，一般不应用于威胁。如果攻击者正握刀，将刀贴于我们的脖颈、手腕等部位进行威胁，基本上可以将其看作攻击前最后的停顿。

应对持刀攻击时的距离、位置、时机和动作四要素，对于应对持刀威胁仍然管用。不同点是，时机，更多的是需要我们去创造。如果我们没有掩饰就做出防卫动作，对方会下意识地做出反应，比如收缩持刀手以便于刺击，或者直接攻击，这时我们就失去了优势。所以要平和地与持刀者对话，能而示之不能，用而示之不用，利而诱之，乱而取之，再趁他的注意力分散的时候，攻其不备，出其不意。

下面我们列举几种有代表性的应对持刀威胁的技术。这些基本技术需要我们勤加练习，掌握好要领，如此我们才能在面对威胁时更好地应用。

应对正面远距离威胁

在徒手搏斗中，击打技术与距离的关系是"远踢，近打，靠身摔"，这在应对持刀威胁的时候同样适用。当对方突破安全距离，又距离我稍远时，我应先答应对方的要求，让对方放松警惕，创造出可以用腿法阻击的时机，然后踢裆砍肘。完成动作后迅速离开，如果无法离开，就需要继续攻击，或者迅速抓住对方的持刀手实施缴械。

① 起弹踢腿攻击对方裆部

② 迅速进步，砍肘击头，将对方摞倒

应对正面远距离威胁

应对正面近距离威胁

当对方从正面持刀抵近我胸口或脖颈进行威胁时，我先向后退步，以示胆怯，让对方放松警惕，待对方向前逼近时，用一只手拨开其持刀手，随即侧转身，使刀尖向外，继而击喉踢裆，卷腕夺刀。

① 对方持刀近距离威胁我，我保持镇定，可以先请对方表达自己的诉求

② a. 在对话过程中抓住机会，突然用右手抓住对方持刀的手腕并向外、向下按压，以避开刀锋

b. 左手握拳攻击对方颈动脉窦或者下颌

③ a. 将对方持刀手控制在我身体右侧

b. 起右腿弹踢对方裆部

④ a. 一手抓住对方手腕，一手拍折对方手腕，翻手向上、向后，逆时针旋拧对方小臂

b. 根据需要，可以控制对方，也可以推手划砍对方脖颈，还可以摔倒对方，进而控制、夺刀

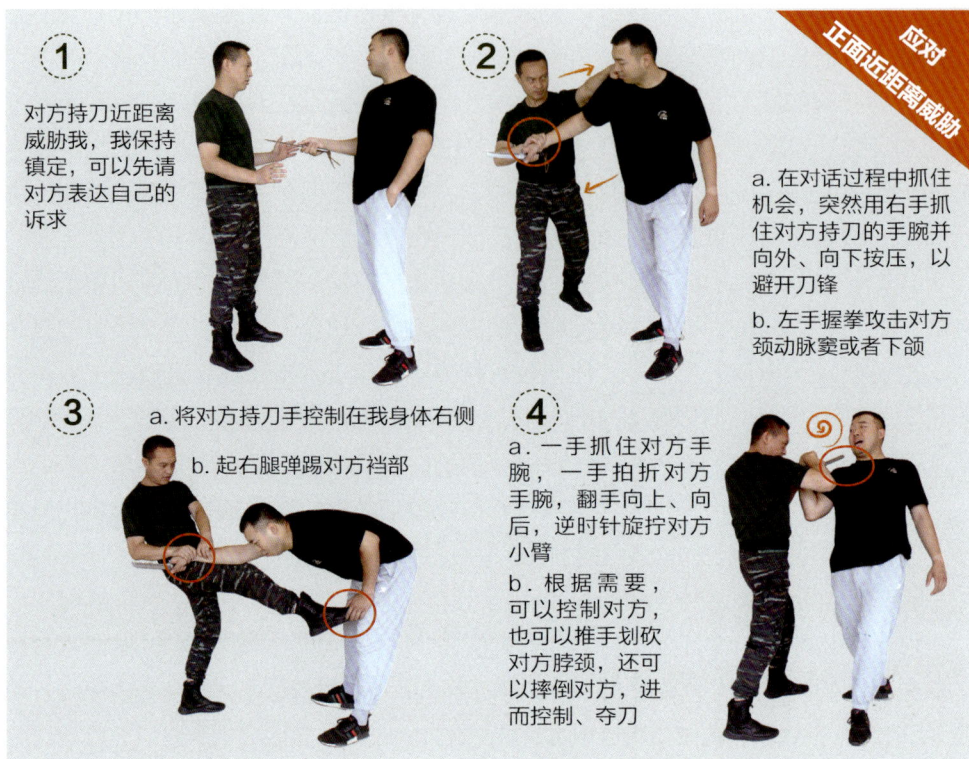

拨开对方持刀手的时候要向下压，以便于另一只手进攻。

如果对方将刀抵近我的腹部，我可以先将手稍稍抬起，以示害怕，假意向对方乞求，再拍腕，折腕摔，缴械。

应对正面刀贴在咽喉

这是靠身的距离，对方有可能用左手抓住我的衣领，所以我需要先用左手抓住对方持刀手的手腕，向右转体的同时左手向下压，使刀锋离开我咽喉，再接击面折腕摔。

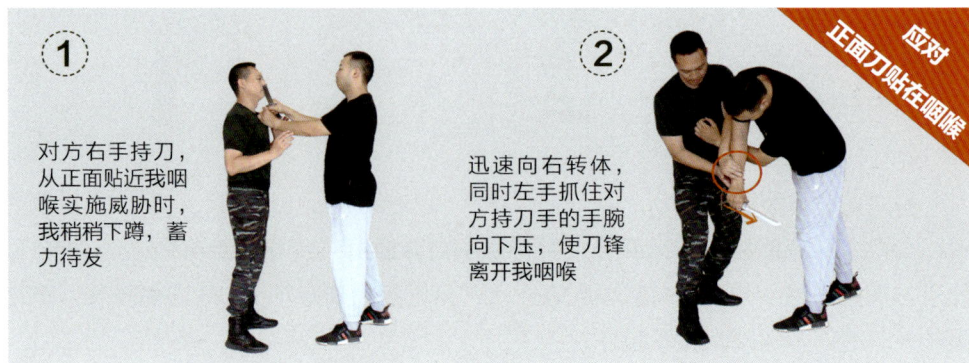

① 对方右手持刀，从正面贴近我咽喉实施威胁时，我稍稍下蹲，蓄力待发

② 迅速向右转体，同时左手抓住对方持刀手的手腕向下压，使刀锋离开我咽喉

③
a. 保持对持刀手的控制

b. 右手以拳或掌攻击对方面部

④
a. 双手抓住对方手腕，翻手向上、向后，逆时针旋拧其小臂

b. 折压对方手腕，夺刀

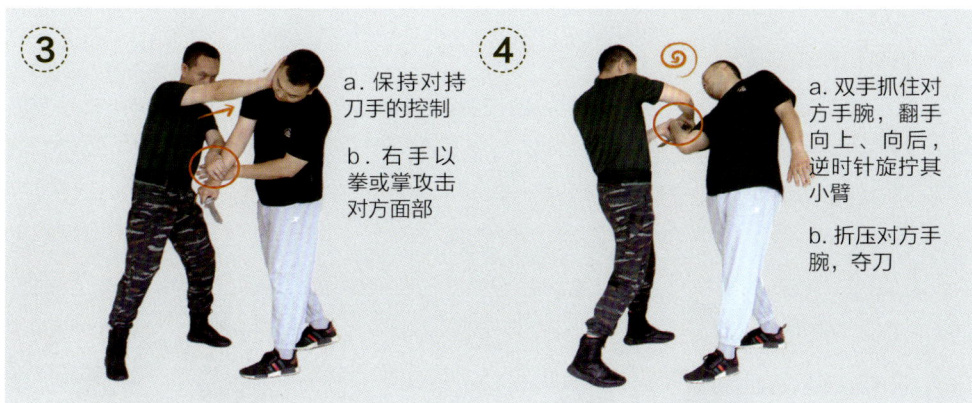

应对正面刀架在脖颈左侧

与上一部分内容相似，对方可能会一手抓我衣领，一手持刀贴于我脖颈。应对的第一个动作仍然是将对方持刀手推开，使刀刃远离我脖颈。

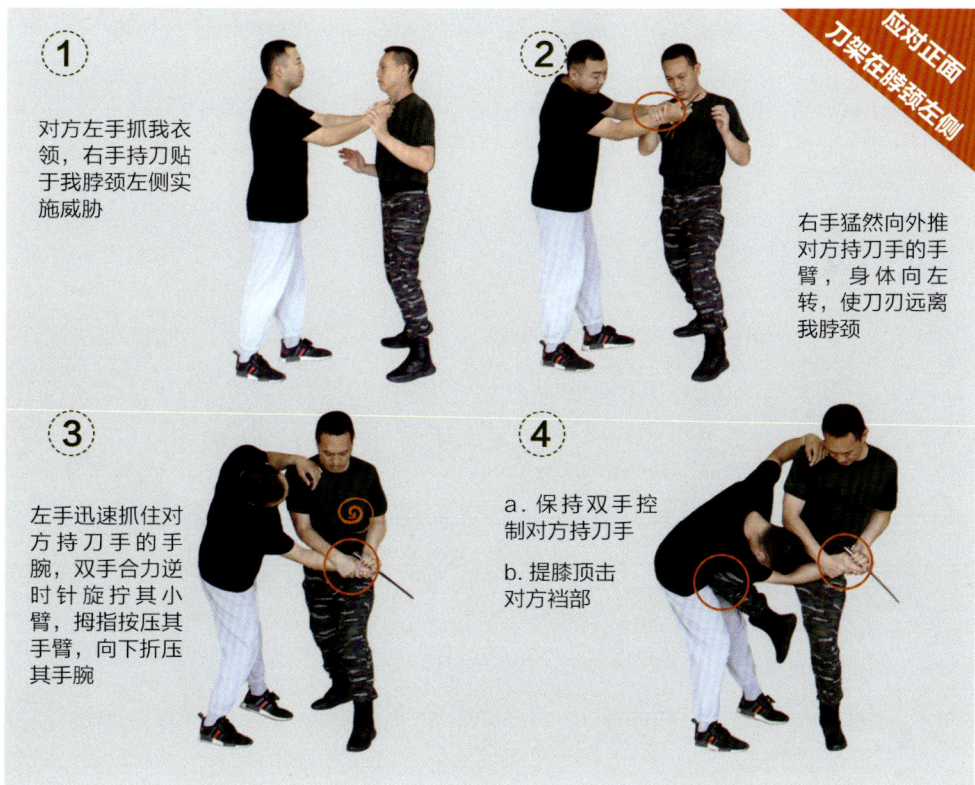

①
对方左手抓我衣领，右手持刀贴于我脖颈左侧实施威胁

②
右手猛然向外推对方持刀手的手臂，身体向左转，使刀刃远离我脖颈

应对正面刀架在脖颈左侧

③
左手迅速抓住对方持刀手的手腕，双手合力逆时针旋拧其小臂，拇指按压其手臂，向下折压其手腕

④
a. 保持双手控制对方持刀手

b. 提膝顶击对方裆部

应对背后刀顶住后腰

后转挡臂击头

背后持刀威胁，对方可能会用刀尖顶住我的后腰，然后一只手抓住我的一个肩膀。看对方抓住的是我的左肩还是右肩，从而判断其持刀手是左手还是右手，这个与后面我要做的转身动作相关。若对方右手持刀，我就从左侧向后转体，然后挡臂击头。

①

a. 对方从背后持刀顶住我的后腰实施威胁，我保持镇定，判断对方与我的距离和其持刀手

b. 也可以转头向后看，弄清楚对方与我的距离和对方的持刀手

② 后转挡臂击头

a. 若对方右手持刀，我就从左侧向后转体

b. 左臂向外格挡对方持刀手小臂，使身体避开刀锋

c. 右横肘猛力击打对方下颌或者脖颈，使其暂时失去攻击能力

后蹬击裆

如果对方没有扣住我的肩膀，那我此时可以回头看一下，主要是确认对方与我的距离，随即后蹬击裆，然后迅速撤离。

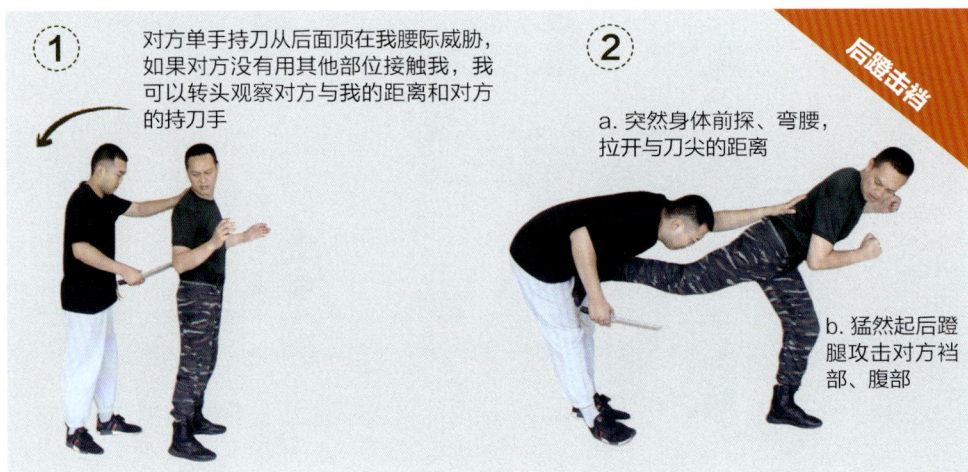

① 对方单手持刀从后面顶在我腰际威胁，如果对方没有用其他部位接触我，我可以转头观察对方与我的距离和对方的持刀手

② 后蹬击裆

a. 突然身体前探、弯腰，拉开与刀尖的距离

b. 猛然起后蹬腿攻击对方裆部、腹部

应对背后刀贴在咽喉

当攻击者持刀在我背后贴住我咽喉时，其内心其实也是非常恐惧的，其意图是控制我，让我无法反抗，希望我全然按照他的"指示"行动，或者他要将我劫为人质，所以他的行为可能是非常激进的。这个时候，我先不急于解脱，根据现场情况做出相应妥协以安抚对方的情绪，待对方情绪稳定一些，或放松警惕，或变换成其他威胁方式时再做应对。在紧要关头，迫不得已，必须解脱时，我可以用拉臂崴解除险情。

① 对方在我身后以右手持刀贴住我咽喉，我保持镇定

② a. 两手拉拽对方的手臂，将对方的持刀手尽量压在我的胸部，使锋刃远离我脖颈
b. 同时仰头撞击对方面部

应对背后刀贴在咽喉

③ a. 保持对持刀手的控制
b. 右脚向外横移一步，挡住对方的右腿
c. 猛然向前弯腰转体崴桩，摔倒对方

④ a. 对方倒地后，我左膝跪锁喉，右膝跪其肋
b. 倒右手折压对方持刀手的手腕
c. 双手合力，逆时针旋拧对方手臂，并将其臂移动到我身体右侧
d. 将对方肘部置于我右大腿上，右手折压其腕，并以右大腿为支点，别住其肘关节

持棍攻击的主要方式

在冲突中，攻击者可能以棍子或棍状物体为武器攻击我们。如果是持短棍（50~80厘米），多为单手持握，像反手握刀一样，攻击动作也与持刀攻击非常相似，主要有前戳、劈击、平斩、上撩、下砍。相比较而言，虽然短棍要比刀长，但

它是钝器，主要靠将挥舞的力气发于棍端实施攻击。距离攻击者（握住棍子的那一端）越近，棍子的击打力就会越小，危险性也相对小一些。长一些的棍子（80~180厘米），比如齐眉棍、少林棍、八极短棍等，我们需要根据棍子的长度、质量和攻击招式做出应对。攻击者通常会双手持握长棍，运用棍的两端做出不同的攻击动作，这个比较复杂，需要经过专门的训练才能实施。一般而言，没有经过训练的人使用长棍攻击的主要方式是前截、横扫和下劈。

由于攻击者需要挥舞棍子才能增加攻击力，所以持棍攻击一般都是以格斗势为动作基础，然后抬臂举棍，转动身体，发动攻击。持棍攻击的主要方式有以下几种。

（1）前截，以棍端为力点正面突刺，主要攻击头、咽喉、胸、腹、裆等部位。

（2）劈击，在不同高度上从斜上向斜下挥击，主要攻击头、颈、肩、臂、腿、脚踝等部位。

（3）平斩，在不同高度上横向挥击，主要攻击头、颈、臂、腿等部位。

（4）上撩，从下向上或从斜下向斜上挥击，主要攻击裆、手、小臂等部位。

（5）下砍，从上向下挥击，主要攻击头、肩等部位。

应对持棍攻击

持棍的攻击方式与反手握刀的攻击方式类似，所以应对持刀攻击的原则、策略和技术动作，在很大程度上也适合应对持棍攻击。

距离、位置、时机仍然是应对攻击时要考虑的关键要素，而应对动作则主要有避闪反击和直接防卫两类。避闪反击是以步法和身法为基础，快速向斜前方移动，抢占有利位置，然后实施反击（关于位置，与应对持刀攻击的位置相同）。避闪反击应对劈击、下砍和平斩的效果特别好。直接防卫则是快速上前阻停对方发力，阻断攻击；或者运用上肢动作，在对方手臂或者持棍的那一端承接卸力，削弱攻击力，然后迅速施以反击。

无论是避闪反击还是直接防卫，动作的时机都要通过观察来预判。通常来说，对方抬臂举棍的时候是最佳应对时机。由于劈、砍、斩是持棍攻击者使用最多的方式，所以我们就先从应对劈、砍、斩的动作开始进行分析梳理。

应对劈击和下砍

持棍攻击的劈击和下砍，都以攻击头、颈、肩为目标，虽然在动作路径上稍有区别，但起始动作几乎相同，所以可以用一样的动作来应对两个攻击形式。应对的时机就在对方发起动作时。

避闪拍裆腿夹颈

这个技术的关键是在掌握好距离的前提下快速向对方的侧身移动，移动过程中要屈身、收腹、猫腰，缩小自己的暴露面，在移动的同时拍击对方裆部，再顺势移位到对方身后。只要占领了有利位置，后面的反击就可以根据自己对所掌握防卫技术的熟练程度来选择，可以背后裸绞、抱腿顶摔、后抱腰摔等。

① a. 对方持棍劈击，我迅速斜前上步，重心下潜，从对方腋下钻过躲开攻击

b. 用右手拍击对方裆部

② a. 继续移动步伐到对方身后，以右拳击其后腰

b. 双手抓扣对方下颌

③ 左脚向后撤步，双手用力向后拉拽，使对方倒地

④ a. 右腿腘窝绞索对方颈部
b. 双手合力拧压对方头部，用大腿挤压其颈动脉窦

避闪拍挡腿夹颈

挡抓顶裆按头摔

这个技术的关键是，做挡抓顶裆时需要极速抵近攻击者，阻断其攻击动作。左手格挡对方小臂，右手去抓大臂，或者将左手完全伸直，挡住对方向内的攻击路线，右手推掌或直拳击其面部、喉部。向前抵近时，身体前倾，勾头收下颌，这样既可以用挡抓攻击对方，也可以较好地保护自己的头部。顶裆的动作完成后，就可以根据自己所掌握的防卫技术来选择了，可以做断头台、砸肘击脖，也可以做别臂，或者缴械。

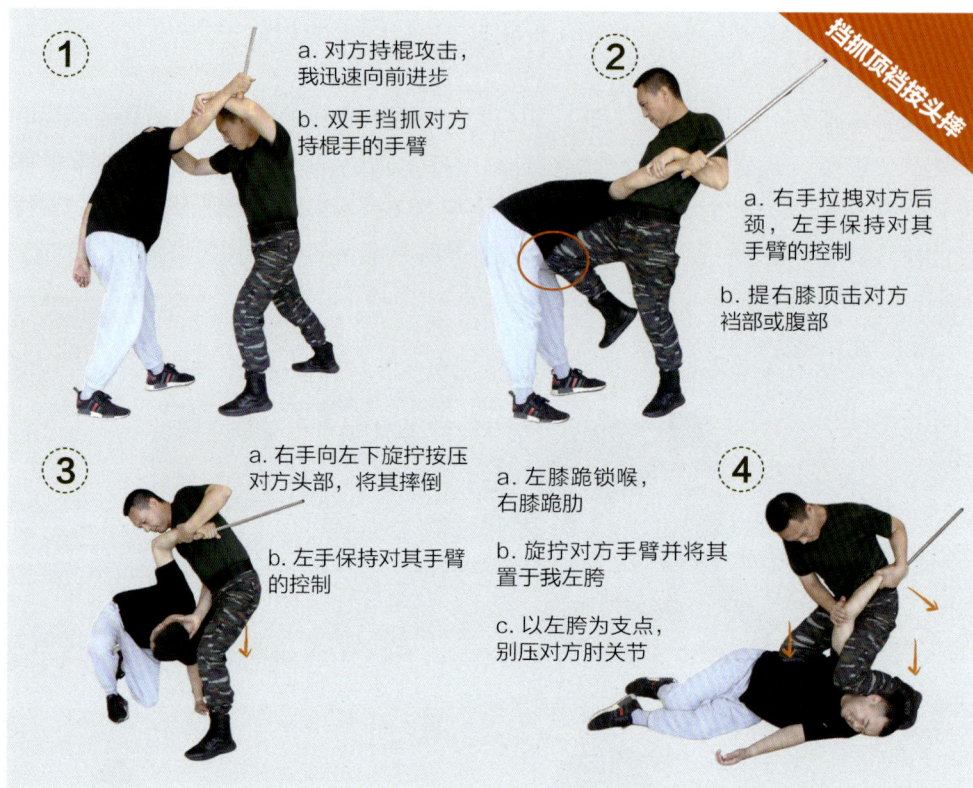

① a. 对方持棍攻击，我迅速向前进步

b. 双手挡抓对方持棍手的手臂

② a. 右手拉拽对方后颈，左手保持对其手臂的控制

b. 提右膝顶击对方裆部或腹部

挡抓顶裆按头摔

③ a. 右手向左下旋拧按压对方头部，将其摔倒

b. 左手保持对其手臂的控制

④ a. 左膝跪锁喉，右膝跪肋

b. 旋拧对方手臂并将其置于我左胯

c. 以左胯为支点，别压对方肘关节

遇到攻击时，人的自然反应是躲闪，所以避闪反击是较好掌握的。而如果直接防卫，抬臂格挡是自然反应，快速抵近对方则是一个违背自然反应的动作，这就需要一个训练的过程，把它练成下意识的反应，乃至条件反射。一旦心有顾虑、迟疑，抵近不及时，就错过了应对的最佳时机。

一般而言，没有经过短棍训练的人在持短棍攻击时大都追求攻击力量，希望一击就能打倒对方，所以其攻击动作往往都是单击，或者单一招式连击，不常有变招。所以如果错过最佳应对时机，应对者可以后退避闪，控制好与对方的距离。对方一个动作或者一组单一动作刚完成的时候，会出现一个空当——他完成了前面所想，还没有来得及想后面怎么做的时候，是第二应对时机，应对者应当极速抵近对方，实施反击。

应对平斩

平斩的起始动作是在格斗势的基础上身体稍向右转，右手稍向外、向后引，棍子与肩平行。以大腿、脚踝为攻击目标的劈击的起始动作与此相同，不同的是，平斩是向前迈左脚，而以大腿、脚踝为攻击目标的劈击则是向前迈右脚，且上体下俯。

不管攻击者后续动作会怎样做，我们的应对时机，是在对方刚开始做动作的时候。

抱腿顶摔（抱腿撞裆）

通常情况下，对方持棍攻击时，其精力和攻击动作主要集中在上肢，这是强势所在，所以我在应对时要避其锋芒，攻其不备，专打下盘。要大胆抵近，靠身攻击，就算对方做的是攻击我腿部和脚踝的劈击，我也会因为抵近而避开棍端的打击，这时即便后背或者臀部被击中，也只是被靠近对方持握的一端击中，打击力要小很多，不会受到太大的伤害。

① 对方双手持棍，以平斩姿势攻击我

② 迅速下潜避开对方攻击，同时搂抱对方双腿

③ 抱腿顶摔对方，将对方重重摔倒

④ 踢击对方裆部

抱腿顶摔

再次强调，避闪反击，要求步法、身法一定要非常灵活，且时机把握也要足够精准。

推挡冲膝

我如果直接防卫，就需要快速进步到对方持棍的一侧，双手前推格挡，推住对方的持棍手并向下按压，脚用力蹬地，上身前倾，继续用力推对方令其撤步。即便没有推挡住，对方仍然挥动棍子攻击，其力量也会被削弱，而我会以背阔肌承接来自棍子尾部（手握的那一端）的击打，相对而言，攻击力较弱。

① 当对方用平斩的方式攻击我时，我用双手推击对方左臂，抓住其左手腕

② 双手向回拉拽，同时用膝攻击对方裆部

推挡冲膝

应对前戳

没有进行过短棍训练的人，一般很少用前戳进行攻击，该动作多用于挑衅。相对而言，持长棍的攻击者做前戳攻击会更多一些。前戳攻击路线短，类似于反握刀的直刺，为了使出更大的攻击力，攻击者会先将短棍持于胸前、腹前或者腰际，棍头指向目标，然后进步前戳。

如果攻击者直接从预备势发起前戳，通常都是先做一个劈击或者下砍，再接前戳，或者先做劈击、反手劈击，再接前戳，攻击喉、裆、腹等部位。还有一种情况，就是攻击者起始姿势为反势预备势，这时他也可能会采用前戳攻击。这两种情况下的前戳都是很难应对的，应尽量向后撤步拍击避闪。

如果对方是以前戳挑衅，那么我就可以抓住时机，实施缴械。因为挑衅相当于威胁，对方相对松懈，不像攻击时那样精力集中，我主动出击，缴械的成功率也会更高。当对方单手持棍正面戳击我胸部挑衅时，我身体稍向后避闪的同时，左小臂顺时针摆动绕到棍端（戳击我的一端）的右侧，翻手腕抓住棍端向左推。与此同时，左脚向前进步，重心前移，右小臂从棍下穿过，以肘窝夹住棍子尾部猛然用力向怀里带，如果对方大意，一个动作就会缴械成功。然后，我可以双手持棍戳击对方胸部或者腹部。如果对方精力集中，防范意识强，这个动作没能成功，我可以紧接着做缠臂缴械。

缠臂缴械

① 对方持棍戳击我胸部

②

a.左手抓住棍端向左侧翻压

b.同时右脚向前进步，右小臂从棍子下方穿出（靠近攻击者手握那一端）并向回搂

③ 右掌推击对方面部

④

a.收右臂，夹住棍子

b.左拳击打对方面部

⑤

a.左手抓握对方右手腕，将棍身夹于我左腋下

b.右拳击打对方颈部或面部

⑥

a.保持对棍和对方右手腕的控制

b.右砸肘，攻击对方右肘窝

⑦ 右手缠对方右臂并按压其胸口或咽喉，使对方松开棍子

拍抓踢裆

如果我通过对方的预兆动作判断出对方要以前戳直接攻击我，我向右转体，用左手向内拍击棍端，使攻击改变方向，同时重心前移，迅速向左前方进步，以直拳击对方下颌。也可以拍抓踢裆应对。

① 对方持棍戳击我胸部

② 左手或者双手抓住棍尾，迅速起右腿弹踢击裆

拍抓踢裆

应对上撩

上撩属于防守型技能，也可以用于攻击，但直接施展上撩的攻击不多，这与预备势和手腕的活动范围有关，在预备势的时候，持棍手多在上方位，便于从上向下攻击。当持棍手运行到下方位后，或者对方的持棍手一直就在下方位，就可能施展上撩技术。

当攻击者做完劈砍攻击，持棍手运行到下方位准备做上撩时，动作会出现一个小小的停顿，这个时候就是我们应当把握的第二应对时机。应对动作是，极速向前冲击对方，双手按压对方持棍手的手臂向前推，防止其做出上撩的攻击动作，再根据双方的距离提膝顶裆或者弹踢击裆，直到解除危险，解脱困境。

第二应对时机也需要训练才能够及时捕捉到、把握好。

如果对方做出将持棍手放在下方位的预备势，说明对方是要防守，那我们就没有必要去主动攻击。我们学习特卫术，本身就不是为了攻击他人或者与人竞技，而是为了防身自卫。不被攻击，就是我们要实现的目标之一。

综上所述，徒手搏斗训练是指利用拳、肘、膝、腿等身体部位进行的打、踢、顶、撞、摔、别、锁、控等技法的训练。练习者要不断提升身体素质、技战术水平和心理素质，才能为防身自卫技术的实际应用与发挥奠定扎实的基础。

"万物统体一太极，分而言之，一物各具一太极"，搏斗能力的提升，需要攻击和防守两方面能力的提升，攻击和防守本就是不可分割的整体，攻击中蕴含着防守，防守中也包含着攻击，二者相互联系、相互影响，条件允许时，也可以相互转换。要真正掌握好、用得好，唯有勤加练习。

第四章

安全防卫具体场景应用

我们一直在强调，"防"，是在危险发生之前采取的安全举措；"卫"，是在危险发生当时采取的安全行为。防是卫的准备，卫是防的应用与发挥。我们需要把将来可能会发生的情况以及应对方式放在当下预先练习，从而提高在遭遇危险时的应对能力，实现自我安全防卫。

这里有一个问题是我们务必要注意的，那就是我们现在做的是预想、预案，想得对不对、预案是不是切合实际、这种设定是否与主观和客观条件相符，这些不在它设定的时候，而在它经逻辑演绎所得的结论被实践检验的时候。

近20年的一线任务经验告诉我，没有一次实际情况会和预案完全相同，在预案实施过程中，一定会出现变数。在哪儿变？怎么变？不知道！但是有条规律是亘古不变的，即"道之阴阳，变中有常"，有变，就一定有不变，虽然变是必然的，但"变中有常"，这个"常"就是指变一定会受到约束。

在安全方面的主客观关系中，变化的是我们所处的客观环境，不变的是我们对自身安全的追求，变中之"常"是防卫能力越强，抵御客观环境风险的系数越高，自身就越安全。

客观环境和其中暗藏的风险是我们无法掌控的，我们能掌控的是自身的防卫能力。防卫能力越高，抵御风险的能力越强；防卫能力越低，抵御风险的能力越弱。个人防卫能力的高低，才是自身安全的关键变量，在这个关键变量上下功夫，就可以以不变应万变。

前面，我们介绍了攻击的方式、防卫的理念、徒手防卫的技能等，本章就对防卫技能在不同环境里的应用进行介绍。

利用日常生活物品防卫

徒手防卫是基础，有效利用身边的物品进行防卫是进阶。这对我们有一个要求，就是一定要会运用防卫技能应用的两条通则：一是要会运用"OODA"，二是始终要用"加一原则"应对袭击。

OODA

"OODA"是观察（Observe）、定位（Orient）、决策（Decide）、行动（Act）的英文单词首字母缩写。这是解决问题的 4 个环节，也是处理问题的 4 个要素，它们既独立，又融合，形成闭环，并循环往复，稳定存在。特别说一下"定位"，人们都是在以往的经验、认知水平和传统习惯等因素的基础上，对当前的信息进行分析、梳理、总结，这也是整个闭环中最重要的一步。人们的学习生活经历不同、智力结构不同、认知水平不同，面对同一个问题，思维方式就会不同，对同一事物也会产生不同的认知，从而得到不同的解决方案。这也说明人与人的本质区别是思维认知的区别、判断能力的区别、决策能力的区别。

加一原则

"加一原则"是山猫特卫术第一搏斗原则，要切实用好，需要在思维习惯和动作技巧两个方面都下功夫。思维习惯是动作技巧的引导，使我们看到即能想到；动作技巧为思维习惯奠定基础，使我们想到即能做到。

可用于防卫的日常生活物品

在遭遇侵害、袭击的时候，如果有一件称手的器械，可以起到很好的防卫作用，但一般来说，人们不会随身携带各种用于防身的器械，所以这个器械，只能就地取材。只要把"OODA"和"加一原则"运用好，你就会发现，在日常生活中有许多物品都是可以利用的防卫器材。为了使读者一看就明白，我们结合这些物品的形状，根据不同的使用手法对它们进行分类介绍。

投掷类物品及其运用

投掷类物品指块状物品和融合了球体、锥体、圆柱体、块状等形状的不规则物品，能快速单手拾得，必要时双手合力拿起，能像石头一样用于远距离攻击，或者握在手中作为近距离战斗的武器。这类物品能握在手中，沉重坚硬，可以增加击打的力量，增强攻击效果。

进行投掷攻击的时候，要结合自己的力量和与对方的距离，并把握好时机。

对于小件物品，使用时像投掷手雷一样，从后向前加大物品的动能和惯性；像茶壶之类的大件物品，应当像投掷铅球一样扔向对方，依靠物品本身的重量与惯性实施攻击。

投掷攻击很难一击就将对方打倒，但它可以让对方做出相应的避让，这就为我们采取下一步行动争取了时间。如果与对方距离较远，就选择适当的路线撤离转移（详见第三章"防卫进阶——徒手对器械"一节）；如果与对方的距离小于安全距离，应当在对方避闪或者注意力分散时趁机发起攻击，比如冲膝顶裆、肘击下颌等。

我们也可以将小件物品（如手机、钥匙、口红、金属发卡等）握在手中，利用它坚硬的特质实施砸击，或者做类似直拳和勾拳的动作。

投掷类的物品有很多，如酒瓶、水杯、碗盘、香水瓶、工艺品摆件等，这些物品在日常生活中随处可见。

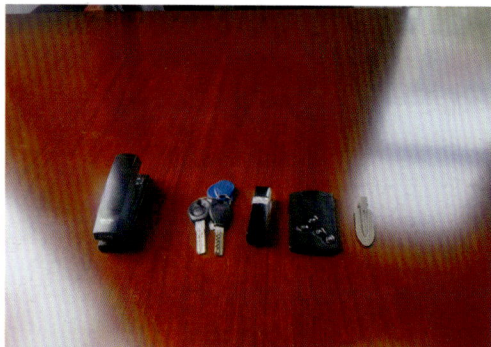

盾防类物品及其运用

盾防类物品指形状如同盾牌、可以用来阻挡或偏转对方攻击的物品。这类物品可以是硬质的，如椅凳、手提箱、筐篓、平底锅等；也可以是柔软的，如手提包、背包等。

硬质盾防类物品也可以用作攻击。例如座椅，手持椅面，将椅子腿朝向对方，控制好距离，在对方向我攻击时，把握第一应对时机，向前推挡，既可以借助椅面防范对方的攻击，也可以利用椅子腿推刺对方或者通过旋拧座椅偏转对方的攻击，然后迅速踢裆或前蹬、侧踹击胸。

柔软盾防类物品主要用于偏转对方攻击，创造出机会和空间后近身施以徒手防卫技术，击其要害，再迅速离开。

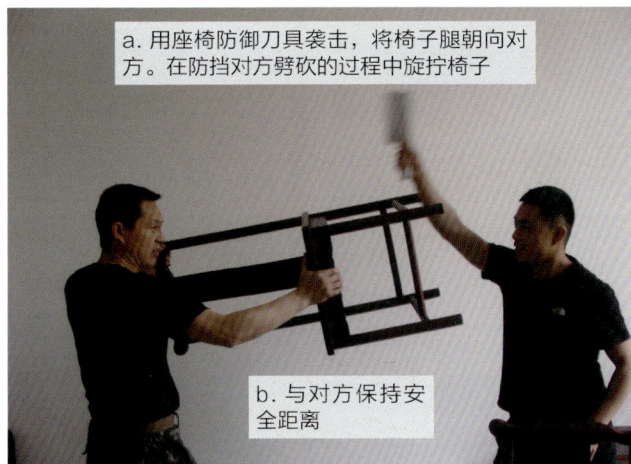

a. 用座椅防御刀具袭击，将椅子腿朝向对方。在防挡对方劈砍的过程中旋拧椅子

b. 与对方保持安全距离

a. 挡住对方的攻击后，迅速起前蹬腿攻击对方胸部或弹踢击裆

b. 也可以旋拧座椅，偏转对方的攻击路线，起侧踹腿攻击对方腰部、腹部

a. 保持与对方的安全距离

b. 将背包置于对方持刀手同侧

a. 当对方挥刀攻击时，我向后闪身，向外移步，避开对方攻击路线

b. 卸下背包护住自己的手臂和可能会被击伤的一侧身体

a. 身体躲闪至对方持刀手的外侧

b. 用背包抵挡对方的攻击，并向一侧挡推，身体避开锋刃

a. 双手迅速抓住对方持刀手，控制在我身体一侧

b. 起弹踢腿攻击对方裆部

c. 根据情况，迅速离开，或者进一步控制对方

锥刺类物品及其运用

日常生活中常见的锥刺类物品有剪刀、螺丝刀、筷子、发簪、茶刀、铅笔、钢笔、圆珠笔、餐叉、破碎的玻璃瓶、折断后带尖的树枝，以及其他带尖的物品。

使用锥刺类物品进行防卫时，我们可以借鉴刀具的攻击技巧，实施刺击和划砍。

锥刺类物品如果击中对方，可能会给对方带来刺击伤。刺击伤又称贯穿伤，其伤害程度远远大于划砍伤，一旦伤及对方脆弱部位，可能会使其在很长时间内丧失行动能力。

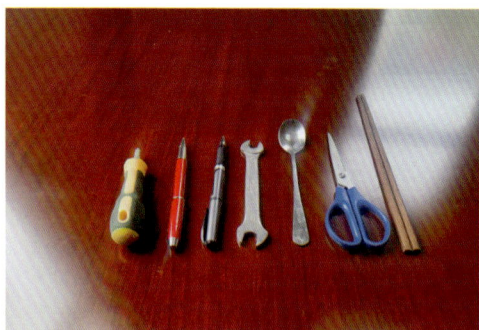

棍锏类物品及其运用

生活中棍状物品有很多，如扫把棍、拖把棍、拉杆箱的拉杆、擀面杖、雨伞、棒球棍、PC管、木棍等。

锏，是指具有相当重量的四棱方柱型兵器，是古代常见的钝击武器，杀伤力巨大，可以破甲而取敌性命，所以有"杀手锏"之说。在本书中我

们用锏代指有相当重量的棍状物品，如较长的扳手、小锤、钢管、锅铲、汤勺等。

使用棍锏类物品防卫，主要是利用其挥舞的惯性力量实施攻击，使用技法类似于短棍（详见第三章"防卫进阶——徒手对器械"一节）。

枪棒类物品及其运用

对于一端带尖的长棍类物品，我们将其归类于长矛，也就是枪；较粗且硬质的长棍称为棒，例如铁锹把、锄头把、哨棒、臂力棒等。

枪棒类物品质硬且沉，杀伤力较大。舞动枪棒类物品需要相当的力气与技巧，我们在防卫中使用时通常借鉴长矛的刺、前戳和推击等技法。这样做一是可以保持与对方的距离，二是前刺后快速收回，保持警戒姿势，可以防止对方抢夺我们手中的枪棒。

为了达到有效防卫的目的，前刺的目标部位应当是对方的面部和喉部。如果未能有效地阻击对方，还可以用枪棒的另一头挑击对方裆部，再施以棒击或蹬踹。

鞭绳类物品及其运用

鞭绳类物品既有硬质的，如竹条、条形锁、链条、电线等，可以抽打攻击者；也有软质的，如腰带、鞋带、领带、围巾，甚至衣服，可以缠绕或捆缚对方。

硬质鞭绳类物品可用于抽打攻击者，主要目标是手和面部，使对方不敢轻易发动攻击。在打中对方后，抓住时机迅速攻其要害，就能快速制敌。

软质鞭绳类物品可用于缠绕或捆缚对方，技巧要求较高，需要经过专门的训练。

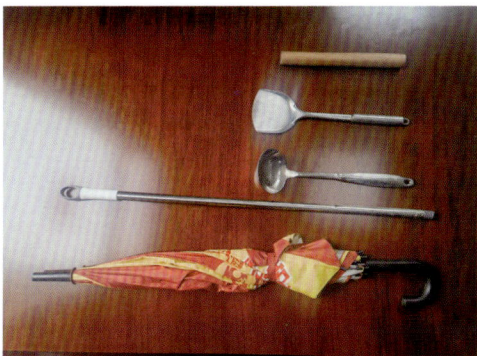

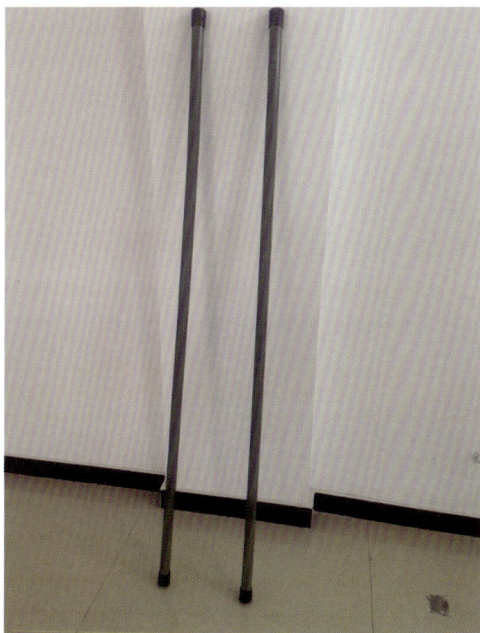

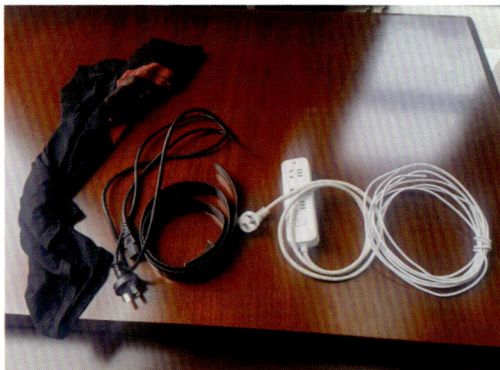

液态喷雾类物品及其运用

在遭遇侵扰的时候，如果将某些液体，尤其是带有刺激性的液体或者高温液体泼向攻击者面部，可以有效地对付攻击者，起到出其不意的效果。酒、热咖啡、滚烫的水或汤之类的物品都会让对方丧失部分攻击力。

另外，如果手边有杀虫剂、灭火器、防狼喷雾剂乃至香水等喷雾剂，可对准攻击者的面部、眼睛喷射，迫使对方闭眼，为后续反击创造条件。

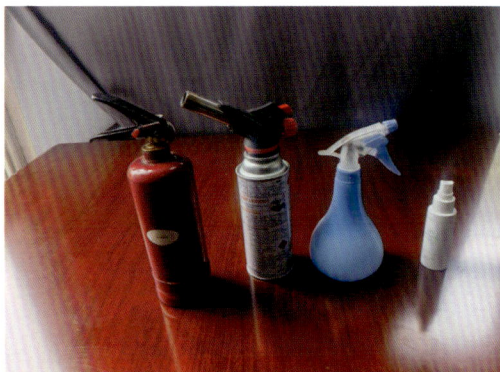

如果没有喷雾剂，随手抓一把面粉、淀粉、辣椒粉、石灰粉、沙子、盐等沙粉状物品对着攻击者的眼睛抛出，也能在短时间内阻拦对方，为我们创造反击的机会。

以上这些不同类别的物品，都是可以在防卫中加以利用，增强自己防卫措施和防卫能力的。它们都是生活中常见的物品，只要稍微留心观察，就能发现它们。而有效利用这些物品的关键，就是熟练掌握防卫技能应用的两条通则——"OODA"和"加一原则"。我们需要做的就是经常练习，练习"OODA"，练习使用各类物品防卫的技巧。

私密封闭空间的防卫

在不同的环境中，可能遭遇的危险形式不同、程度不同，能取得的可利用的物品不同，应对的方法也不同。所有这些不断变化的"不同"的根源在于所处的环境不同。我们可以将日常生活环境分为私密封闭空间、空旷开放区域、交通工具内和人员密集区 4 个场景，有针对性地研究，并准备相应的防卫措施，从而高效地处置危机。

私密封闭空间的定义

通常情况下，我们将房屋、楼宇等建筑结构内部称为封闭空间；在封闭空间内，有部分归属于不同主体的相对狭小的空间，我们将这样的空间称为私密空间。私密封闭空间是对这两类空间环境的统称。

私密封闭空间的特点及影响

私密封闭空间是我们生活中最常见，也是我们所处时间最长的环境。办公、购物、社交活动及绝大部分娱乐活动都是在私密封闭空间进行。也正因为如此，我们才有了更多与他人相遇相处的机缘，而这其中也夹杂着一些不安分的人和不安全的因素，遭遇偷盗、骚扰、劫持等的概率会相对高一些。

危机预防和应对

正所谓"君子不立于危墙之下"，防卫体系最先要做的就是建立起正确的安全防卫意识，远离日常生活中的危险源。虽然现代大城市治安状况相对良好，但诸多案例告诉我们，危险依然存在。所以，山猫特卫术的首要目标，不是打倒侵害你的人，而是避免侵害发生。那么，在私密封闭空间遇到危险时该如何应对呢？

首先，一定要运用防卫技能应用的两条通则。第一是"OODA"，只有弄清楚自己所处环境的状况，所做的危机预防措施才能更有针对性，处理问题时才更有效；第二是"加一原则"，在应对危机环节应特别注意此原则的应用。称其为"通则"，就是因为它们是在任何时候、任何环境里的防卫应对中都必须遵守的原则，这两条通则是安全意识的重要体现。

其次，占据控制点，控制决定性地带。进入私密封闭空间，最先要观察的就是控制点和决定性地带这两个关键点位，遇到问题时要么占据控制点，在控制点上控制决定性地带，要么迅速移动到决定性地带，以便迅速撤离转移。

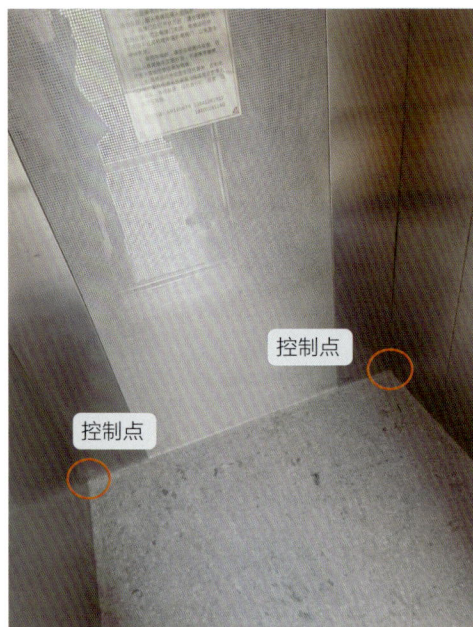

所谓控制点，就是在不移动的情况下，能够通视整个空间，自己的大部分身体被墙体或其他大型物体保护，暴露出来的只是极小部分的位置点。占据这个控制点后，运用防卫技术或器械可以控制整个空间内的局势。比如在升降电梯内，它的一个角就是这个空间的控制点。

占据控制点，一是可以避免四面受敌，二是便于控制整体局势。

门口、楼道口可以进、可以出，是引发后期内门外、楼里楼外情况变化的关键之处，在空间位置上称为决定性地带

在电梯里，站在控制点上，身体一侧朝向开关门按键

所谓决定性地带，就是能决定所处空间环境内局势发展的关键区域，比如电梯口、门口、过道口等。把这个地方控制好，可以阻击对方的后续力量进入，或者便于自己从该处迅速转移，撤离不可掌控、相对危险的空间环境。

通过对控制点和决定性地带的解释，我们就知道，在升降电梯内发生争执、遇到危险时，要么占据电梯内的一个角，最好是与开关门按键在同一侧的角，身体的一侧朝向按键，要么占据电梯口，以便在需要时迅速离开。这就是在私密封闭空间应对危险时"占领控制点，控制决定性地带"最典型的做法。

下面列举三个具有代表性的私密封闭空间。

酒吧

酒吧的特点是空间封闭，人员密集，活动持续到深夜，消费者相对年轻，加之酒精的作用，多数人头脑不是很清醒，遇到问题容易冲动，在这样的情况下遇到危险的概率相对高一些。因此，在进入酒吧前和进入酒吧后，就要运用"OODA"，观察酒吧的布局、空间结构，找出控制点和决定性地带。

我们的建议是，尽可能与同伴在一起，不要自己在酒吧玩到很晚，不要饮酒过量，即便你有很强壮的身体，有很好的防卫技能，过量的酒精也会摧毁你的头脑，延迟你的反应，弱化你的机能。如果在酒吧里遇到有人挑衅，那你要找机会尽快离开。

第一，酒吧是年轻人会友交际的场所，通常都是两两成对、三五成群，所以挑衅者可能会纠集同伴一起加入打斗。拳谚有云，"双拳难敌四手"，情况不明时不要轻易动手。

第二，酒瓶、酒杯、烟灰缸是在酒吧最容易被用于攻击的物品，酒瓶、酒杯是易碎物，碎片边缘锋利，且很容易就可以得到并利用，一旦被碎片割伤要害部位，会造成严重后果。

第三，在酒精的刺激下，大多数人头脑并不清醒，如果在酒吧发生斗殴，很可能会引发群殴，造成极其严重的后果，所以在去酒吧之前就要做好预防措施，危险来时走为上。

如果无法及时抽身撤离，那你就要尽可能向控制点和决定性地带移动。可以主动转移，也可以借助挑衅人员的推搡之力实现战术性移动。在这个过程中，你应当根据当下的情况，运用徒手防卫技能进行个人防卫，尽可能避免使自己处于人群之中。待占领控制点，或控制了决定性地带以后，你应根据情况选择防卫或迅速撤离。

另外，酒吧经营者知道酒吧的特点，为了确保正常经营，也会配备专门的维持秩序的人员，必要的时候，可以向他们身边移动，进而借助他们的力量来保证自己的安全。

餐馆

与酒吧相比，在空间上，餐馆相对开放一些，但也有可能遭遇闹事、纠纷等治安事件，甚至违法犯罪事件。

说到这里，我们还是要着重说一下，山猫特卫术的首要目标不是打倒侵害你的人，而是避免侵害发生。

当遇到侵害，没有时间优势、没有地理优势、没有准备，只能被迫应急防卫时，你已然处于劣势地位，说得直白一点，这个时候就算是奋力抵抗，能够打倒侵害你的人，也是险中求胜。山猫特卫术的目标是助力广大民众过上安全、健康、美好的生活，避免侵害发生，为构建和谐社会贡献力量。所以我们从一开始就提出这些"安全理念""安全意识"，就希望朋友们在做各项决定之前先想好，练习防卫技术时如此、搏斗时如此，说话时也是如此。只不过不同的人拥有不同的知识结构和思维模式，使得"想"的方式不同，"想好"的标准不同，最终做出不同的决策，不同的决策决定了事情的不同结果，所有这些结果汇总起来，就是我们的命运，就是我们的人生。

猪八戒在深山见一女子，只观其表，不见本质，误把白骨精当美女，导致唐僧被抓走，孙悟空火眼金睛，一眼看穿其本质，棒打妖怪。所以你看，面对同样一件事，猪八戒这样想，孙悟空那样想，就出现了不一样的结果。

我们虽然没有孙悟空的火眼金睛，但是我们可以理性地进行分析：深山老林，前不着村后不着店，女子只身一人，身着彩衣，显然不是出来砍柴，那么她想要干什么？什么样的人才会出现在这样的环境里？为什么会有这样的举动？她的出现对我会有什么样的影响？……当你有很多疑惑，又没有合理答案的时候，你的警惕性、戒备心自然而然就起来了，这就是安全意识。

由此可见，"想好"——理性地"想"，切合实际地"想"，主观与客观相统一地"想"——是决定最终结果的关键。我们要把握的就是"想"的方式和"想好"的标准，想好了再做，就能更好地保护自己。

在个人安全方面，要避免侵害发生，就要有很强的安全意识，对所处环境、所做决定及自己的行为都有一个风险评估、安全预判，从而避开不安全的因素和环境，或者改变所处环境的安全条件，提高安全系数。这个风险评估和安全预判，就是"想"的内容和"想好"的标准的体现，这是可以通过安全防卫学习与训练获得的，可使我们提高认识风险、抵御风险的能力，降低相对危险系数，从而获得想要的安全。

一般来说，相比于高档餐厅，在普通商店、街边餐馆遭遇侵害、袭扰的概率更高一些。原因是多方面的，我们在这里不做详细分析。但在高档餐厅一旦遭遇危险，则更可能是极端情况，比如恐怖袭击、恶性刑事犯罪等。相关内容我们放在下一章里再介绍。

饭局是最普遍的社交形式，酒是饭局的调和剂。参加饭局的通常会有三五人或更多人，酒多了，出现纠纷的概率也会增加。

虽然我们在餐馆的时候不必像在酒吧里那般敏感，但在安全技术的使用上是相同的，即要运用"OODA"观察确认控制点和决定性地带。餐馆是公共场所，如果在餐馆遭遇骚扰，我们应当借助同行人或周围其他人的力量保护自己，需要注意的是，先稳定情绪、控制局势，尽力避免事态升级和遭遇侵害，然后迅速报警。

另外，要观察餐馆里的桌子和椅凳是不是可以移动，一旦遭遇侵害，或者骚扰升级为侵害，可移动的椅凳、桌子是最有效的可利用物品。比如，可推动桌子阻挡对方的前进道路，制造距离，避免接触；快速提起椅凳推击对方，或者脚蹬椅凳撞击对方的腿、脚，为自己创造反应上的时间优势，快速向控制点或决定性地带移动。

另外，餐桌上的茶壶、碗盘、筷子，以及餐馆里其他的顺手就能拿到的物品，都是可以利用的自卫防护器具。茶壶、碗盘可以投掷，筷子可以像短刀一样使用。

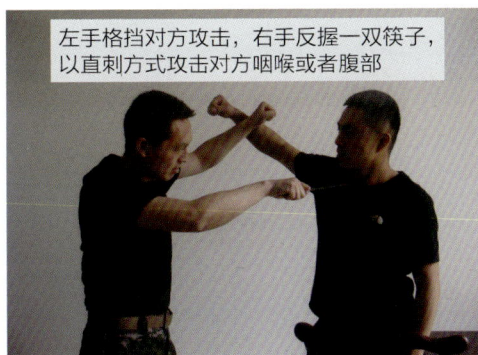

左手格挡对方攻击，右手反握一双筷子，以直刺方式攻击对方咽喉或者腹部

运用筷子进行防卫，应当将筷子视为短刀，可以格挡防守，也可以用于进攻，使用方法与短刀用法相似

会所

会所是比酒吧、餐馆更私密的空间，为了确保私密性，在物理空间上更为封闭。需要进入更私密、更封闭的环境中进行社交活动的人，隐私保护是他们最大的需求。

我们一直强调，我们要依据"生命 > 名誉和健康 > 钱财"的次第关系处理危机。当我们以为隐私保护是最大的需求的时候，我们"想"的方式，和"想好"的标准就已经发生变化，从而导致结果发生相应的变化。

凡物必有合，阴阳无独行。越是在封闭的环境，越是要运用"OODA"确定控制点和决定性地带；越是在私密环境里，越是要加强与外界的联系。具体的做法如下：多了解要会见的人，虽然会见的地方是私密的，但对他的为人和其过往的经历要清楚；注意监控摄像头的位置和角度，有意识地出现在镜头里；有意识地在会所给自己最信任或者最亲近的人打一次电话或发一次信息；必要的时候打开手机录音或者录像。这些都能在我们遭遇危险时，为运用自身防卫第一策略提供支撑。

在私密封闭空间里进行防卫，最优做法就是打破空间的私密性、封闭性，要么争取外界力量进入，要么自己从私密封闭空间转出。

空旷开放区域的防卫

空旷开放区域的定义

通常情况下，我们将房屋、楼宇等建筑结构外部，以及房屋之间或者楼宇之间没有被封闭的空间称为开放区域，如广场、街道、室外停车场等；我们将远离房屋、楼宇等建筑的地方称为空旷区域，如公园、景区等。

私密封闭空间与空旷开放区域是相对应的环境，二者组合起来就构成了我们生活的物理环境。

空旷开放区域的特点及影响

空旷开放区域的特点是空间开放，人员流动性大，这个特点对安全上的影响是，遭遇意外、暴力袭击、侵扰、抢劫等危险的概率会比私密封闭空间更高一些。

可能有人会说，空旷区域是在"大庭广众、光天化日之下"，怎么可能发生暴力袭击、侵扰那么严重的危险事件？常理是这样的，但危险事件并非以常理而论，否则，就不会有危险事件了。

因为空旷开放区域具有开放性和流动性，所以危险事件的肇事者通常会对陌生人下手，这种环境也便于他们逃窜。这种情况在我以往执行的任务中，所占比例较高，在有些国家和地区，空旷开放区域的危险事件发生率很高。比如汽车炸弹袭击、路边炸弹袭击。当然，这些都是在特殊环境里的极端行为。

我在某地区执行任务的一年多时间里，经历的建筑内部，也就是私密封闭空间发生袭击案例的数量，能数得过来，而空旷区域的爆炸袭击，一年就好几百起。

这也说明了在空旷开放区域发动袭击，比侵入或潜入私密封闭空间要相对容易，而且袭击之后的运动转移更灵活，所以在空旷开放区域比在私密封闭空间里更有可能遭遇严重危险。

危机预防和应对

我们所谈论的危险，一般都是指由人为因素造成的危险。这与区域的开放性、空旷度，区域内人员的结构、密集度、流动性等因素有着密切的关系。下面列举三个具有代表性的空旷开放区域。

街道

在街道遭遇意外、暴力袭击、侵扰的概率最大，正因为如此，治安管理部门在街道安装的监控摄像头最多。从预防的角度来说，我们应该尽可能在人员密集度适中、监控摄像头能拍到的地方活动，尽量避免深夜在偏僻的街道独行。

胆敢在街道袭击侵扰他人的人，其法律意识已经非常淡薄，要么性格乖张、脾气暴躁，要么是惯犯，他们可能在街斗或者袭击的手段上有一定的经验，所以如果我们遭遇这样的情况，即便是练习过防卫技术，也请一定不要大意，一定要运用防卫技能应用的两条通则——"OODA"和"加一原理"。

2022年8月8日，四川成都成华区玉双路与望平街交叉路口，六勇士制伏持刀歹徒，就是运用两条通则的典型案例。值勤辅警符杰在街道发现一名手持菜刀的歹徒，随即从旁边的摩托车上提起头盔，一边向着歹徒飞奔过去，一边用对讲机上报警情。符杰喝止歹徒把刀放下，歹徒情绪失控，挥刀砍来，符杰用头盔与其周旋，面部、手臂被划伤，但精神高度集中的他并没有意识到自己受伤了。

这时，退伍军人刘万刚正好路过此处，看到这一幕，立刻停下摩托车，从停在路边的环卫车上取下两把铲子，径直冲向符杰，递给他一把铁铲，与他一起用铲子制止歹徒行凶。

紧接着，另一名退伍军人范贤明拎起路边的一块不锈钢架子广告牌冲向歹徒，这一推，让持刀男子瞬间倒地。范贤明有12年从军经历。

这时，外卖小哥刘敏用从附近商家取来的圆凳，将歹徒的头部固定。在成都出差的重庆市民肖勇和正在送菜的骑手王亮一起上前，死死握住持刀男子的手腕，夺下菜刀。肖勇见符杰受伤，又立即拨打了120，并留在现场疏导交通。

很快，警察和急救人员赶来，持刀男子被警察带走，满脸是血的符杰被送往医院。

在街道遭遇这类危险的时候，一味地忍让、退却会助长对方的嚣张气焰，所以一定要克服恐惧，管理念头，专注一域（详见第一章"自身防卫第一动作——克服恐惧"一节），综合运用好"OODA"和"加一原则"，让自己占据更多优势，站在更高等级予以还击（详见第三章"防卫进阶——徒手对器械"一节）。街道上人员较多且流动性很强，因此在遭遇暴力袭击时要善于利用群众的力量，有一份正能量的担当，就可能感召更多的正能量汇集过来，从而快速有效地解决问题。

我们从上述案例中可以明显地看到，身旁的环卫工的铲子、路边的广告牌、商店的凳子都可以当作防卫器械。当然，除此之外，还可以利用共享单车、筐篓等物品进行防范或者反击。所以，这两条防卫技能应用通则，一定要牢记、常想、常练。

还有一点是我们务必要谨记的，也是我们在第三章讲述过的，即与攻击者保持安全距离——对方上一大步，伸直手臂或持刀械仍然够不着的距离。在这个距离上，退可守，进可攻，对方不容易攻击到我，又要警惕我做出反击。这就需要我们灵活运用各种步法，既保持防备的姿势，又有进攻的态势。

露天广场

露天广场是一个比街道更开放的地方，但是，它却拥有与街道完全不同，甚至截然相反的特点，相对于街道的嘈杂与繁忙，露天广场显得恬静、悠闲、安然。当我们走进露天广场，就会自然而然地进入它的"道场"，仿佛节奏都变慢了一样。

在露天广场游览、观光、嬉戏、晒太阳的，大多数是喜欢慢生活的人，至少在这里的时候，人们会慢下来。这个特点决定了在露天广场遭遇危险的概率比较低，即便是发生摩擦，人们也很容易冷静下来，理性地对待和处理。但不要以为露天广场就是安全的。正因为它有这样的特点，人们在露天广场的安全防范意识也会淡化，所以就容易让一些居心叵测的人有空子可钻。

犯罪分子多数会选择在露天广场与周边区域连接的通道上发动袭击或者侵扰，因为露天广场比较空旷，在广场上发起袭击，就等于是把自己暴露在大众的视野里，如果有正义的力量还击，攻击者将无处可逃，而露天广场与周边区域的连接通道便于转移。一个极端且典型的案例就是1995年10月14日俄罗斯莫斯科红场人质危机。

另外，一旦遇到大型集会，如庆典、示威等活动，露天广场上就会聚集足够多的人。人员密集的时候，广场上的氛围会变得浮躁、激进。人员密集区是一个特殊的环境，我们将在本章"人员密集区的防卫"一节中专门介绍。

所以我们在通过广场与周边区域的连接通道的时候，应当保持防范意识，注意观察，辨识潜在的危险或者威胁。

需要注意并与之保持安全距离的人有以下几种。

（1）孤立个体，靠墙或者靠在阴暗处站立的人。

（2）向自己快速移动的人。

（3）手中持有管制刀具等可用作攻击武器的物品的人。

（4）把手或者脸掩藏起来的人。

（5）与周边人员相比，神色慌张或者行为怪异的人。

需要注意的事如下。

（1）不过分好奇，不参与广场聚集活动。

（2）公平买卖，不贪图便宜。

（3）财不外露，不逞霸道。

一旦遭遇危险，多数情况下需要徒手防卫，保持沉着与冷静，背包、太阳伞、单肩包的链条、手机等都是可以利用的防卫物品。

在对抗中，可以用语言和声音震慑对方，也可以创造机会迅速向广场方向移动，并高声呼救，请求广场上其他人员的帮助。

① a. 当对方挥刀攻击时，我向后闪身，向外移步，避开对方的攻击路径

b. 用背包护住自己的手臂和可能会被击伤的一侧身体

② a. 身体躲闪至对方持刀手的外侧

b. 用背包抵挡对方的攻击，并向一侧挡推，身体避开锋刃

背包防卫

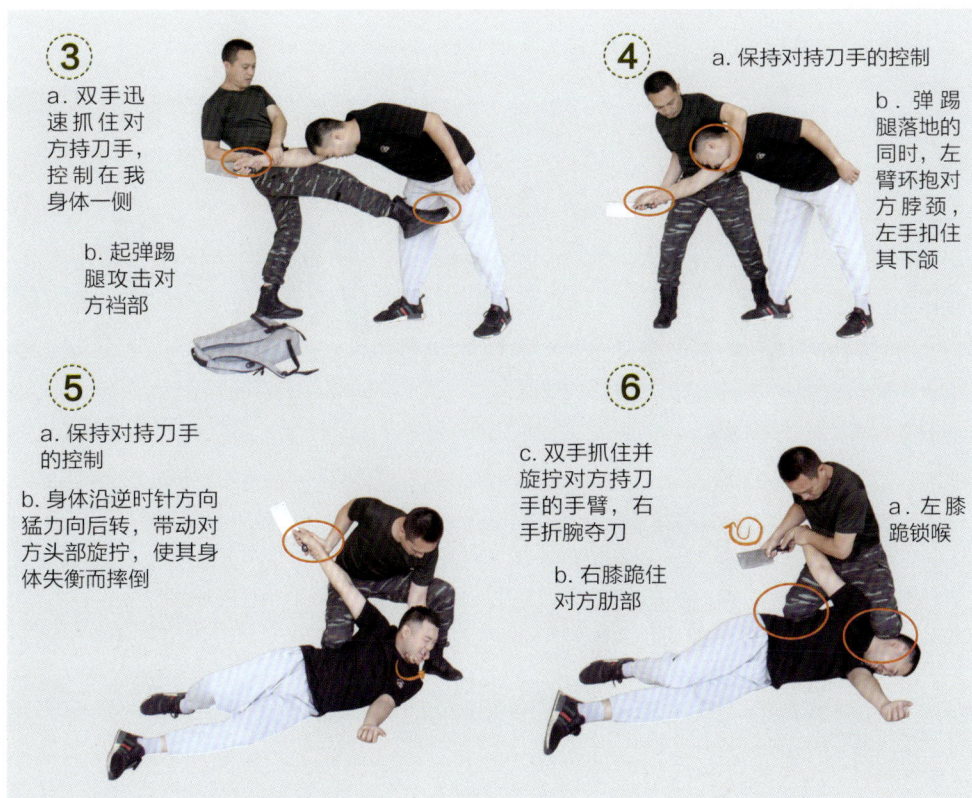

③
a. 双手迅速抓住对方持刀手，控制在我身体一侧

b. 起弹踢腿攻击对方裆部

④
a. 保持对持刀手的控制

b. 弹踢腿落地的同时，左臂环抱对方脖颈，左手扣住其下颌

⑤
a. 保持对持刀手的控制

b. 身体沿逆时针方向猛力向后转，带动对方头部旋拧，使其身体失衡而摔倒

⑥
c. 双手抓住并旋拧对方持刀手的手臂，右手折腕夺刀

b. 右膝跪住对方肋部

a. 左膝跪锁喉

公园

很多时候，我们会为了放松心情，暂时远离城市的喧嚣，去公园亲近大自然、舒缓情绪。公园的树林植被为我们提供了温馨清爽的氛围，也被一些别有用心的人当作掩蔽的物体。在远离人群和建筑的公园，独自游玩的年轻女性更容易遭遇侵袭。

曾经有一位女士到派出所报案，她自述在森林公园游玩时被一陌生男子搭讪。那名男子吸烟，朝她吐了一口烟雾之后，她就变得意识模糊，不知道拒绝，也不懂得如何反抗，被男子带到密林深处实施性侵，整个人被恐惧笼罩。清醒过来后，她到派出所报案，但她不记得那名男子的五官模样，就连穿什么样的衣服都想不起来了。

这也让我们警醒，安全和危险的关系是发展变化的，是可以通过改变前提条件进行转化的。危险也许就潜伏在我们身边，一旦我们防范意识淡化，危险就可能临近。所以，我们要时刻保持清醒的头脑，提高安全意识，去公园时应尽量避免只身前往偏僻的地方。

当有不法分子实施侵扰时，我们一定要找准时机，及时回击。

反抗侧面搂抱

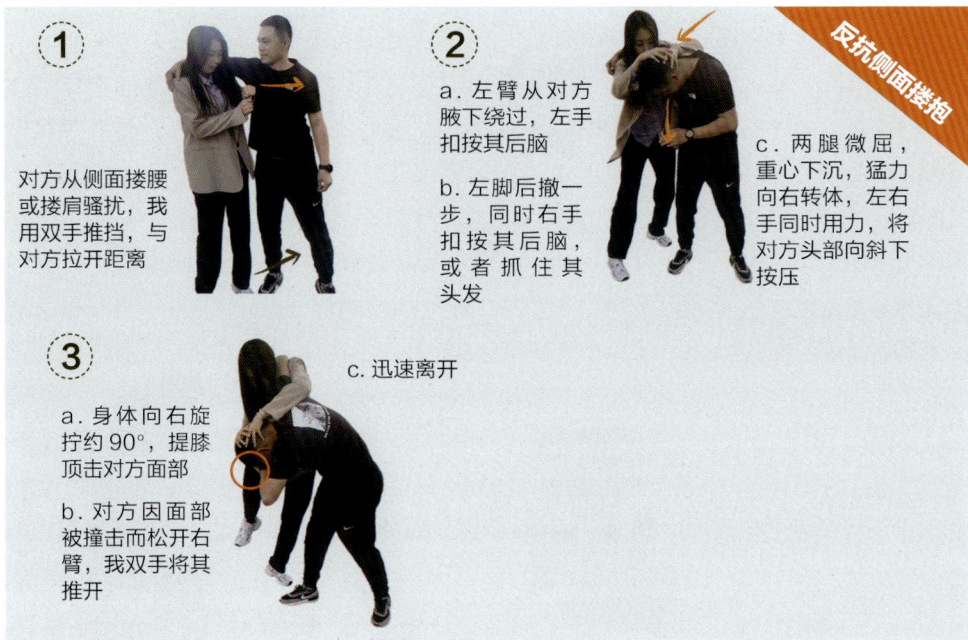

① 对方从侧面搂腰或搂肩骚扰，我用双手推挡，与对方拉开距离

② a.左臂从对方腋下绕过，左手扣按其后脑

b.左脚后撤一步，同时右手扣按其后脑，或者抓住其头发

c.两腿微屈，重心下沉，猛力向右转体，左右手同时用力，将对方头部向斜下按压

反抗侧面搂抱

③ a.身体向右旋拧约90°，提膝顶击对方面部

b.对方因面部被撞击而松开右臂，我双手将其推开

c.迅速离开

反抗正面搂抱

当我们被攻击者正面抱腰时，使用袖车动作最隐蔽，效果最好。也可以运用第三章中的从前抱腰双手在外的解脱技术。

需要注意一点，即在发善心、行善举时要仔细加以鉴别，以免被坏人利用。有些狡猾的袭击者可能会伪装成需要同情的人，当你发善心同情他时，就走进了他的圈套。白骨精第二次、第三次接近唐僧，就伪装成了需要同情的人，猪八戒却傻傻分不清。

好心，不一定办成好事，也可能会办坏事。这样的例子，比比皆是。好心要办成好事，还得把握事物与周边环境相互联系、相互制约的关系，掌握把事办成的方法和手段，控制办事的力度和进程，随具体环境的变化而不断调整，应天理，通世道，顺人情，才可能把好事办成。可见，好心要想办成好事，并不是一件容易的事，因此，更需要培养自己的安全意识、提高防卫技术。

等我们识别危险、抵御危险的能力提高了，同时，掌握了对事物运化过程中因果之间的必然程序，做事的成功率就会提高。由此，一颗善心，会帮助更多的人。

① 对方从正面搂腰骚扰，我用双手推其两肩，与对方拉开距离

② a. 假意接受对方，让其放松戒备

b. 右臂绕过对方脖颈

c. 可以假装要亲对方脸颊，实际用下颌顶住对方腮部

③ a. 下颌持续顶住对方腮部

b. 左手掌外沿顶住对方咽喉

c. 右手抓住自己左臂的衣袖口

d. 以抓住的衣袖口为支点，快速猛力抬左肘，压左手，直到对方丧失战斗能力，或者被绞窒息

e. 拍醒对方后迅速离开

交通工具内的防卫

交通工具的定义

能帮助我们实现空间位置变换、转移的乘坐（乘用）工具，被称为交通工具。常见的交通工具有汽车、地铁、火车、轮船、飞机等。

交通工具的特点及影响

交通工具的作用就是帮助人们实现空间位置变换或转移，具有一定的独立性、封闭性。单位时间内，它的转移速度快、运量大、安全性高是其主要特点。

交通工具载着我们在私密封闭空间与空旷开放区域之间穿梭、转移，让我们在物理上与周边环境、与世界联系起来。

随着时代的发展，如今，越来越多的家庭拥有私家轿车，高铁迅猛发展，公交车在早晚高峰时段也有专用道，越来越多的城市大力发展地铁交通……交通工具、交通网络的进步升级，伴随着路政、网监与通信技术的发展，极大地方便了人们的生活，提升了安全系数，提高了生活质量。

危机预防和应对

在交通工具内遭遇侵袭最典型、发生次数最多的事件就是被劫持。犯罪分子劫持飞机、劫持游轮、劫持大巴等，这是由于交通工具能使他们达到为了逃避法律的制裁而快速转移的目的。在我们的生活中出现的劫持，通常情况下属于刑事犯罪，也有少数是恐怖分子的劫持活动，不管是哪种，反劫持行动都需要专业力量的介入。

为了保障人民安居乐业，维护社会稳定，防范恐怖活动、打击恐怖主义已成为国际共识，也是各国政府非常关注的事。我国专门设立了公安部反恐怖局，制定了《中华人民共和国反恐怖主义法》，凝聚反恐专业力量，开展反恐行动，荡除境内的恐怖组织。反恐怖人员丝毫不敢放松，他们全面、深入、细致地开展工作，使社会稳定与人们的生活安全能得到有效保障。

接下来，我们所要讲的，主要是发生在交通工具内的民事纠纷和治安层面的一些对个人人身安全具有影响的威胁和危险情况。

私家轿车

关于安全防范，有人防、物防、技防之分。在以前，很多人都喜欢在私家轿车的后备厢里面放一根棒球棍，以便遭遇危险的时候使用，这就是典型的物防。在后备厢放棒球棍主要是应对车外的情况，因为只有下车打开后备厢才能拿到棒球棍。这里需要注意的是，这个棍子是用来防御的，不能用来斗殴，否则，一旦伤人，那就是有企图且有准备的行为，是违法的。棒球棍可用于应对车外发生的危险情况，那么在车内又当如何防卫呢？在私家车内遭遇危险的情况，大致有两种。

本人开车，攻击者坐后排持刀威胁

攻击者以需要帮助、需要搭乘为借口，上车后坐后排实施威胁。采取这种方式的目的，更多的可能是抢劫。所以，我们还是要提醒大家，在帮助他人之前，一定要仔细辨别，以免你的善心被坏人利用。

当前，安装行车记录仪，记录车内的画面和语音已经成为一种常态。行车记录仪就如同飞机的黑匣子，在很大程度上震慑了犯罪分子，令其不敢妄动，这是典型的技防。

如果真的遇到这样的劫匪，一定要以人身安全为底线与之谈判，毕竟与生命比起来，钱财是次要的，都是身外物。最重要的是想办法远离劫匪，待确定自身安全后迅速报警。

一定要记住，把犯罪分子绳之以法是警察的事；与对手一较高下，分出胜负，是搏击运动员在擂台之上的事；在生活安全上，远离侵害、远离危险，是你的事。

出于防备目的，建议你准备一把剪刀或者一个锥子之类的小工具，放在随手就能拿得着的地方。有司机遇难的案例显示，如果劫匪动了杀心，他们会劫财劫色还杀人。这些人一般是有备而来，如果你确实没有逃离的机会，那就破釜沉舟，将车开到 90~120 千米 / 时，然后撞击前方路障，用车祸来化解危机。车祸发生后，利用剪刀或锥子迅速逃离现场。

如果攻击者坐在副驾驶位置，那么预备的工具就可以直接使用，掏出工具对准攻击者，疾声厉色地迫使其下车。

乘坐他人车辆时遭遇攻击或持刀威胁

安全和危险的关系是发展变化的，是可以通过改变前提条件进行转化的。所处环境变了，安全系数也就变了，自己的防范意识增强了，危险系数就降低了。也就是说，我们去搭乘别人的车，就需要增强人防的意识。

首先，要通过正规的平台或渠道约车，不要拼车、搭黑车。

其次，上车坐后排，特别是年轻女士，一定要坐后排，无论从交通安全还是人身安全的角度考虑，后排更安全。就算司机有不轨想法，也不能在开车过程中向后方发起攻击。当其停车并有异常举动时，我们可以迅速打开车门，下车离开；如果对方是下车后有不轨举动，也可以暂时锁闭车门，打电话报警。

再次，如果是乘坐出租车或网约车，上车后司机要求在途中再接其他客人，坚决不可同意，因为我们不知道司机与这个所谓的客人是否有联系。

最后，避免晚间打车走长途。若确实需打车走较远距离，一定要在上车后把约车信息、司机的个人信息、运营证件等相关信息拍照发送给自己的亲人（朋友），途中别打瞌睡，保持清醒。每隔一段时间就与亲人（朋友）通一次电话或发一条信息，告诉他们自己的位置与状况。

如果在乘车过程中被堵在后排，攻击者停车并直接从驾驶位置向后发动袭击，我们可以后仰，用脚连续蹬踹其面部，待攻击奏效后，打开车门离开。

如果司机停车，从后排先堵住乘客下车路径，然后进入后排侵扰，那就需要在后排空间与其展开缠斗。如果我们被压在下方位，就需要用到三角绞、断头台、别

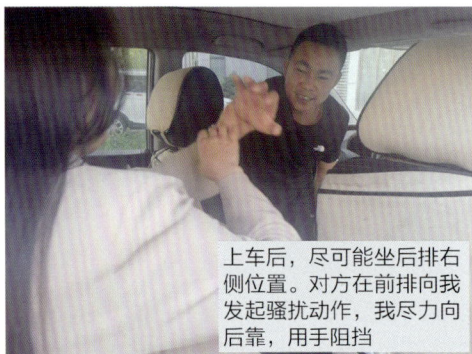

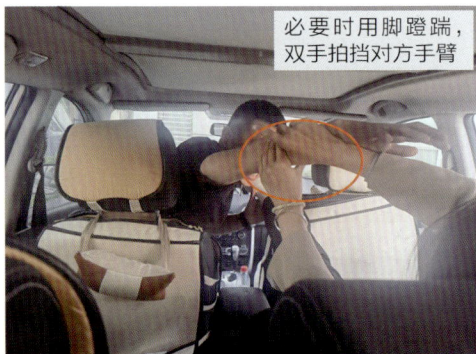

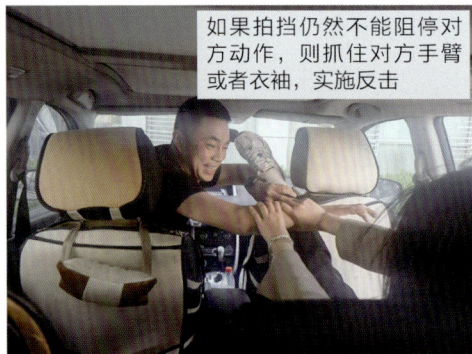

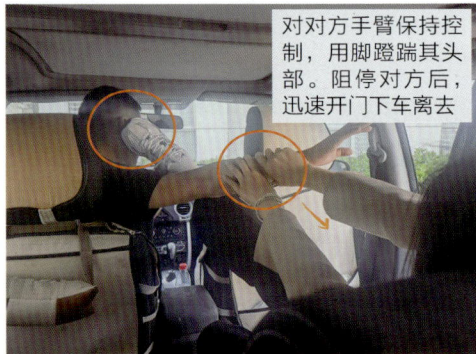

上车后，尽可能坐后排右侧位置。对方在前排向我发起骚扰动作，我尽力向后靠，用手阻挡

必要时用脚蹬踹，双手拍挡对方手臂

如果拍挡仍然不能阻停对方动作，则抓住对方手臂或者衣袖，实施反击

对对方手臂保持控制，用脚蹬踹其头部。阻停对方后，迅速开门下车离去

臂、袖车等技术。如果有机会争取到上方位，则可以做肩绞、压肘控等技术。（具体动作见第三章）

如果带有防狼喷雾、辣椒水喷雾、电击器等随身物品，那么在这个时候使用，可以很大程度上帮助我们脱离危险。

地铁

地铁是运载量最大的交通工具之一，在早晚高峰，地铁车厢和地铁站是人员最为集中的地方，这一特点就曾被恐怖分子利用，制造恐怖袭击事件。比如1995年3月20日震惊世界的日本东京地铁沙林毒气事件，2017年4月3日俄罗斯圣彼得堡地铁爆炸案，2017年9月15日英国伦敦地铁爆炸事件等。

2015年11月初，我在北京参加地铁反劫持战法国际研讨活动的时候，与法国宪兵特勤队（GIGN）的成员就防范地铁恐怖袭击进行交流。我向他介绍了我国的做法：防范是重点，我们会在街道、站台、车厢内安装监控摄像头，全过程、全角度实施监控；进入地铁前，每个站点实施相同等级的安全检查，在站台内外都部署相应的安保和治安力量，配置防爆炸装置；有重大活动时，关闭重要站点、增设安保和治安力量部署；响应队伍应根据情况及时奔赴一线处理相关事宜。有了这些防范措施，加上地铁的运行路线和站点固定，站与站之间的距离有限，我国的地铁交通已然成为最安全的交通方式之一。当时GIGN的成员表示，这是一个人力物力投入非常高的举措，法国并没有如此大力地进行防范。

《孙子兵法》讲："上兵伐谋，其次伐交，其次伐兵，其下攻城。攻城之法为不得已。"老祖宗留给我们的宝贵财富，让我们能够理解防患于未然、治病于未发是上上策。

虽然地铁的安全防范非常到位，乘客一般不会遭遇犯罪袭击，但我们在乘坐地铁时仍然需保有安全意识，保持一定警惕性。比如女士在乘坐地铁的时候，特别是夏天，可能会遇到"咸猪手"。解决办法就是拍照或录像，然后报警。地铁的每个站点都有警务工作者，报警的时候说清楚自己的位置，警察很快就可以通过监控录像查询真相，锁定袭扰者。

人多的时候上下车十分拥挤，容易造成踩踏事件，乘客也有可能在拥挤的过程中遭遇"咸猪手"或者"三只手"，所以尽量不要拥挤，保持秩序。上车后选择人员稀少的位置就座或者站立，如果整个车厢都很挤，就尽可能选择靠门口的位置，那是一个决定性地带，在车厢内遭遇袭扰的时候，可以在下一站快速离开。

如果在地铁上遇到侵袭，发生争斗，那就要用到徒手搏斗的相关技术。在这里需要注意，车厢内空间狭小，还有其他的乘客，若遭遇侵扰，一定要克服恐惧，利用一切可以调动的力量或可用的物品进行防卫，比如车厢中间的扶手杆，既可以当靠背，也可以当扶手，还可以当躲闪的阻隔之物。

一定要克制冲动和愤怒，冲动和愤怒情绪会让人判断力降低、头脑不清晰，虽然带着情绪做动作会增加力量，但也会暴露动作企图、动作路径，减缓动作速度。保持头脑清晰，才能使自己进退得当。

要防止被对方抱摔，就要尽可能快速将对方摔倒。将对方摔到硬地板上的杀伤力远远高于拳脚击打。这也就是为什么有搏击训练经验的人讲"三年把式不如一年跤"。前文谈到摔法的时候我们已经讲过，一方面，练习摔法，核心力量、爆发力等方面会得到全面的提升，另一方面，摔法使用得好，不但能给予对方沉重打击，而且能使其惊慌失措，承受巨大的心理压力，这有利于制伏对方，化解危机。

最好的做法是使一个摔法再配合一个降伏技，快速有效地制伏对方。比如抱臂夹颈摔、抱臂切摔后，都可以顺势接肩颈肘关节技；合浦搂后，可以顺势做木村锁等。但是这里有一个前提，就是必须熟练掌握降伏技的相关技术。

公交、大巴

对劫匪而言，大巴车载人多，容易扩大影响，装油多行程远，利于转移，空间封闭，每个人的座位活动空间有限，利于控制，所以大巴车往往成为劫匪的目标之一。

其实，每个人心中都存有正义，只不过受到威胁的时候，勇气暂时被压制了，正义发挥不出来。这个时候，我们需要克服恐惧，敢于与非法行为做斗争，这既是正当防卫，也是在捍卫正义。在与暴力袭击者的斗争中，有一份正能量的担当，就会感召更多的正能量汇集过来，快速有效地解决问题。

克服恐惧的具体方法和步骤详见第一章。我们也可以反过来看，如果正义的力量发挥出来，使劫持行动受阻，那么劫匪也会在遭到突然的反抗后受到惊吓，他在内心会对局势进行分析和判断，会对无法控制的场面、可能发生的争斗、受伤乃至死亡产生恐惧。

人的先天需求是物质需求、性需求和知识需求，这是天命之性，不学而知。知识需求、认知能力，就是人不同于兽的本质，是人的灵根，是了知能力，是善恶未分的种子。这个种子在不同的环境中成长，形成不同的认知体系、智能结构，表现出人与人的区别，包括不同的决策能力。"性相近，习相远"就是这个道理。

我们既然认识到了人与人在本质上的同一性，也认识到了人与人在决策能力上的差异性，就可以通过劫匪的行为表现判断其认知体系、智能结构，预估劫持活动遇到正义抵抗的时候劫匪的反应，再根据自己对防卫技能的掌握程度和所处位置，选择适当的时机，发起有效反击。

能反击的位置是靠过道一侧的座位，靠窗座位的活动空间实在有限，如果旁边座位有人，就更没有做反击动作的空间了。

关于反击的时机，有两点需要把握。一是要从劫匪的背后发起动作，比如当劫匪走到车厢中后部时，在其身后最近的靠近过道一侧的位置，是最好的反击发起位置。可使用抱腿顶摔、掏裆砍脖将劫匪摔倒并控制劫匪。二是动员两侧座位上的人加入反击行动，压住劫匪的手脚，使其不能使用器械。

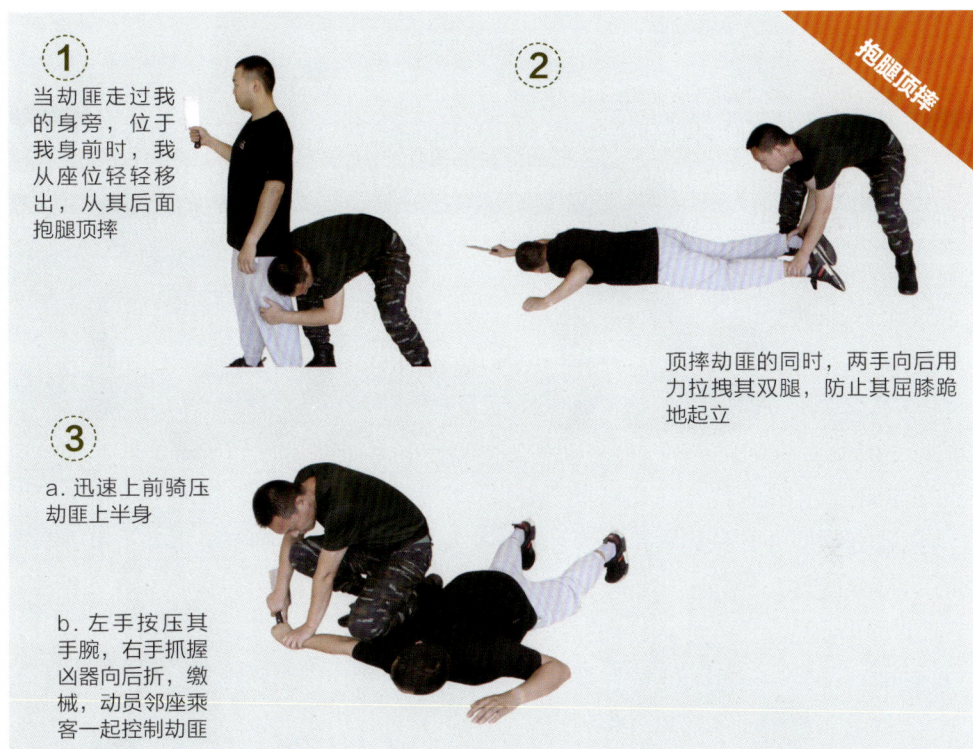

① 当劫匪走过我的身旁，位于我身前时，我从座位轻轻移出，从其后面抱腿顶摔

② **抱腿顶摔**

顶摔劫匪的同时，两手向后用力拉拽其双腿，防止其屈膝跪地起立

③
a. 迅速上前骑压劫匪上半身

b. 左手按压其手腕，右手抓握凶器向后折，缴械，动员邻座乘客一起控制劫匪

关键时刻可呼叫司机突然开动、加速或者急刹车。劫匪出于控制需要，通常会在车厢站立。车辆突然改变原有状态，会令车厢里站立的人失去平衡，而对坐着的人影响相对要小得多。劫匪站立不稳时正是乘客反击的最好时机。

对于车厢前部的劫匪，需要在第一时间控制其双手，避免他使用凶器伤人。这里有两个策略可以选择。一是先控制劫匪的双手，再将其摔倒，摔倒时最好使其头部向车头方向倒，这样可以更好地保护其他乘客。

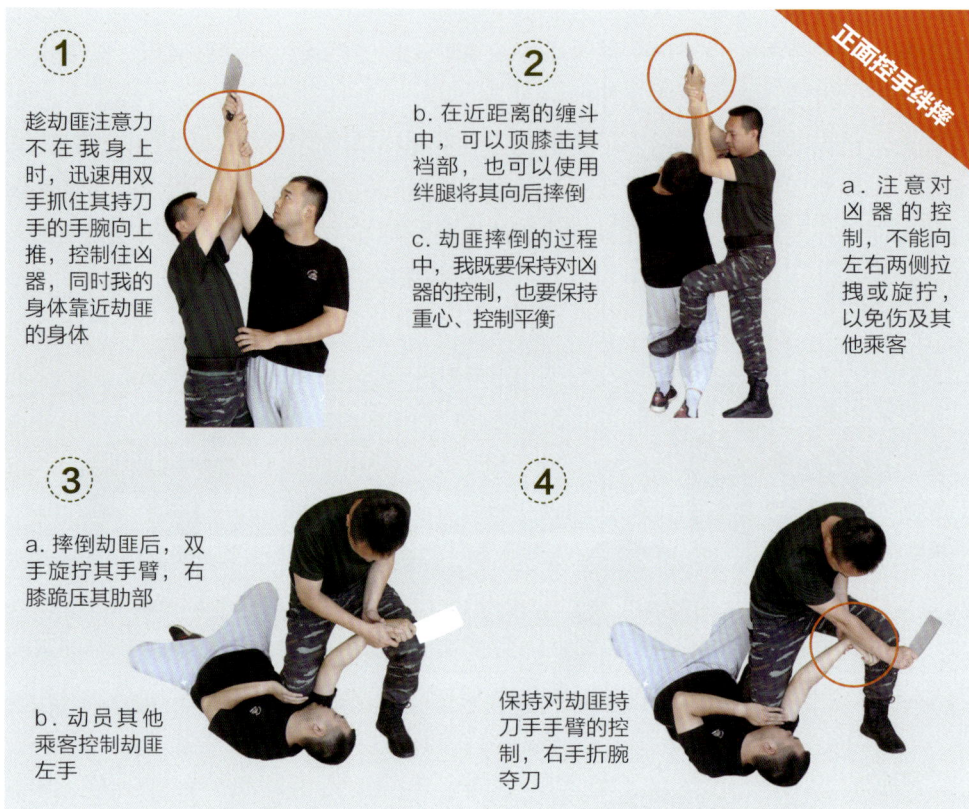

① 正面控手绊摔

① 趁劫匪注意力不在我身上时，迅速用双手抓住其持刀手的手腕向上推，控制住凶器，同时我的身体靠近劫匪的身体

② b. 在近距离的缠斗中，可以顶膝击其裆部，也可以使用绊腿将其向后摔倒

c. 劫匪摔倒的过程中，我既要保持对凶器的控制，也要保持重心、控制平衡

a. 注意对凶器的控制，不能向左右两侧拉拽或旋拧，以免伤及其他乘客

③ a. 摔倒劫匪后，双手旋拧其手臂，右膝跪压其肋部

b. 动员其他乘客控制劫匪左手

④ 保持对劫匪持刀手手臂的控制，右手折腕夺刀

　　二是在劫匪身后突然发起砍脖，或者拽发砍脖，将劫匪摔倒或击晕，再控制其双手，夺其凶器。

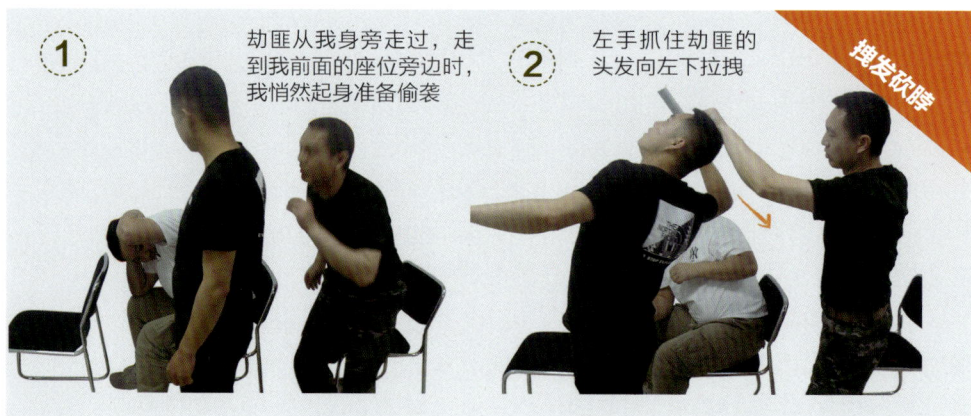

拽发砍脖

① 劫匪从我身旁走过，走到我前面的座位旁边时，我悄然起身准备偷袭

② 左手抓住劫匪的头发向左下拉拽

③ 挥右掌，猛力砍击劫匪右侧脖颈

④ 摔倒劫匪，右膝跪压其右侧脖颈，动员其他乘客夺下劫匪的凶器

砍脖和跪压脖颈可以使劫匪在短时间内晕厥，甚至造成其高位截瘫，丧失行动能力。如果自卫反击的乘客以右手力量见长，位于劫匪右后侧的座位是发起攻击的最佳位置。

如果乘客对缠斗和降伏技术掌握较好，则发起抗争的时机更灵活，动作选择更为宽泛。

前文我们讲了在劫匪无防备时，我主动发起抗争的几种防卫技术，从时机上说，劫持者未防备时就是最佳应对时机。接下来我们说一说受到威胁时的应对，这是我们应当把握的第二应对时机。

坐姿受到持刀威胁时的应对

（1）推臂折腕夺刀。这个技术适用于劫匪将刀置于我胸前或者咽喉，而我在劫匪持刀手一侧的情况。

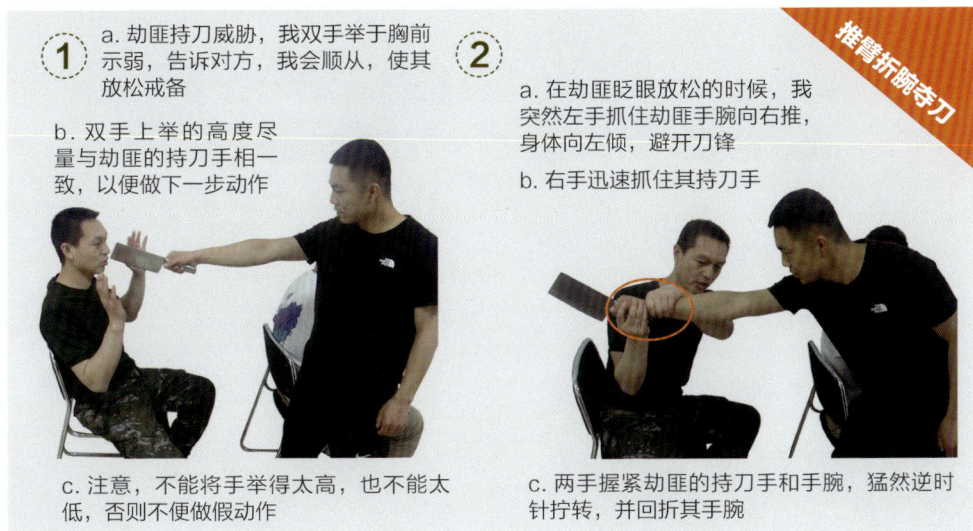

① a. 劫匪持刀威胁，我双手举于胸前示弱，告诉对方，我会顺从，使其放松戒备

b. 双手上举的高度尽量与劫匪的持刀手相一致，以便做下一步动作

c. 注意，不能将手举得太高，也不能太低，否则不便做假动作

② a. 在劫匪眨眼放松的时候，我突然左手抓住劫匪手腕向右推，身体向左倾，避开刀锋

b. 右手迅速抓住其持刀手

c. 两手握紧劫匪的持刀手和手腕，猛然逆时针拧转，并回折其手腕

推臂折腕夺刀

③ 从座位上起立，向左转体，向前抵进，加大旋拧劫匪手腕的速度和力度，带动劫匪身体向一侧倾倒

④ a. 保持对劫匪手腕的控制

b. 双手旋拧劫匪手腕至超越其能承受的范围，将其摔倒

c. 左手控压劫匪手腕，右手夺刀

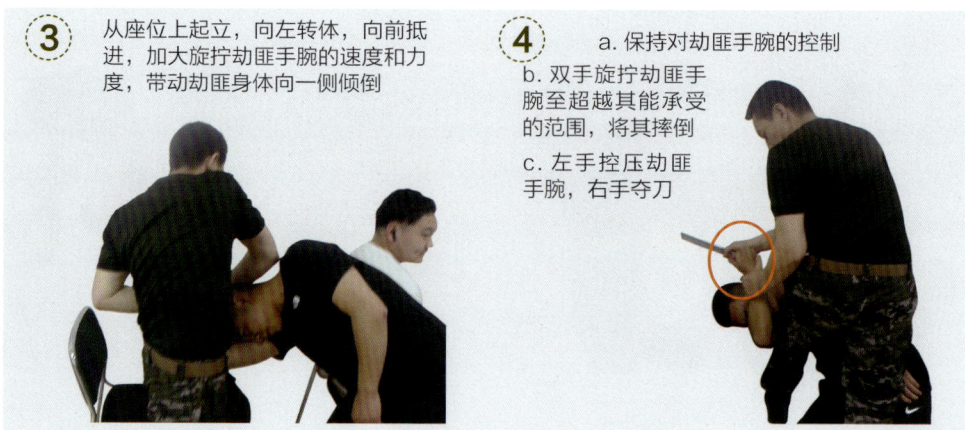

（2）拧腕顶裆缠臂夺刀。当劫匪将刀置于我左侧脖颈或者咽喉位置进行威胁时，我突然双手抓住劫匪持刀手的手腕向外侧拧腕，同时起身提膝顶裆，右肘砸击其持刀手的肘窝，缠臂夺刀。

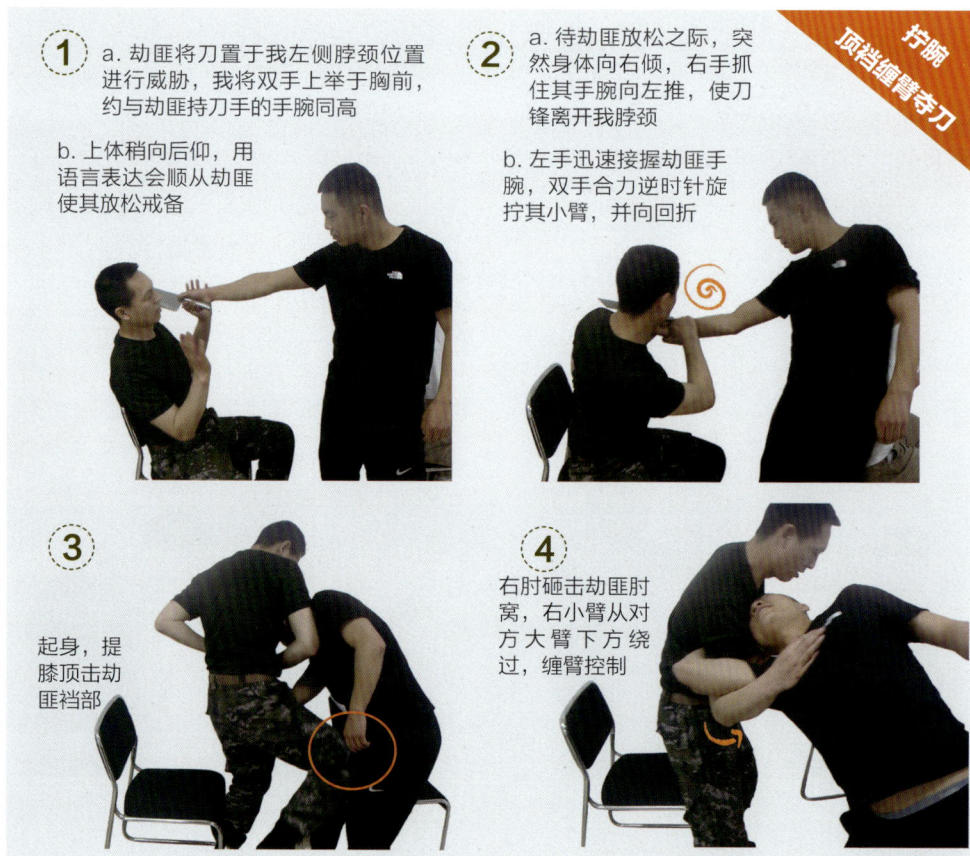

① a. 劫匪将刀置于我左侧脖颈位置进行威胁，我将双手上举于胸前，约与劫匪持刀手的手腕同高

b. 上体稍向后仰，用语言表达会顺从劫匪使其放松戒备

② a. 待劫匪放松之际，突然身体向右倾，右手抓住其手腕向左推，使刀锋离开我脖颈

b. 左手迅速接握劫匪手腕，双手合力逆时针旋拧其小臂，并向回折

拧腕
顶裆缠臂夺刀

③ 起身，提膝顶击劫匪裆部

④ 右肘砸击劫匪肘窝，右小臂从对方大臂下方绕过，缠臂控制

⑤ a. 右大臂内侧尽可能紧贴自己肋部，弯腰收腹，胸口抵住劫匪小臂

b. 右手按压其胸部或咽喉，使其失去重心

⑥ a. 保持缠臂控制

b. 左手折压劫匪手腕夺刀

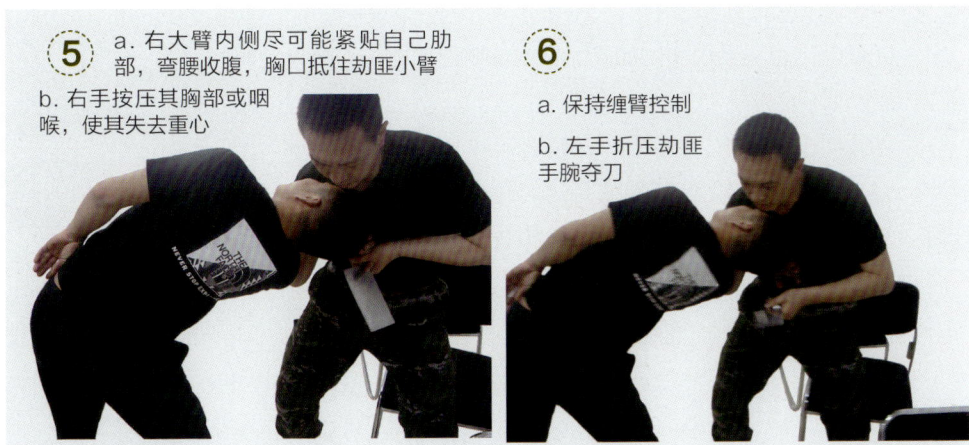

（3）抓腕击头手臂三角绞。当劫匪右手持刀置于我正面或右侧脖颈位置威胁时，我突然起左手向外抓拍劫匪的持刀手，身体左闪前探，右手击头，然后做手臂三角绞，降伏劫匪。

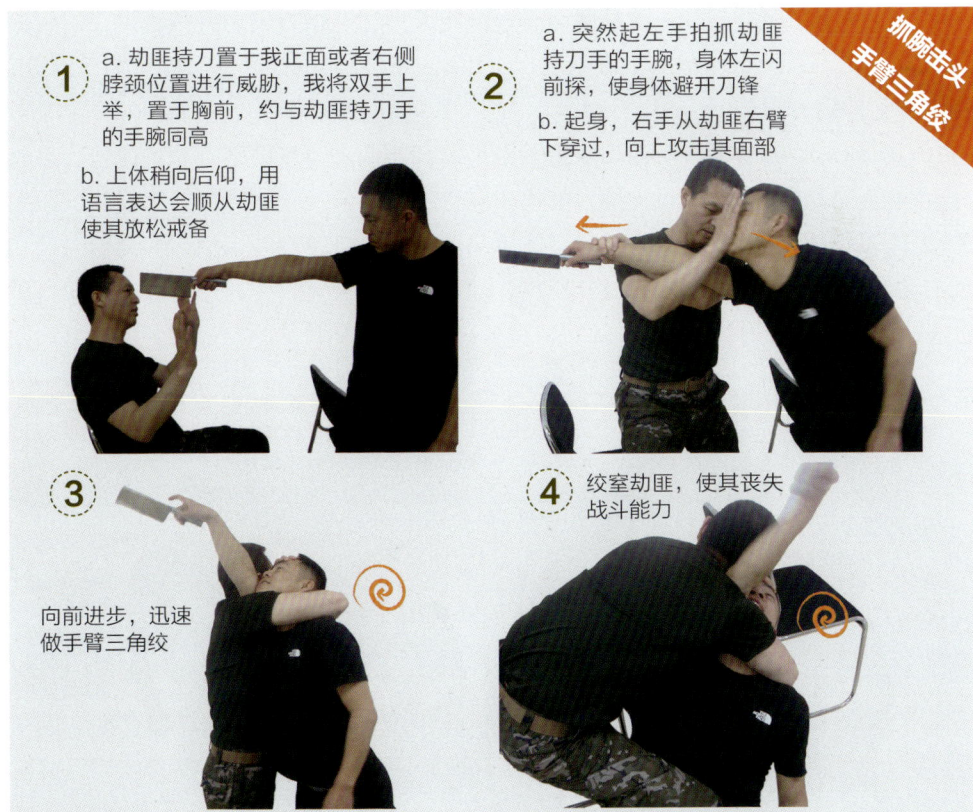

① a. 劫匪持刀置于我正面或者右侧脖颈位置进行威胁，我将双手上举，置于胸前，约与劫匪持刀手的手腕同高

b. 上体稍向后仰，用语言表达会顺从劫匪使其放松戒备

② a. 突然起左手拍抓劫匪持刀手的手腕，身体左闪前探，使身体避开刀锋

b. 起身，右手从劫匪右臂下穿过，向上攻击其面部

抓腕击头 手臂三角绞

③ 向前进步，迅速做手臂三角绞

④ 绞窒劫匪，使其丧失战斗能力

坐姿受到持枪威胁时的应对

枪无疑是比刀更具杀伤力的武器，但是在近距离上，枪也是有弱点的。例如，枪身可以抓握，所以只要控制枪身，改变枪口指向，不让枪口冲着自己，就有夺枪的可能。

话虽如此，要想成功夺枪，必须有三个前提条件。

一是多数持枪者没有接受过专门的枪械搏斗训练，特别是在狭小空间内的近战训练。这个可以通过看他的持枪姿势和背背带方式进行判断，比如单手持手枪伸直手臂进行威胁，持步枪不背背带或者单肩挎着背带，都是没有受过专门训练的表现。

二是夺枪的目标是单独持枪者，在其身边没有其他持枪同伙，且枪口距离我身体很近，或者枪口顶着我身体的某一部位，我一上手就能抓住枪身，或者抓住持枪者的持枪手手腕，从而改变枪口指向，抑或是我一个转身、侧闪就能避开枪口，不让枪口冲着自己。

三是曾经有过大量的夺枪训练，在心理和技术上有相当的储备。

三者缺一不可，否则，莫要以身试险。

因为绝大多数人都是右利手，所以枪械是根据右手持枪的情况来设计的。比如保险在枪身左侧握把上方，就是便于右手握枪时拇指能很方便地开关；抛壳口在枪身右侧，便于弹壳向外抛而不影响射击。因此，我们在探讨面对持枪威胁的时候，均以右手持枪为例。

（1）应对手枪顶额头。当劫匪持手枪顶着我额头进行威胁时，我是比较容易避开火线的。只要将枪口向上一推，使枪口向上，并高于头顶，再做一个低头或歪头的动作，就能轻松避开火线，这时，就算劫匪开枪也打不到我，然后我再做缴枪和反击动作。完成夺枪，与对方拉开距离，屈臂沉肘，大臂贴住自己肋部，双手持枪置于胸前，通过口令控制劫匪。

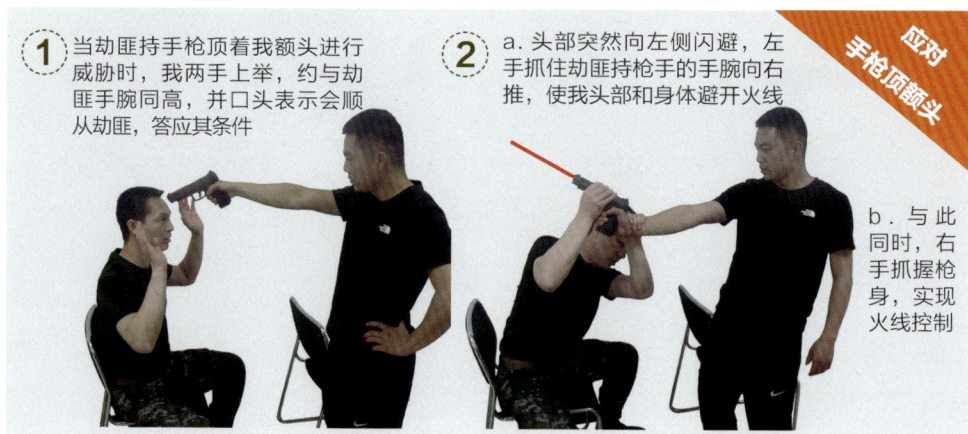

① 当劫匪持手枪顶着我额头进行威胁时，我两手上举，约与劫匪手腕同高，并口头表示会顺从劫匪，答应其条件

② a. 头部突然向左侧闪避，左手抓住劫匪持枪手的手腕向右推，使我头部和身体避开火线

b. 与此同时，右手抓握枪身，实现火线控制

应对 手枪顶额头

③ a. 左手控制住劫匪手腕，右手猛力向上、向劫匪肘部折压枪身

b. 身体保持向左倾斜，双膝微屈，重心降低

④ a. 继续折压枪身，直到完成缴枪

b. 起踢弹腿踢击劫匪裆部

⑤ 缴枪之后，对劫匪实施控制

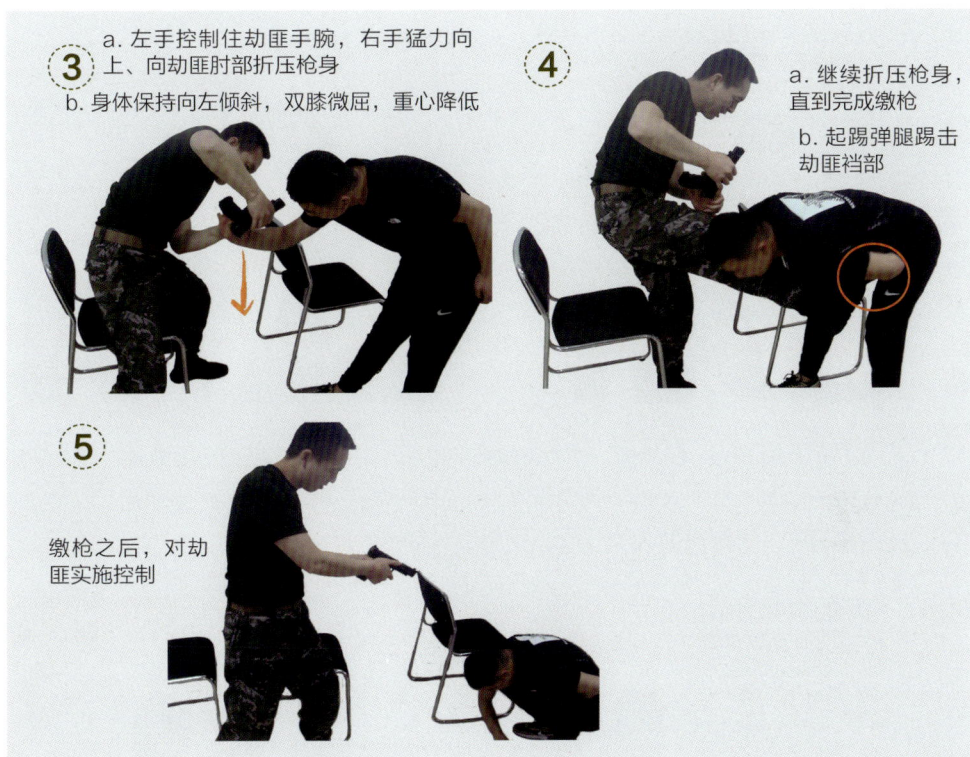

（2）应对手枪抵胸。胸口的受弹面积比较大，要突然避开火线，需要改变枪口指向和转体同时进行。为了能实现突然转体，就需要臀部稍向前移，后背离开座椅靠背一定的距离，上身坐直，腰部放松，突然发力。

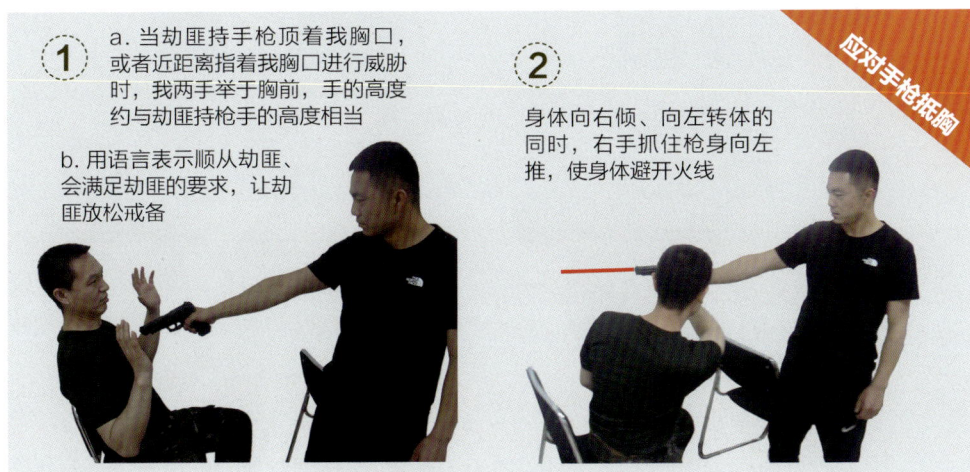

应对手枪抵胸

① a. 当劫匪持手枪顶着我胸口，或者近距离指着我胸口进行威胁时，我两手举于胸前，手的高度约与劫匪持枪手的高度相当

b. 用语言表示顺从劫匪、会满足劫匪的要求，让劫匪放松戒备

② 身体向右倾、向左转体的同时，右手抓住枪身向左推，使身体避开火线

③ a. 左手抓握枪身，右手移握劫匪手腕

b. 身体继续向左转，双手合力前推，使自己的身体位于枪口后方

④ a. 左手迅速用力向外折压枪身，右手向劫匪肘部折压其手腕

b. 同时向右转体，左大臂尽可能紧贴自己左肋，加大折压枪身的力度

c. 向后倾斜身体，屈臂收肘，完成夺枪。屈臂沉肘，大臂贴住自己肋部，双手持枪置于胸前，通过口令控制劫匪

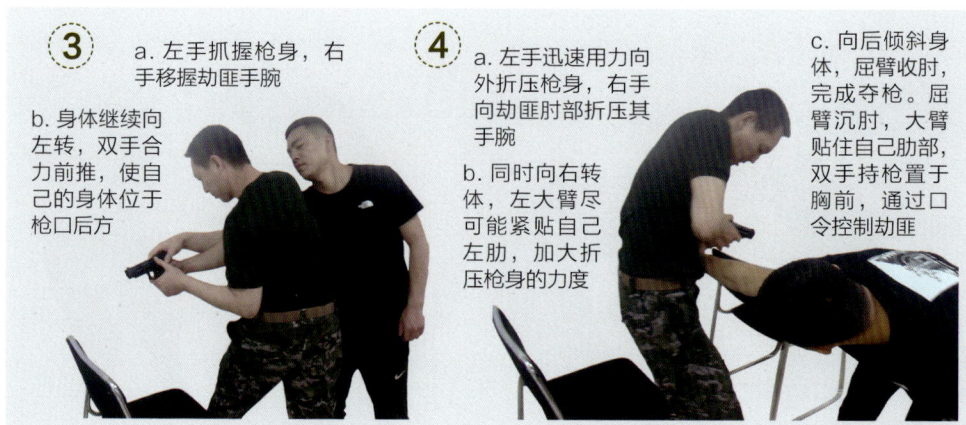

（3）应对手枪顶头部侧面。头部受弹面积小，一个探身、低头就可以避开火线，关键是要抓住枪身，这既是改变枪口指向的关键动作，也是后续缴枪、有效防卫的基础和前提，只允许成功，不允许失败，一旦没有抓住枪身，后果不堪设想。

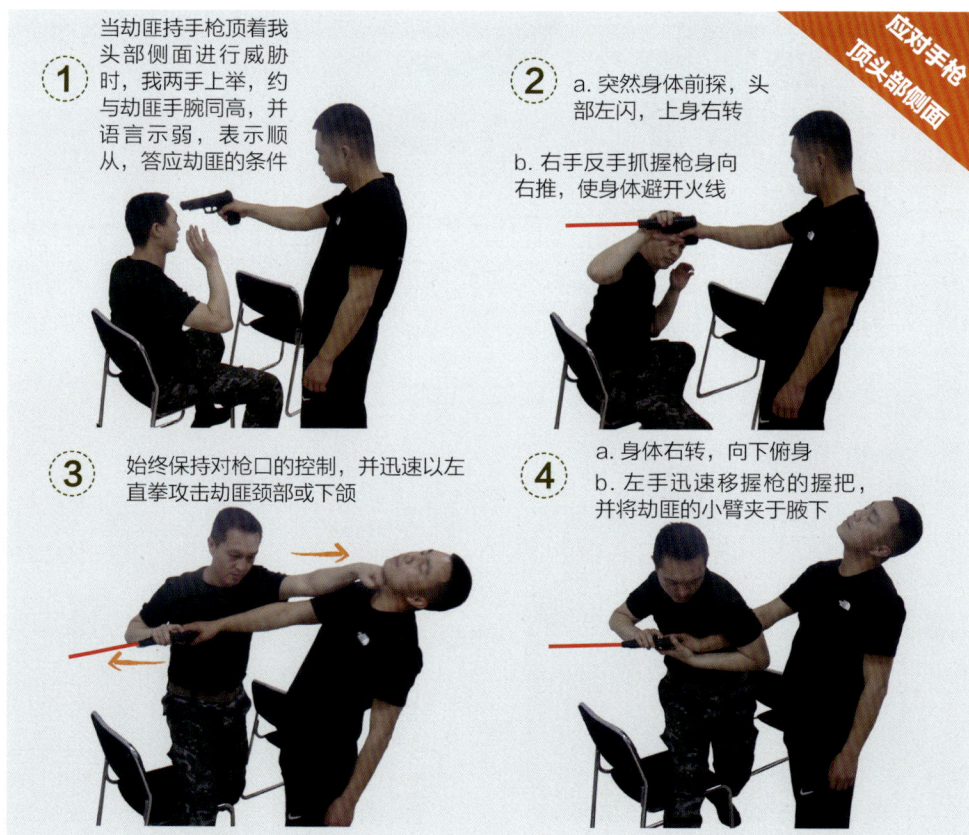

① 当劫匪持手枪顶着我头部侧面进行威胁时，我两手上举，约与劫匪手腕同高，并语言示弱，表示顺从，答应劫匪的条件

② a. 突然身体前探，头部左闪，上身右转

b. 右手反手抓握枪身向右推，使身体避开火线

应对手枪顶头部侧面

③ 始终保持对枪口的控制，并迅速以左直拳攻击劫匪颈部或下颌

④ a. 身体右转，向下俯身

b. 左手迅速移握枪的握把，并将劫匪的小臂夹于腋下

⑤ a. 双手握紧枪身和握把

b. 身体猛然向左转，右手同时向左猛力回转枪身，完成缴枪

⑥ 缴枪后，屈臂沉肘，双手持枪置于胸前，大臂尽量贴着肋部，通过口令控制劫匪

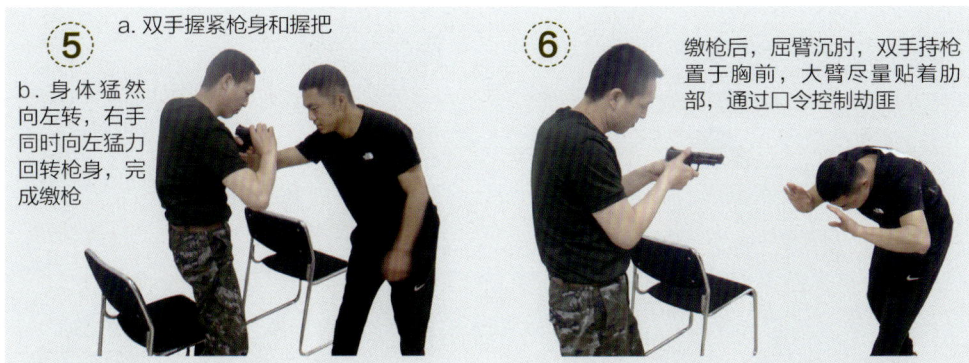

（4）应对长枪顶头部。当劫匪持长枪指着我头部进行威胁时，我头部避开火线，其原理和动作与劫匪持手枪顶额头相同，该动作简单，容易实现。不同的是后续的缴枪动作需要根据长枪的构造特点来进行。需要说明的是，即使改变了枪口指向，劫匪依然可以开枪，但不用担心，我已避开火线，只要集中精力，保证动作连贯，就能缴枪成功。

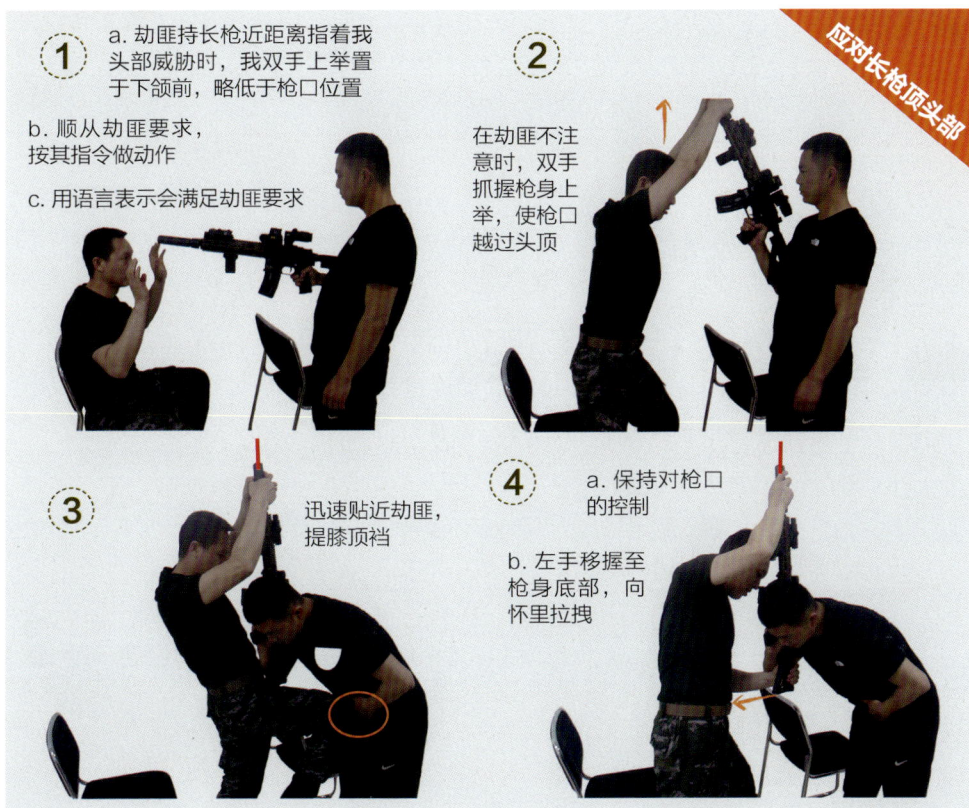

① a. 劫匪持长枪近距离指着我头部威胁时，我双手上举置于下颌前，略低于枪口位置

b. 顺从劫匪要求，按其指令做动作

c. 用语言表示会满足劫匪要求

② 在劫匪不注意时，双手抓握枪身上举，使枪口越过头顶

应对长枪顶头部

③ 迅速贴近劫匪，提膝顶裆

④ a. 保持对枪口的控制

b. 左手移握至枪身底部，向怀里拉拽

⑤ 以劫匪持枪手为支点，运用杠杆原理，用准星或者枪口击打其颈部并缴枪

⑥ a. 完成缴枪后，两脚前后分开站立，双手持枪，屈臂沉肘，大臂尽量贴肋部

b. 控制劫匪，用口令命令其动作

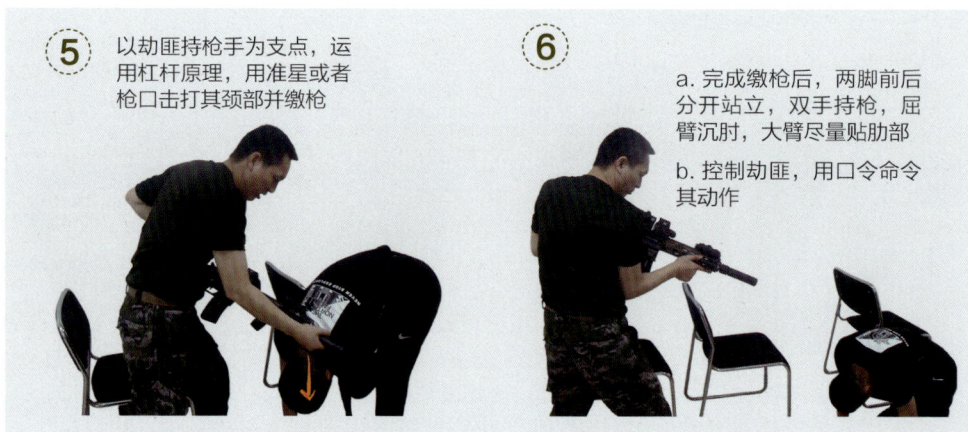

（5）应对长枪顶胸部。与应对持手枪抵住我胸口的原理和动作相同，先避开火线攻击其要害，再缴枪。

① a. 劫匪持长枪近距离指着我胸口威胁时，我双手上举，置于下颌前，略低于枪口位置

b. 顺从劫匪要求，按其指令做动作

c. 用语言表示会满足其要求

② a. 上身向左闪，左手抓住枪身向右下推，使整个身体避开火线

b. 用右拳从枪身上方攻击劫匪下颌

应对长枪顶胸部

③ 右手迅速移握枪身，左手抓握枪颈或枪托底部

④ 用力转动枪身，用枪管或准星击打劫匪颈部或者面部

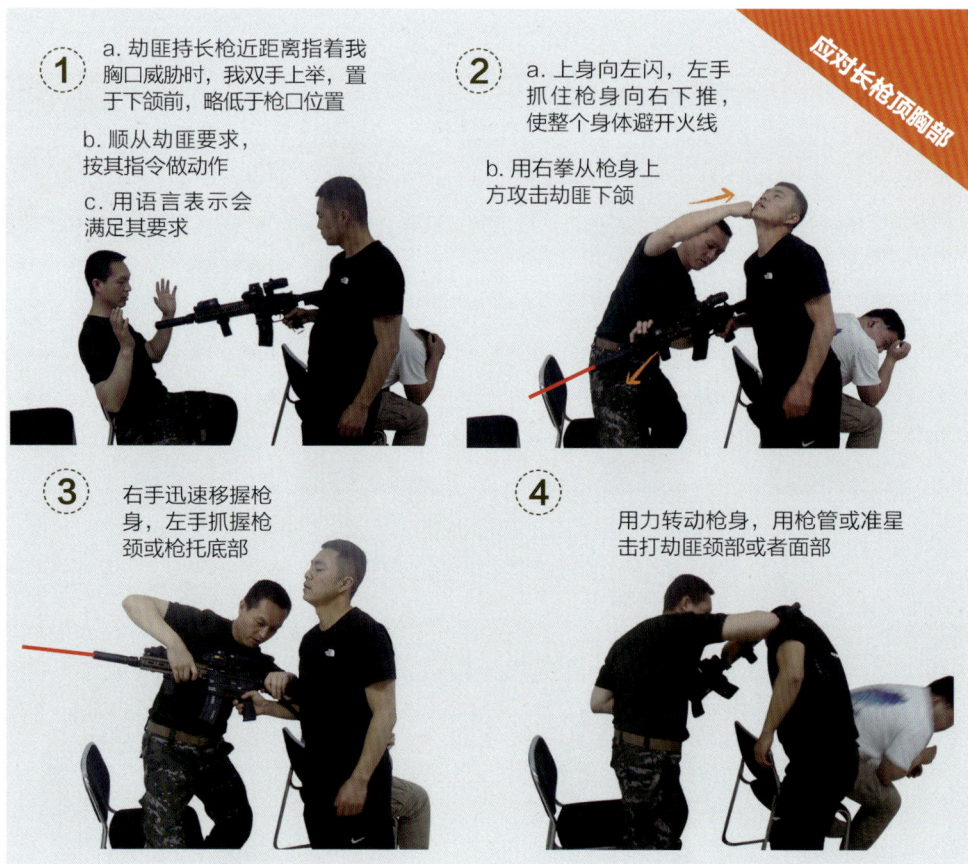

⑤ 如果距离劫匪身体较近，迅速提膝击裆

⑥ 完成缴枪后向后撤步，保持安全距离。双手持枪，用口令控制劫匪

应对持长枪威胁，在对形势进行判断时，主要看劫匪背背带的方式和持枪姿势。如果劫匪不背背带且单手持枪，我缴枪的成功率最高；如果劫匪不背背带且双手持枪，我依然可以成功缴枪，只是对缴枪时动作的迅猛程度、力量要求会更高一些。

应对持枪威胁就三点：一是快速抓住枪身，改变枪口指向，使自己避开火线；二是攻击持枪者的要害部位，降低其身体机能；三是完成缴枪，对其进行控制。只有完成缴枪，才能解除威胁。要成功缴枪，三个前提条件必须同时具备，缺一不可。

乘坐交通工具时遭遇侵袭，看似离我们很遥远，实则是生活中常有的事，而人们在这方面的防范意识比较淡薄，加之没有进行过防卫训练，所以我们在新闻报道中看到的往往是不太好的结局。实际上，只要我们花一点时间，就能通过训练掌握乘坐交通工具时的防卫技能，这是一个保底的投资，与买保险是一个性质。积极主动而为，更保险。

人员密集区的防卫

人员密集区的定义

人员密集区主要指在同一时间内聚集人数超过 50 人的公共活动场所，包括但不限于以下场所。

（1）医院的门诊楼、病房楼，学校的教学楼、图书馆、食堂和集体宿舍，养老院，福利院，托儿所，幼儿园。

（2）客运车站、客运码头、火车候车大厅、候船厅、候机厅（楼）。

（3）公共图书馆的阅览室、公共展览馆的展览厅。

（4）劳动密集型企业的生产加工车间和员工集体宿舍。

（5）旅游景点、宗教活动场所。

人员密集区的特点及影响

人员密集区的特点是，人员密度大，安全隐患多。这是一个令人极其敏感的区域，极有可能因为言语、摩擦、碰撞等引起推搡、斗殴，乃至骚乱、踩踏事件。所以在日常生活中要尽可能远离人员密集区。

通常，人们在情绪兴奋的时候对风险的防范意识会降低，远离危险的意识会变弱，抵御风险的能力也会减弱。

危机预防和应对

庙会、庆典、游行、大型演出、大型比赛、著名景点游览观光等，都可能造成人员密集。保持局面可控，是活动主办方或者所属地领导管理机构应当重点考虑的问题。必须安排专门人员（比如保安、民警、交警、武警、城管、联防等）维护秩序，配备的比例还不能低；设置出入通道，并对重点出入口实施管控，预留应急通道和应急设备等，以保证区域内人员的安全稳定。

作为个体，如果要去人员密集区消费、娱乐、活动，首先要看上述管理措施有没有到位，因为危险来时如山倒，个人的能力是难以抵御的。其次，好奇心要有度，保持安全意识的敏感性。不要因为好奇往人多的地方凑而丢了安全意识，很多人往往因此而陷于危险之中。最后，一定要有抵御风险的能力，网上很多评论韩国梨泰院踩踏事故的视频中都谈到了应对方法，这些方法都是基础，在不同环境里会有不同的应用与发挥。它们是很好的应对之策。学习过，练习过，一定强过因"不知道""无知"而无措。

防摔倒被踩踏

根据以往案例，在人员密集区、斜坡、台阶、楼梯间等区域发生踩踏的概率更高。我们在通过这些地方的时候，一定要注意。

（1）扶墙或者是扶栏杆而行。在人多又拥挤的地方，多一个手扶之处，就多一分稳定，就多一分防摔倒的保障。

（2）如果可能，沿墙壁或者栏杆向上攀爬离开人群。特别是在向前走不动、向后退不了的情况下，向上是最好的选择。

（3）屈臂沉肘，置于胸前。这是为了在人群互相挤压过程中保护胸肺并与前面的人保持一定距离，以便能够呼吸。

（4）如果摔倒了，要尽可能快速起立，如果无法起身，用双膝与双肘撑地，让胸部与地面留有空隙，以保证自己呼吸顺畅。

在踩踏事故中，窒息身亡往往是挤压造成的，因此让自己能够呼吸是最基本的保命技能。如果摔倒后一时无法起身，可以用这个姿势爬行，找到离开密集人群的出口。

（5）如果摔倒后是侧躺，不能迅速起立，也不能翻身双膝跪地，那么必须弓腰屈膝，两膝并拢，双手护头或者用一只手臂护住肋部，保证胸前有空隙能够呼吸。

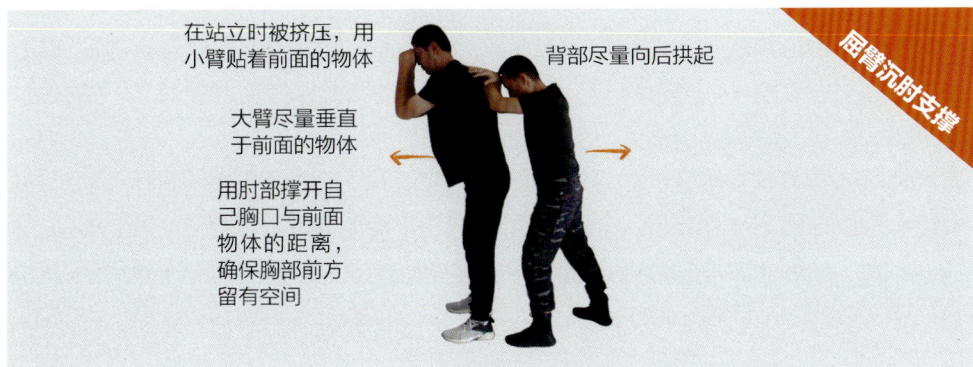

在站立时被挤压，用小臂贴着前面的物体

背部尽量向后拱起

大臂尽量垂直于前面的物体

用肘部撑开自己胸口与前面物体的距离，确保胸部前方留有空间

屈臂沉肘支撑

双手护住后脑

跪地支撑

额头顶地，必要时提供支撑

两肘撑地，两大臂约与大腿平行，保证胸部下方有足够空间

两大腿之间约两拳距离，双膝跪地支撑

肘部尽量靠近膝盖，或者置于膝盖上方

给胸腔留出空间，确保能够正常呼吸

三角蜷身

双手抱头，弯腰沉肘

双腿并拢，屈膝收腹

防火灾撤离时被踩踏

在建筑内聚集时发生火灾，也是容易造成群死群伤的重要原因。一方面因秩序混乱，容易引发踩踏，另一方面出口被火势封闭或被混乱逃离的人群堵塞，导致人群吸入烟尘和有害气体，中毒而亡。这是消防专业知识，已经普及到小学甚至幼儿园，我们就不再做详细介绍了。之所以在这里提到，是想再一次提醒大家，无论走到哪里，都一定要运用"OODA"和"加一原理"这两条防卫技能应用通则。特别是在私密封闭空间的人员密集区这样的高风险区域，更需要多一分安全防范意识，进入场所后先观察判断，评估风险，找出控制点和决定性地带，按照预估风险的应对措施去做，以备不时之需。

第五章

极端场景下的安全防卫

在个人的安全防卫中，偶有比较特别的情况出现，比如被多人攻击，被绑架、劫持，遭遇恐怖袭击，等等。当遭遇有预谋、有组织的袭击时，即便是进行过格斗、防卫甚至是射击与战术训练的人，单凭个人的力量也很难应对，我们将这样的情况或者类似的情况，称为极端场景。处于极端场景中，危险性是很高的，要提高自身的安全系数，有两个方法。一是抓住第一应对时机进行防卫反制。这需要防卫者经受过大量专业的训练，掌握高阶防卫技能。二是顺从劫持者，等待专业人士解决。一旦被劫持或者被恐怖分子控制，等待专业人士前来营救可能是最好的选择。需要注意的是，在被控制的过程中要做好自保措施。

应对多人攻击

遭遇多人攻击是一件非常危险的事，毕竟"双拳难敌四手"，防卫者需要不断进行移动，变换位置，减少受敌面，寻找时机迅速撤离或转移。

2004年我给第一批赴海地防爆维和警察上搏击课的时候就讲到过这个问题，当面对多人攻击的时候，不要想着用拳头来解决问题，那是非常愚蠢的。在暴力对抗的过程中，没有人会跟你公平决斗。我要告诉大家两条原则：一是要跑，迅速撤退或转移，找掩体、找队友，争取同伴的支援；二是要快，慢了不行。战术的第一原则是"保存自己，消灭敌人"，所以打得动就打，打不动就跑，这是战术的实际应用。如果无法撤离，也无法转移，危险逼近，只能用搏击来解决问题，那就破釜沉舟，背水一战。

这个经受过严格正规训练的正义之师尚且要在暴力对抗中遵循的原则，我们个人在生活中进行自身防卫时就更应当贯彻了。

把多人攻击转化成单人攻击

在应对多人攻击时，防卫者要不断移动，变换位置，减少受敌面。这里有一个非常关键的地方要处理好，那就是要预想到自己可能多方向同时遭遇攻击。如果出现这种情况，应主动后撤，尽量使自己单方向最小范围暴露在攻击范围内。这样做的好处是，虽然面临多人威胁，但对方也只能单方向攻击，即便是多人连续攻击，就防卫者而言，每一次也只是应对单人攻击，这样就有应对的可能了。

防守反击，直击要害

我们已经了解了人体要害部位，这些部位能够承受打击的程度非常有限，而击打招式、动作都不难，只要稍加练习就能掌握并运用。

至于动作与技能运用的过程和效果，与山猫特卫术搏斗原则——加一原则、速度原则、准确原则、强悍原则——密切相关，每一条原则都明确地指出在技能运用过程中的要点和注意事项。在这里着重说一下强悍原则，即发挥优势，敢出重拳，直击要害，要么至少两处，要么一处至少两次。在实际搏斗中，最快速让攻击者丧失战斗力的方法，就是出其不意地攻击其下颌、颈部和裆部。要结合速度原则，根据现场态势调整自己的行动：该快的时候快起来，甚至抢先一步，先敌出击，先发制人；该慢的时候，迅速慢下来，为寻找并把握应对时机而蓄能；该稳的时候，快速调整，"守司其门户，审察其先后，度权量能，校其伎巧短长"，以待时机。如果在迎战多人攻击的时候能够连续快速击中两三名攻击者的要害部位，使其倒地，那么防卫者就会在气势上压过对方，后续攻击者会因心生畏惧而放慢或者停止攻击，从而化解危机，脱离困境，使势态向着有利于自己的方向发展。

巧用摔法

在生活场景中进行自我防卫时使用摔法会给攻击者造成沉重的打击。因为生活场景中的地面没有保护垫，都是硬地板，若攻击者被摔在地面，轻者受伤、昏厥，重者致残，甚至造成更严重的后果。成功使用摔法技术，不但会改变对方身体行动的节奏，还会改变对方的思维节奏，甚至改变其想法。

我们在第三章"徒手搏斗重点技术"一节中已经讲解过部分易学、易懂、易操作的摔法技术。在应对多人的场景中，要尽可能使用将对方摔倒后自己仍然站立的摔法，比如抱臂背摔、接腿摔、手别、架梁脚等，以及摔倒对方后自己除了两脚着地外没有第三点触地，或者第三点触地后能迅速恢复到两脚站立的摔法，比如得合、抱腰侧摔，这是为了保持自己的灵活性，尽可能避免缠斗和使用降伏技，防止自己倒地被多人压制在地面进行攻击。

利用周围的物品

我在当战士的时候，有位首长考问我："怎样才能快速提升战斗力？"我回答了好几个方法，首长都表示肯定，随后首长告诉我说："提升战斗力最快速、最有效的方法是人与装备的最佳结合。"从此，这句话就深深地刻在我的脑海里。

当我们面对多人攻击，寡不敌众的时候，有效利用日常生活物品进行防卫，是最直接的办法。在第四章"利用日常生活物品防卫"一节中我们专门讲到了这个内容，手机、钥匙，是最容易上手的物品，都很小，但能给对方很有效的打击。如果是利用刀具类、枪棍类的器具，更能让对方感到威胁而不敢轻举妄动。

除了专业的强力执行机构，几乎没有人接受过有配合、有战术的群攻和团战训练，所以，一般而言，对方虽然人多，但心不一定齐，心不齐则动作不一。在不懂得配合的情况下，谁也不愿意在可能遭受刀具或枪棍攻击的情况下，为其他人扛下第一击。

记下线索

在遭遇安全问题的时候，我们并不是每一次都能在第一时间处理好，很多时候需要我们记下当时的情况，事后报案，由警察这样的专业力量介入，进行处理。另外，就算是我们有能力在第一时间解决问题，脱离危险，也需要事后报警。那么，我们应当记下哪些信息才能为后续处理提供有力的线索呢？

发生冲突时先观察对方的特征

通过观察对方的特征，既可以帮助自己做出相应的对策，又能事后向警方提供线索，帮助警方抓住嫌疑人。

遭遇侵扰时，一般有以下几个方面需要注意：侵扰者的年龄、服饰、口音、口头语、体貌特征（胎记、痣、残缺等异于他人的特点，都可以作为警察侦破的线索）。通过观察对方这些方面的特点，我们可以对当前形势做出初步的判断，选择合适的对策，同时它们也可以作为未来破案的有利线索。

特别要注意一点：不要从简单的身体强壮与否来判断危险程度。与身体强壮、双手在你面前挥舞的人相比，一个瘦弱、双手插兜的对手可能更危险。

比如，2015年1月2日，沈阳崇山西路某小区发生一起入室持刀抢劫杀人案，一名五旬拳击教练遇害，行凶者是身材矮小的入室盗窃犯李某。据犯罪嫌疑人李某交代，他在案发当日进入被害人王先生家中，正在行窃时被返回家中的王先生发现。厮打过程中，李某拔出随身携带的短刀连刺王先生20余刀，发现王先生受伤无力抵抗后，李某携带金项链、海参、香烟等赃物逃跑。

身体不占优势的人往往会在冲突中使用各种武器，所以危险性更高。

无把握取胜时的处理方法

美国的巡警在检查可疑车辆的时候，会用手摸一下被检查车辆的尾灯，目的是万一发生意外，可以通过自己留下的细微痕迹快速确定犯罪车辆。

在当代发达的法医学面前，再小的遗留物也可以最终追查到线索，提高破案的成功率。神探李昌钰曾经依靠在鸡翅骨上提取的 DNA，在案发 8 年后破获了"炸鸡店屠杀案"。在"杭州万向公园劫杀案"中，警方依靠凶手在现场遗留的血迹，最终在 10 年后破案，还了被害者一个公道。

在极端情况下，不一定每次与歹徒搏斗都能成功击退歹徒或脱险，很可能受重伤或被侵害。所以，在凶险的缠斗过程中，无论是否有把握取胜，都要尽可能留下有利于警方日后追捕的线索。比如，有意识地给对方造成创口，撕扯对方衣物等，创口可以造成对方 DNA 残留，散落的衣物碎片可以作为调查的线索。即便歹徒成功脱身，我们也可以通过这些重要的内容帮助警方将其抓获。在电视剧《狂飙》中，警察就以安欣指甲缝中袭击者的残留物为证据，逮捕了唐小虎。

在自己被歹徒控制并转移的过程中，可以趁歹徒不注意时，将随身的物品（笔、首饰等）和衣物碎片（扣子、布条等）撒落在地面或藏在角落，作为帮助警方追踪的线索。

如果在室内遇袭，首选离开室内，躲避到开阔地。因为在室内会迫使犯罪分子作困兽斗，不利于自身脱险。当无法逃离室内时，除了用自己的身体给歹徒造成创伤，还要利用室内物品作为障碍和武器攻击歹徒，这样可以最大限度地造成歹徒身份信息在犯罪现场的残留。

人质自保

在安全事件中有一个极端情况，就是遭遇劫持或者绑架事件。打击劫持分子，解救人质，我们称之为"反劫持"。这也是特种作战中的一个重要课题。如果是遭遇恐怖分子劫持，那么解救人质行动就会更复杂。无论是恐怖劫持，还是刑事案件的劫持，反劫持行动都是由最专业的队伍来执行。

从个人安全角度上讲，如果遭遇劫持、绑架，我们一定要学会自保。

保持冷静

劫持人质，表明劫持者必然有一种心理，即有谈判诉求，以劫持人质为手段增加自己谈判的筹码，提升达成目的的概率。其目的有多种，但绝大多数劫持者是图财。一旦被劫为人质，最关键的就是保持冷静，在一定程度上顺从劫持者，不要盲目呼救，不要盲目挣扎，以免引发其烦躁情绪，甚至行为过激而撕票。

保持冷静，不要说刺激劫持者的话，在顺从的过程中，观察附近有没有警察、解放军和其他国家工作人员（工商、税务、城管监察人员等），如果有，可适时大声呼救，并抓住时机逃离。但要记住，所采取的行动一定要突然、果断。不要盲目试图逃跑，这很危险。

保持冷静，在被劫持转移的路上要注意观察和寻找可以借助的力量，寻找求救的机会。比如经过繁华地区，要想办法引起行人的注意，一旦有围观群众，应马上向大家讲明自己是被绑架的，有机会便立即逃脱。若被蒙住双眼，可通过计数的方法，估算车辆行驶的时间和路程距离，记住转弯的次数和大致的方向，尽量听取并记住沿途的声音变化和被扣押场所周围传来的各种声音（如音乐、工地噪声等）。

把握一个原则

面对劫持者，要把握一个原则，即"既不能完全满足劫持者的要求，又不要断然拒绝"。如果劫持者是图财，那么可以告诉劫持者，筹钱、提款，都需要时间，贸然拒绝会让其产生撕票的想法，要让其看到成功的希望。千万不要与劫持者发生争执，以免激怒他。要运用智慧同劫持者周旋。劫持者如果问你的家庭情况，可以告诉他你父母的姓名、电话号码，对其他情况，如父母及亲属的收入，最好说不知道。

尽量配合

在得到解救前，最好配合劫持者，等待专业人员救援。配合劫持者可以让其放松警惕和戒备，缓和其紧张情绪，也可以使自己冷静下来，在确保自身不会受到更大伤害的前提下，与劫持者巧妙周旋。尽可能创造机会与劫持者对话，了解劫持者的动机与目的。对劫持者和周边情况进行观察、分析，收集信息。比如所处位置，房间结构，劫持者的人数、体貌特征，使用的车型、车牌号码，是否持有武器，等等。

如果地方较为偏僻、四周无人，不要盲目地呼救或和劫持者搏斗，除非你进行过系统的特卫术训练，认为在当时的情况下自己确实有制伏劫持者的机会和能力，或者成功逃生的概率很大。被劫持是一种致命性很高的威胁，一定要在成功率很高的情况下，再实施搏斗和逃生措施。

传出信息

在反劫持行动中，劫持现场的情况是解救人质最为重要的信息。专业队伍会通过侦查侦听、调阅监视、调查询问等多种方式，多方面、多角度获取这些信息。而最直接，也是最重要的信息，就是人质在被劫持的过程中看到、听到的第一现场信息，要尽可能将这些信息传递给营救人质的队伍。

利用与亲属通话的时机，尽可能暗示或透露自己所处的地点和行踪。打电话时应尽可能地拖延通话的时间，以便公安机关定位。

注意观察关押处所及周围的情况，看是否有逃脱的可能；抓紧寻找可报警的途径。如有临街的窗户，可写个纸条说明自己的情况扔下去请过路的行人帮忙报警；也可以用能获取的物品试着敲击暖气管、下水道，以引起别人的注意。

当被关押又无法传递消息的时候，就要做好与劫持者长期斗争的准备。

后　记

　　得知《山猫特卫术》即将出版，需要写一篇后记的时候，我正在福建考察当地的传统武术。北京已是深秋，福建却好像还在夏末。在大雨中的福建，一群带着不同目的为武术而奔走的人聚在一起，他们年龄不同、职业不同、习武理念不同，但对武术这个古老而又年轻的项目都有着共同的热爱。

　　练习泉州少林花拳的陈向明老师以当地乡土文化的视角给我们几个外乡人讲述了泉州的历史。抗倭、收复台湾这些书本上耳熟能详的历史事件从陈老师口中说出来，让我们又有了新的认识，似乎也为武学后人指明了发展方向。

　　泉州的武术在明、清时代有两次大发展，都与军事有关。明朝晚期，抗倭名将俞大猷驻扎在泉州时，抗倭所用的武艺开始在当地和周边广泛流传，其著作《剑经》在如今的泉州有多个流派流传；明末清初郑成功和施琅两次收复台湾，均在泉州进行了军事活动，当地再次出现了军旅武术和民间武术的交互传播，具有地方特色的器械技术和徒手技术更加丰富。后来，在清朝抗击沙俄的雅克萨之战中，从南方征召的藤牌兵——福建藤牌手从民间走向军旅，立下战功。

　　眼下，《山猫特卫术》的作者，高飞老师在开发短兵运动体系，亮哥在进行国家重点单位的安保培训，我在高中进行反恐自卫教育：我们都在重现军旅武术在民间的传播过程。历史就是这样相似。

　　而今天的中国武术在从军旅走向民间的过程中，面临着更多的新情况。当今世界已经进入热兵器时代，武术无论是在军旅还是在民间，其作用都有很大变化，绝大部分传统的武术技术都失去了其本来不可替代的作用。为了日常无规则搏杀诞生的技术和训练模式大都成了屠龙之术，所以无论是具体技术还是日常训练模式都需要进行革新，以适应的新时代。

我在厦门拜会的郑旭旭老师是中日武道教育比较学的专家，他的多本著作展现了日本传统武术在二战前后如何发展壮大、如何从保守的传统武术变成享誉世界的体育项目。以空手道为例，空手道源于中国泉州市下辖的永春县的鹤法（现大都叫永春白鹤拳）。空手道二战前在日本开始由传统武术向学校体育运动转变，二战期间作为预备役人员提高身体素质的运动得到推广，二战后继续作为文教项目在学校被传授。空手道因为突出对身体和精神的锻炼而逐渐成为日本乃至全世界的知名武术项目。反观母拳永春白鹤拳，还处于门派林立、缺乏成熟教练员、难以推广的境地。郑旭旭老师说，他的理想就是能让中国传统武术借鉴日本武道的经验，发展出自己的特色。

本书也许还有很多不足之处，但在武术的发展史上，我们无疑迈出了第一步。我们不怕读者和同行的批评，有批评整个圈子才能热闹起来，大家才会去思考下一步怎么走、怎么样才能走得更好。哪怕是长跑健将也有蹒跚学步的过程，愿中国武术的现代化进程永不停歇。

再次感谢为本书付出辛劳的所有参与者。

希望读者能有所得，并多提宝贵意见！

陈纪元

2024 年 9 月于厦门